CALMANN LÉVY, ÉDITEUR

ŒUVRES COMPLÈTES

D'ALEXANDRE DUMAS FILS
DE L'ACADÉMIE FRANÇAISE

Format grand in-18.

AFFAIRE CLÉMENCEAU. — Mémoire de l'accusé.....	1 vol.
ANTONINE..	1 —
AVENTURES DE QUATRE FEMMES.....................	1 —
LA BOITE D'ARGENT.....................................	1 —
CONTES ET NOUVELLES.................................	1 —
LA DAME AUX CAMÉLIAS...............................	1 —
LA DAME AUX PERLES..................................	1 —
DIANE DE LYS...	1 —
LE DOCTEUR SERVANS.................................	1 —
ENTR'ACTES...	3 —
LE RÉGENT MUSTEL....................................	1 —
LE ROMAN D'UNE FEMME..............................	1
SOPHIE PRINTEMS......................................	1 —
THÉATRE COMPLET, avec préfaces inédites........	6 —
THÉRÈSE...	1 —
TRISTAN LE ROUX......................................	1 —
TROIS HOMMES FORTS.................................	1 —
LA VIE A VINGT ANS...................................	1 —

ÉMILE COLIN — IMPRIMERIE DE LAGNY

AU LECTEUR

J'avais promis à mon éditeur et j'avais écrit pour l'édition définitive de ce *Théâtre complet* une préface où je prouvais, avec une grande finesse cachée sous une grande modestie, que je suis le premier auteur dramatique de mon époque et de bien d'autres époques encore. En outre, je développais mes idées sur l'art, je faisais un cours d'esthétique, j'indiquais nettement la part que j'avais prise à la civilisation de mon siècle et celle que je devais avoir à la reconnaissance de mon pays. Tout cela formait quarante pages d'une écriture très serrée. Avant d'envoyer cette préface à l'imprimerie, il m'est venu l'idée assez naturelle de la relire, et je l'ai trouvée prétentieuse et inutile. J'ai donc cru devoir la détruire, ce dont personne ne se plaindra. De cette expérience nouvelle est résultée pour moi cette nouvelle conviction : qu'un auteur parle toujours mal de son œuvre et que, décidément, ce qu'il peut imaginer de mieux, une fois cette œuvre exécutée et livrée au public, c'est de se taire. En effet, elle doit contenir tout ce qu'il a voulu démontrer, et l'expliquer, c'est l'avouer obscure, — ce qui est clair n'ayant pas besoin d'être expliqué.

Sache donc simplement, ami lecteur, que j'ai écrit

ALEXANDRE DUMAS FILS

DE L'ACADÉMIE FRANÇAISE

THÉATRE

COMPLET

AVEC PRÉFACES INÉDITES

I

LA DAME AUX CAMÉLIAS
DIANE DE LYS — LE BIJOU DE LA REINE

PARIS
CALMANN LÉVY, ÉDITEUR
3, RUE AUBER, 3

1898
Droits de reproduction et de traduction réservés.

THÉATRE COMPLET

DE

ALEXANDRE DUMAS FILS

DE L'ACADÉMIE FRANÇAISE

I

toutes ces comédies avec l'amour et le respect de mon art, sauf la première (*la Dame aux Camélias*), que j'ai mise au monde en huit jours, sans trop savoir comment, en vertu des audaces et des bonnes chances de la jeunesse, et plutôt par besoin d'argent que par inspiration sacrée. La majeure partie de mes dettes étant payée, j'ai pu donner plus d'attention et de temps à la deuxième (*Diane de Lys*), que tu trouveras cependant, je le crains, au-dessous de la première. Enfin, comme, après la représentation de celle-ci, je ne devais plus rien qu'à moi, j'ai consacré onze mois pleins à l'exécution seule de la troisième (*le Demi-Monde*), que l'on s'obstine à déclarer supérieure aux autres. Je m'abstiendrai dans cette discussion, les préférant toutes également. Elles m'ont procuré le plaisir dans le travail, une renommée au-dessus de mon mérite, les plus nobles émotions de l'esprit et l'indépendance qui m'a rendu heureux et bon. Elles n'ont nui à personne, je pense, car je ne me connais pas un ennemi, ne considérant pas comme ennemis véritables ceux-là, parmi mes critiques, qui ont cru devoir, à l'occasion, me traiter d'imbécile ou de scélérat. Ils ont agi en toute sincérité, j'en suis convaincu; et, s'ils ne m'ont pas rangé à leur avis, c'est plus ma faute que la leur.

Voilà donc qui est entendu; je renonce à t'influencer. Si mes pièces sont bonnes, elles survivront au temps présent; si elles sont mauvaises, elles disparaîtront; justice sera faite dans les deux cas; tout ce que je pourrais dire n'y pourrait rien changer, et le monde continuera d'aller comme il allait et comme il va, ce qui ne sera peut-être pas le plus beau de son affaire.

Mais je ne renonce pas au plaisir de m'entretenir avec toi, en tête de chacune de ces comédies, des causes morales ou sociales qui les ont fait naître, ou de certains petits événements qu'elles ont produits dans notre petit monde. Tu me permettras bien aussi quelques lignes, soit de remerciement pour les artistes qui ont aidé au succès, soit de dédicace à des amis. Ce que je te promets, c'est de ne te dire que ce que je croirai de quelque intérêt et, surtout, de quelque utilité, en m'abstenant le plus possible de parler de moi. Entre nous, ce ne serait pas la peine de te livrer une nouvelle édition de ce *Théâtre*, si elle n'offrait pas un petit attrait nouveau. Celle-ci a été soigneusement revue, corrigée, augmentée à la fois et diminuée, équilibrée enfin. Les premières brochures contenaient un grand nombre de fautes, les unes à porter au compte du copiste ou de l'imprimeur, les autres à porter à mon actif, car je n'ai jamais, hélas! écrit purement cette difficile langue française, où le verbe Avoir, le verbe Faire et le verbe Être décourageraient les plus braves. Dans la préface que j'ai brûlée, je prouvais même assez victorieusement que ces incorrections sont nécessaires au théâtre. Le passage était excellent; je le regrette un peu.

Allons, adieu ! il ne me reste plus, en publiant ces comédies, qu'à souhaiter, d'abord que tu les lises et désires les revoir quand on les rejouera, et ensuite que tu prennes autant de plaisir à les lire et à les revoir que j'en ai pris à les écrire. Puis, comme il ne faut pas quitter un ami qu'on ne reverra peut-être jamais sans lui faire quelques bonnes recommandations, accepte celles que je t'offre ici par-dessus le marché, et puisses-tu t'en trouver aussi bien que moi :

« Marche deux heures tous les jours, dors sept heures toutes les nuits; couche-toi, toujours seul, dès que tu as envie de dormir; lève-toi dès que tu t'éveilles; travaille dès que tu es levé. Ne mange qu'à ta faim, ne bois qu'à ta soif, et toujours lentement. Ne parle que lorsqu'il le faut et ne dis que la moitié de ce que tu penses ; n'écris que ce que tu peux signer, ne fais que ce que tu peux dire. N'oublie jamais que les autres compteront sur toi, et que tu ne dois pas compter sur eux. N'estime l'argent ni plus ni moins qu'il ne vaut : c'est un bon serviteur et un mauvais maître. Garde-toi des femmes jusqu'à vingt ans, éloigne-toi d'elles après quarante ; ne crée pas sans bien savoir à quoi tu t'engages et détruis le moins possible. Pardonne d'avance à tout le monde, pour plus de sûreté; ne méprise pas les hommes, ne les hais pas davantage et ne ris pas d'eux outre mesure, — plains-les. Songe à la mort, tous les matins en revoyant la lumière, et tous les soirs en rentrant dans l'ombre. Quand tu souffriras beaucoup, regarde ta douleur en face, elle te consolera elle-même et t'apprendra quelque chose. Efforce-toi d'être simple, de devenir utile, de rester libre et attends, pour nier Dieu, que l'on t'ait bien prouvé qu'il n'existe pas. »

A. DUMAS FILS.

3 octobre 1867

LA DAME AUX CAMÉLIAS

DRAME EN CINQ ACTES

Représenté pour la première fois, à Paris, sur le théâtre du Vaudeville, le 2 février 1852.

A

MONSIEUR LE COMTE DE MORNY[1]

Monsieur le comte,

Voulez-vous accepter la dédicace de cette pièce, dont le succès vous revient de droit? Elle doit d'avoir vu le jour à votre protection, que vous m'avez offerte au mois d'octobre dernier, et qui ne s'est ni arrêtée ni ralentie quand vous avez eu l'occasion et le pouvoir de la montrer. C'est un fait assez rare dans l'histoire des protections pour que je le consigne ici avec l'expression de toute ma reconnaissance.

Agréez, monsieur le comte, l'assurance de ma considération la plus distinguée.

A. DUMAS FILS.

1. Édition de 1852.

A PROPOS

DE LA DAME AUX CAMÉLIAS

La personne qui m'a servi de modèle pour l'héroïne du roman et du drame la Dame aux Camélias[1] se nommait Alphonsine Plessis, dont elle avait composé le nom plus euphonique et plus relevé de Marie Duplessis. Elle était grande, très mince, noire de cheveux, rose et blanche de visage. Elle avait la tête petite, de longs yeux d'émail comme une Japonaise, mais vifs et fins, les lèvres du rouge des cerises, les plus belles dents du monde ; on

---

[1]. Ce n'est pas pour protester contre l'étymologie du mot camellia, que j'écris ce mot avec une seule l, c'est parce que je croyais jadis qu'on l'écrivait ainsi ; et, si je me tiens à cette orthographe, malgré les critiques des érudits, c'est que madame Sand écrivant ce mot comme moi, j'aime mieux mal écrire avec elle que bien écrire avec d'autres.

eût dit une figurine de saxe. En 1844, lorsque je la vis pour la première fois, elle s'épanouissait dans toute son opulence et dans toute sa beauté. Elle mourut en 1847, d'une maladie de poitrine, à l'âge de vingt-trois ans.

Elle fut une des dernières et des seules courtisanes qui eurent du cœur. C'est sans doute pour ce motif qu'elle est morte si jeune. Elle ne manquait ni d'esprit ni de désintéressement. Elle a fini pauvre dans un appartement somptueux, saisi par ses créanciers. Elle possédait une distinction native, s'habillait avec goût, marchait avec grâce, presque avec noblesse. On la prenait quelquefois pour une femme du monde. — Aujourd'hui, on s'y tromperait continuellement. Elle avait été fille de ferme. Théophile Gautier lui consacra quelques lignes d'oraison funèbre, à travers lesquelles on voyait s'évaporer dans le bleu cette aimable petite âme que devait, comme quelques autres, immortaliser le péché d'amour.

Cependant, Marie Duplessis n'a pas eu toutes les aventures pathétiques que je prête à Marguerite Gautier, mais elle ne demandait qu'à les avoir. Si elle n'a rien sacrifié à Armand, c'est qu'Armand ne l'a pas voulu. Elle n'a pu jouer, à son grand regret, que le premier et le deuxième acte de la pièce. Elle les recommençait toujours, comme Pénélope sa toile : seulement, c'était le jour que se défaisait ce qu'elle avait commencé la nuit. Elle n'a jamais, non plus, de son vivant, été appelée la Dame aux Camélias. Le surnom que j'ai donné à Marguerite est de pure invention. Cependant, il est revenu à Marie Duplessis par ricochet, lorsque le roman a paru, un an après sa mort. Si, au cimetière Montmartre, vous demandez à voir le tombeau de la Dame aux Camélias, le gardien vous conduira à un petit monument carré qui porte sous ces mots : *Alphonsine Plessis*, une couronne de camélias blancs artificiels, scellée au marbre, dans un écrin de verre. Cette tombe a maintenant sa légende. L'art est divin ; il crée ou ressuscite.

Ce drame, écrit en 1849, fut présenté d'abord et reçu

au Théâtre-Historique, dont la fermeture eut lieu avant la représentation. C'est à l'insistance d'un comédien de ce théâtre, M. Hippolyte Worms, qui avait assisté à la première lecture, qu'il dut d'être accepté au Vaudeville par M. Bouffé, devenu directeur de cette scène avec MM. Lecourt et Cardaillac; et c'est grâce à M. de Morny qu'il vit enfin le jour, le 2 février 1852.

Pendant un an, cette pièce avait été défendue par la censure sous le ministère de M. Léon Faucher. M. Bouffé connaissait M. Fernand de Montguyon. M. Fernand de Montguyon était l'ami de M. de Morny, M. de Morny était l'ami du prince Louis-Napoléon, le prince Louis était président de la République, M. Léon Faucher était ministre de l'intérieur, il y avait peut-être moyen, en montant cette échelle de recommandations d'arriver à faire lever l'interdit.

Les recommandations se mirent en mouvement. Rien n'est facile en France. On se demande où vont tous ces gens qu'on rencontre dans les rues, à pied ou en voiture. Ils vont demander quelque chose à quelqu'un. M. de Montguyon alla trouver M. de Morny, lui exposa notre situation, et M. de Morny, accompagné de M. de Montguyon, trouva le temps d'assister à une de nos répétitions, afin de se rendre compte par lui-même de la valeur de l'œuvre, avant d'en parler au prince. Il ne la jugea pas aussi dangereuse qu'on le disait. Cependant, il me conseilla de communiquer mon manuscrit à deux ou trois de mes confrères, qui adresseraient une demande à l'appui de sa recommandation, afin que le ministre ne cédât pas seulement à l'influence d'un homme du monde, mais aussi à l'intercession d'écrivains compétents. Le conseil était bon et digne. J'allai trouver Jules Janin, qui avait écrit une charmante préface pour la deuxième édition du roman, Léon Gozlan, et Émile Augier, qui venait d'obtenir avec *Gabrielle* le prix de vertu à l'Académie. Tous trois lurent ma pièce et tous trois me signèrent un brevet de moralité que je remis à M. de Morny, qui porta le tout au prince, qui l'envoya à M. Léon Faucher, lequel refusa net et sans appel.

Franchement, on serait porté à croire et il paraîtrait tout naturel et tout simple que, dans un grand pays comme la France dont l'esprit et la littérature alimentent deux mondes, ce grand pays possédant un écrivain populaire, européen, universel, et cet écrivain ayant un jeune fils, qui veut tenter la carrière, on serait porté à croire, dis-je, et il paraîtrait tout naturel, que le père, dès les premières difficultés administratives, n'eût qu'à se montrer pour que l'administration s'inclinât et lui dît : « Comment donc, monsieur Dumas! trop heureuse de faire quelque chose pour un homme comme vous, qui êtes une des gloires de notre temps. Vous désirez que la pièce de votre fils soit jouée ; vous la trouvez bonne ; vous vous y connaissez mieux que nous ; voici la pièce de votre fils. » Vous feriez cela, vous qui me lisez; moi aussi. Eh bien, non, les choses ne se passent pas de la sorte. Il faut d'abord que le fils de cet homme illustre suive la filière que je viens de vous montrer, et, quand après ces démarches inutiles, il s'adresse enfin à son père et que celui-ci demande une audience à M. Léon Faucher, M. Léon Faucher ne le reçoit pas et le passe à son chef du cabinet, fort galant homme du reste, lequel accueille très bien le père et le fils, qui sont venus ensemble, mais leur répond, à tous les deux, que la chose sera impossible tant que M. Faucher sera ministre, car il est bon de le taquiner de temps en temps, cet homme supérieur, et de lui rappeler qu'il est au-dessous des chefs de division, des préfets et du ministre. Or, il y avait juste vingt ans que, dans le même bureau peut-être, M. de Lourdoueix avait fait la même réponse à M. Alexandre Dumas, à propos d'une demande semblable. Seulement, en 1829, il s'agissait de *Christine*, arrêtée par la censure de la Restauration, comme *la Dame aux Camélias* l'était en 1849 par la censure de la République ; — ce n'était plus le même gouvernement, ce n'était plus le même ministre, mais c'était toujours la même chose. Alors, puisque le passé peut toujours servir, je me retirai en disant comme mon père avait dit : « J'attendrai. »

J'attendis — d'autant plus patiemment que M. de Morny m'avait conseillé de ne pas perdre tout espoir, en ajoutant : « On ne sait pas ce qui peut arriver, » et que madame Doche, qui désirait autant jouer son rôle que je désirais voir jouer ma pièce, m'avait appris en confidence que M. de Persigny agissait de son côté.

Et, en effet, M. de Persigny, — à la sollicitation de madame Doche, — s'était déclaré le coprotecteur de cette pauvre *Dame aux Camélias*.

Le 2 Décembre arriva. M. de Morny remplaça M. Faucher. Ceux qui me connaissent savent que je ne suis pas très méchant; mais voir tout à coup remplacer un ministre qui vous gêne par un ministre qui vous sert, c'est ce qu'on appelle avoir de la chance, surtout quand on n'a rien fait pour cela. Je ne crus donc pas devoir verser plus de larmes qu'il ne fallait sur le sort de M. Faucher, et je dois même dire que je fus aussi heureux de sa mésaventure qu'on pouvait l'être en ce moment. Trois jours après sa nomination, M. de Morny autorisa la pièce, sous ma seule responsabilité; c'est donc à lui que je dois mon entrée dans la carrière, car certainement, sans lui, cette première pièce n'eût jamais été représentée. Ce n'eût été qu'un malheur personnel, mais c'est justement ces malheurs-là qu'on tient à éviter. M. de Morny n'est plus là pour recevoir la nouvelle expression de ma reconnaissance, je l'offre donc à sa mémoire au lieu de la lui offrir à lui-même. La mort de celui qui a rendu le service n'acquitte pas celui qui l'a reçu.

La pièce, après un gros succès, fut interrompue par l'été. Dans l'intervalle, M. de Morny avait quitté le ministère. Lorsqu'au mois d'octobre suivant, le théâtre voulut la reprendre, elle fut derechef interdite par le nouveau ministre, qui était, — vous allez rire, — qui était son ancien protecteur M. de Persigny. M. de Morny reprit alors le chemin du ministère comme du temps de M. Léon

Faucher, non plus en homme qui sollicite une grâce, mais en homme qui réclame un droit, et la pièce nous fut rendue définitivement.

Habent, sicut libelli, sua fata comœdiæ.

Ce serait ici le moment ou jamais de faire pour la millième fois une sortie contre la censure. Dieu m'en garde! pour trois raisons au moins. — La première, c'est que je me suis promis et vous ai promis aussi, dans ma préface, d'éviter autant que possible le ton solennel et certains grands mots trop lourds pour moi. La seconde, c'est que cette tirade est inutile, et que, dans un temps rapide comme le nôtre, il ne faut dire que ce qui peut servir à quelque chose. La troisième, c'est que la censure n'a jamais pu ni arrêter ni dénaturer une œuvre de mérite depuis *Tartufe* jusqu'au *Mariage de Figaro*, depuis le *Mariage de Figaro* jusqu'à *Marion Delorme*, depuis *Marion Delorme* jusqu'au *Fils de Giboyer*. L'œuvre a toujours passé par-dessus, par-dessous, ou au travers. Les gouvernements se figurent qu'ils ont encore besoin de cette institution des vieux âges; ils se croient bien à couvert derrière cette palissade de bois blanc, qui leur coûte une cinquantaine de mille francs par année et qui fournit à la vie de cinq ou six personnes, lesquelles font le plus convenablement possible cette besogne difficile et ennuyeuse; respectons cette manie des gouvernements. Les jardiniers continuent à mettre dans les cerisiers trois ou quatre vieux chiffons pour empêcher les moineaux d'y venir; c'est une tradition qui les tranquillise; les moineaux, qui savent que ce ne sont là que des chiffons, viennent tout de même dans les arbres et mangent les fruits. Tout le monde est content, et il y a toujours sur la route un passant qui rit du jardinier. Voilà l'important. C'est si bon de rire! Ne prenons donc au sérieux que ce qui est sérieux, et la censure n'est pas sérieuse; elle est même pour nous une complice de première qualité.

Exemple: Nous voulons mettre en scène, ce qui est **notre droit et notre devoir**, depuis que la comédie a été inventée, nous voulons mettre en scène un aventurier quelconque de l'un ou l'autre sexe, un coquin titré ou une drôlesse en *de :* que fait la censure? Elle arrête la pièce. « C'est impossible! crie-t-elle et crie-t-elle très haut : on dira que c'est M. X*** ou madame Z***. » Et elle nomme deux gros personnages. La chose s'ébruite. L'auteur proteste. Les journaux font des sous-entendus. Le public s'intéresse, et prend parti. Vous ne trouvez pas ça déjà très amusant: un gouvernement qui paye quelques personnes pour nous renseigner, nous auteurs dramatiques, sur les concussions, les secrets et les tares des hautes classes, pour nous fournir des sujets de pièces à venir sur nos contemporains les plus glorifiés, ce n'est donc pas là du bon comique? Enfin la pièce est rendue, grâce à quelques modifications *toujours insignifiantes, quelquefois utiles.* La foule se précipite. Le bureau de location ne désemplit pas; — tout le monde veut voir les coquins en question, qui n'existent le plus souvent que dans l'imagination des censeurs trop zélés. La jeunesse, qui est toujours pour le mouvement, le bruit et le progrès, se déclare pour vous; votre parti vous acclame, votre fortune est faite. Et vous voulez la mort de cette amie-là? On vous tire un coup de fusil, le fusil crève parce qu'il est mauvais, il emporte le nez de celui qui vous visait, et vous ne pouffez pas de rire? Qu'est donc devenue la bonne gaieté française, celle de Rabelais, de Lesage, de Voltaire, et de quoi la nourrirez-vous, si ce n'est de la bêtise des grands? Non, non, non; respectons la censure; mettons-la dans du coton; c'est une fausse ennemie. Si elle nuit à quelqu'un, ce n'est pas à nous. Elle n'existerait pas qu'il faudrait l'inventer. Nous avons le droit de crier contre elle, ce qui est excellent pour les poumons français, qui ont besoin de cet exercice; mais, au fond, elle fait mieux nos affaires que nous ne les ferions nous-mêmes. Elle nous garantit. Une fois qu'elle a donné son visa, qu'elle finit toujours par donner, quelle sécurité! Comme nous dormons sur nos deux oreilles! La censure a permis la pièce, donc la pièce est sans danger ; et, si le gouvernement dit quelque chose, nous lui répondons : « Cela ne nous regarde pas. Prenez-vous-en à votre censure qui est là pour prévoir. »

Mais le droit imprescriptible de la pensée ! mais l'indépendance de l'esprit humain ! mais la dignité du génie forcé de se courber devant des esprits médiocres et routiniers, vous me demanderez ce que j'en fais et si je les compte pour rien ! « Comment ! depuis quinze ans, l'admirable répertoire de Victor Hugo est mis à l'index ! *Lucrèce*, le meilleur ouvrage de Ponsard, ne peut plus voir le jour ! *Le Chevalier de Maison-Rouge*, de votre père, est condamné au silence. Legouvé a été forcé de faire imprimer *les Deux Reines*, et Barrière *Malheur aux vaincus !* Vous voyez bien que la censure arrête définitivement. Parce que toutes vos pièces ont fini par être représentées, grâce à vos protections, ou à vos concessions, vous trouvez que tout est pour le mieux ; mais les autres, qui ne sont ni aussi protégés, ni aussi conciliants que vous, les autres qui voient leur carrière, leur fortune, leur renommée, entravées par cette institution despotique, les autres, monsieur; qui ont le respect de leur œuvre, la conscience de leur mission et l'inflexibilité de leur conscience, les autres enfin... »

Assez ! qu'est-ce que ça prouve ? Que les gouvernements, élus du peuple ou élus de Dieu, n'importe où ils prennent leur appui, et tout en faisant grand tapage de leur force, de leur intimité avec la nation, de leur confiance en elle, ont peur de nous, qu'ils tremblent devant un mot, qu'ils admettent que nous pouvons les renverser ou les ébranler en une soirée, qu'ils reconnaissent enfin une puissance supérieure à la leur, celle de la pensée du premier venu, qui n'a ni droit divin, ni électeurs, ni préfets, ni liste civile, ni police, ni canon à son service. — Ça nous coûte quelques billets de mille francs que nous regagnons au centuple sous le gouvernement qui succède, car il y en a toujours un qui succède, et qui est forcé, pendant quelque temps, de faire le contraire de ce que faisait son prédécesseur. Bénissons ces puissants qui redoutent un personnage fictif, une tirade ou une facétie, qui nous constituent une si grande autorité dans l'État, à la face du monde, et qui ne savent pas encore, après tant d'expériences, que nous ne pouvons rien contre eux, comme ils ne peuvent rien contre nous, qu'une allusion n'est jamais qu'un total, et que, si tout le monde comprend et saisit l'allusion qui est dans notre drame ou notre comédie, c'est que, depuis longtemps, cette allusion est dans la pensée et sur les lèvres du public; que ce n'est pas nous alors qui avons l'opinion pour nous, que c'est eux qui ont l'opinion contre eux; — que ce n'est pas enfin parce que Beaumarchais a écrit *le Mariage de Figaro* que l'ancien système a croulé, mais bien parce que l'ancien système croulait de toutes parts, au vu et au su de tous, que Beaumarchais a écrit *le Mariage de Figaro*, et bâti un chef-d'œuvre sur des ruines; que les gouvernements ne peuvent être renversés que lorsqu'ils n'ont plus de bases, et que, lorsqu'en secouant un arbre nous en faisons tomber les fruits, ce n'est pas parce que nous sommes forts, c'est parce qu'ils sont mûrs.

Criez contre la censure, mais priez Dieu qu'on vous la laisse. La plus mauvaise plaisanterie qu'on pourrait vous faire, ce serait de la supprimer. Le lendemain (voilà qui serait humiliant!), vous vous trouveriez sous la juridiction de la police. Vos théâtres seraient assimilés à tous les lieux publics, et, au premier scandale, on fermerait la boutique et on confisquerait la marchandise. Vous passeriez des mains d'un administrateur toujours bienveillant aux mains de mouchards toujours brutaux, et, le jour où le gouvernement aurait besoin d'un scandale de théâtre, il enverrait à votre pièce cinquante de ces messieurs, en bourgeois, qui feraient naître ce scandale, et vous seriez mis à pied comme un cocher en contravention. « Mais, au moins, j'aurais dit ma pensée une fois. » Non, car les directeurs, toujours sous la menace de cette mesure de sûreté, se seraient faits censeurs à leur tour. Vous auriez trouvé dans leurs intérêts matériels de bien autres adversaires que dans les routines administratives, et ils vous auraient envoyé promener, vous et votre pensée, si vous aviez été trop récalcitrants. — C'est alors que vous auriez regretté cette bonne vieille censure, avec ses lunettes sans verre et ses ciseaux mal affilés, dont on raconte les bévues, le soir au coin du feu, duègne somnolente dont la Muse vole si facilement les clefs quand elle veut courir la campagne.

Ce qu'il faudrait, ce que vous voudriez, ce que je voudrais, ce qui serait plus simple, plus digne et plus honorable pour tout le monde, ce serait la liberté absolue, loyale, sans restrictions ni surprises, qui laisserait au spectateur, ce dont il s'acquitterait fort bien, le droit de censurer tout seul, et qui ne mettrait pas un tiers entre le producteur et le consommateur de la pensée. Malheureusement, c'est un rêve.

« Eh bien, et l'Angleterre, où le mot censure n'existe même pas? »

L'Angleterre! c'est vrai! quel peuple! quelle liberté! Il y a quinze ans que la France, pays flétri par la censure, a laissé représenter *la Dame aux Camélias*, je vous défie de faire représenter cette pièce à Londres. Elle y est défendue depuis le même temps. Par qui? On n'en sait rien. Quand la censure n'est plus faite par quelqu'un, elle est faite par tout le monde. Des mots! des mots! des mots! comme dit *Hamlet*, né comme tous les chefs-d'œuvre sous un gouvernement despotique. Savez-vous ce qui est difficile, quel que soit le gouvernement? Ce n'est pas de faire jouer une bonne pièce, c'est de la faire. Commençons par là. Chef-d'œuvre écrit a le temps d'attendre [1].

Tout à la joie du succès et à l'enthousiasme de la re-

1. Au moment où j'imprime ces lignes, j'apprends que *Ruy Blas* est de nouveau et définitivement interdit en France. C'est une faute dont l'auteur bénéficiera plus tard et que le gouvernement regrettera bientôt; mais au moins le gouverne-

connaissance, j'écrivis, en tête de la première édition du drame la *Dame aux Camélias*, les lignes suivantes, que je réimprime avec plaisir au moment où madame Doche vient de reprendre le rôle de Marguerite avec le même talent qu'autrefois :

« Madame Doche a incarné le rôle de telle façon, que son nom est à jamais inséparable du titre de la pièce. Il fallait toute la distinction, toute la grâce, toute la fantaisie qu'elle a montrées sans effort pour que le type difficile et franc de Marguerite Gautier fût accepté sans discussion. Rien qu'en voyant paraître l'actrice, le spectateur s'est senti prêt à tout pardonner à l'héroïne. Je ne crois pas qu'une autre personne, à quelque théâtre qu'elle appartînt et quelque talent qu'elle eût, aurait pu, comme elle, réunir toutes les sympathies autour de cette nouvelle création. Gaieté fine, élégante, nerveuse, abandon familier, câlinerie mélancolique, dévouement, passion, résignation, douleur, extase, sérénité, pudeur dans la mort, rien ne lui a manqué, sans compter la jeunesse, l'éclat, la beauté, le brio, qui devaient compléter le rôle et qui en sont le corps et la plastique indispensables. Il n'y a pas eu un conseil à lui donner, pas une observation à lui faire ; c'est au point qu'en jouant le rôle de cette façon elle avait l'air de l'avoir écrit. Une pareille artiste n'est plus un interprète, c'est un collaborateur. »

*
* *

Maintenant, avais-je ou n'avais-je pas, moralement,

ment français croit-il avoir de bonnes raisons à donner pour expliquer politiquement ses rigueurs. Quelles raisons pourrait donner le gouvernement anglais qui ne veut laisser représenter *Ruy Blas*, à Londres, que si Ruy Blas est majordome au lieu d'être laquais, et si la reine est veuve au lieu d'être mariée (*sic*)? Ce qui est bien flatteur pour la reine d'Angleterre, qui est veuve !

le droit de mettre en lumière et de présenter sur la scène cette classe de femmes? Évidemment oui, j'avais ce droit. Toutes les classes de la société appartiennent au Théâtre et principalement celles, qui, aux époques de transformation, surgissent tout à coup et impriment à une société un caractère d'exception. Parmi celles-ci, il faut ranger nécessairement les femmes entretenues qui ont sur les mœurs actuelles une influence indiscutable.

Molière, vivant de nos jours, n'eût pas laissé ce monde nouveau commencer ses évolutions sans l'arrêter un instant au passage, sans le visiter et sans dire au public : « Prenez garde ! il y a là un phénomène, et un danger sérieux. »

Cependant, il n'eût pas marqué la coupable avec le fer dont il s'est servi contre Tartufe. Tartufe, c'est le mal volontaire ; c'est l'intelligence, l'instruction, le respect des choses saintes, la bonne foi humaine, Dieu lui-même mis au service du mensonge, de la convoitise et du libertinage. Le mal produit par la courtisane, mal aussi redoutable dans son genre que celui que peut faire Tartufe, est cependant sans préméditation et surtout sans hypocrisie. Il s'étale au grand jour, il ouvre une boutique, il accroche une enseigne à sa maison, il y cloue un numéro. Il faut être bien niais pour s'y laisser tromper, ou bien corrompu pour s'y plaire ; mais ce mal a une excuse dans la misère, dans la faim, dans l'absence d'instruction, dans les mauvais exemples, dans l'hérédité fatale du vice, dans l'égoïsme de la société, dans l'excès de la civilisation, dans cet éternel argument : l'amour. La coupable appelle plutôt la consolation et l'appui que le châtiment et la flétrissure. Son crime est notre crime et nous ne pouvons être bons juges là où nous avons été si mauvais conseillers. Molière fût donc resté la main en l'air au moment de frapper, et son grand bon sens lui eût dit : « Prends garde ! le crime de cette femme n'est pas aussi grand qu'il paraît. Veux-tu une vraie coupable, retourne-toi et regarde celle-ci ! » Et le moraliste eût pu voir une créature sereine qui, n'ayant d'excuse ni dans la misère ni dans le mauvais exemple, ni dans l'ignorance, foule sous ses pieds, tranquillement et impunément, le mariage, la famille, la pudeur au profit de son seul plaisir. Celle-ci est vraiment criminelle ; celle-ci est vraiment dangereuse ; celle-ci enfin mérite la colère du poète et l'indignation du spectateur ; et cependant c'est à celle-ci qu'on veut pardonner, sous prétexte qu'elle a succombé à l'amour, au sentiment, à la nature, qu'elle s'est donnée enfin, mais qu'elle ne s'est pas vendue.

Vendue ! voilà la cause de réprobation éternelle.

Expliquons-nous une bonne fois sur ce honteux trafic de l'amour ! Nous sommes ici pour causer, n'est-ce pas ? nous sommes tous gens qui savons plus ou moins à quoi nous en tenir sur la vie, car je pense que vous n'avez pas plus donné ce livre à vos filles que vous ne les avez conduites à mes pièces ; nous pouvons donc parler librement, sincèrement surtout. J'en profiterai pour vous dire ce que personne ne dit, peut-être parce que tout le monde le pense et que l'on aurait honte de s'avouer publiquement ses turpitudes secrètes. Il est bien plus commode de les jeter dans une classe spéciale, sorte d'égout collecteur, et de se pavaner, sur le trottoir qui le couvre, dans l'estime de soi.

Une fille sans éducation, sans famille, sans profession, sans pain, n'ayant pour tout bien que sa jeunesse, son cœur et sa beauté, vend le tout à un homme assez bête pour conclure le marché. Cette fille a signé son déshonneur et la société l'exclut à tout jamais.

Une fille bien élevée, née de famille régulière, ayant à peu près de quoi vivre, habile et résolue, se fait épouser par un homme qui pourrait être son père, son grand-père même, qu'elle n'aime pas, bien entendu, immensément riche. Elle l'enterre au bout d'un mois (exemples récents). Cette fille a fait un beau mariage, et la société l'accueille à bras ouverts, femme et veuve.

Un homme, c'est-à-dire un être fort, créé pour protéger, secourir, travailler, issu de grande famille, mais pauvre, au lieu d'embrasser une carrière quelconque qui lui donnerait un pain honorable, troque son nom, son titre et ses armes contre la fille ou plutôt contre la fortune d'un cabaretier quelconque, enrichi dans la vente et la sophistication des alcools! Ce gentilhomme a fait une bonne affaire et personne ne lui dit rien.

En bonne conscience, les trois personnes se valent, et je ne vois pas où les deux autres prendraient le droit de mépriser la première.

Maintenant, supposez que la fille qui s'est vendue, au lieu de se vendre, ait résisté aux tentations, qu'elle soit demeurée honnête, qu'elle ait travaillé dans un magasin et se soit contentée de trente sous par jour, vivant, elle et sa mère, de pain, de pommes de terre, d'un peu de charcuterie et d'eau.

C'est héroïque, n'est-ce pas? Vous connaissez ce sacrifice, vous, madame***, et vous avez un fils qui l'aime, cette fille. De cette fille, ferez-vous votre bru? Non. Vous n'avez pas de fils, vous ne courez donc aucun danger, mais vous êtes une femme du monde; cette fille, la ferez-vous asseoir à votre table? de cette fille, qui vous est supérieure puisqu'elle lutte et triomphe, ferez-vous votre amie, votre égale seulement? Non. Qu'est-ce qu'elle gagne donc à rester honnête? L'estime d'elle-même, soit, et l'hôpital, au bout de quinze jours de chômage, ou, de guerre lasse, un ouvrier qui l'épouse, se grise et la bat. Supposons, puisque nous sommes dans les hypothèses, que cet ouvrier, au lieu de se griser et de la battre, soit intelligent, fasse fortune, qu'il lui naisse une fille de cette femme et qu'il donne à cette fille un million de dot, sans compter les espérances. Lui donnerez-vous votre fils, à cette riche prolétaire? Répondez, chère madame***? Parfaitement. L'argent est donc la bonne raison pour vous. Eh bien, pourquoi ne voulez-vous pas qu'il soit une bonne raison pour cette créature sans famille, sans éducation, sans exemples, sans conseils et sans pain?

« Qu'elle se vende, me direz-vous, chère madame ***, je ne l'en empêche pas, mais vous ne pouvez pas m'empêcher de la mépriser et de l'exclure. »

Soit. La lutte commence, alors. Eh bien, surveillez attentivement votre fils et vos actions de la Banque, chère madame ***! car cette fille ne va plus avoir qu'une idée, c'est de s'emparer de l'un et des autres, et, si elle y arrive, ce sera de bonne guerre, voilà tout.

En refusant à la vertu le droit d'être un capital, vous avez donné au vice le droit d'en être un.

Maladroits! quand une nation chrétienne, catholique même, pratique ou prétend pratiquer une religion d'humilité, de charité, de pardon, religion qui a déifié la femme en supposant une vierge mère d'un Dieu, en absolvant Madeleine et en pardonnant à la femme adultère; quand un peuple qui invoque toujours sa révolution de 89, qui veut la justice, la liberté, l'égalité non seulement pour lui, mais pour les autres; quand un peuple qui a trouvé le moyen de se faire appeler le peuple le plus brave, le plus chevaleresque, le plus spirituel de tous les peuples est assez hypocrite, assez lâche et assez stupide pour permettre que des milliers de filles jeunes, saines, belles, dont il pourrait faire des auxiliaires intelligentes, des compagnes fidèles, des mères fécondes, ne soient bonnes qu'à faire des prostituées avilies, dangereuses, stériles, ce peuple mérite que la prostitution le dévore complètement, et c'est ce qui lui arrivera[1].

Retournez-vous et regardez le chemin que vous avez laissé parcourir à cette formidable ennemie.

Mettons de côté la prostitution légale, celle que la loi autorise, encourage presque, car la loi encourage tout ce qu'elle tolère, mettons de côté cette prostitution que

---

1. *Les Idées de madame Aubray.*

la civilisation déclare nécessaire, indispensable même dans une société comme la nôtre, ne fût-ce que pour MM. les militaires, qui ne peuvent pas s'en passer dans les loisirs de la garnison (conséquence immorale de cette autre immoralité qu'on appelle la guerre), et ne nous occupons que de la prostitution élégante, sentant bon, sur laquelle je vous ai fait pleurer : vous allez voir ce que vous avez permis et où nous allons.

Une femme galante, car il y a trente ans on ne disait pas encore une femme entretenue, ni une lorette, ni une biche, ni une petite dame, ni une cocotte, tant il faut de noms différents pour désigner aujourd'hui cette vaste famille, une femme galante n'était pas un accident rare, mais un accident secret. Un homme du monde, un homme marié, un fils de famille, un gros négociant, un banquier, un vieux général entretenait une femme qui, presque toujours assez bien élevée, avait été séduite par un ami de la famille, quelquefois par un parent, puis abandonnée comme de raison, et qui vivait dans une demi-honnêteté de cette espèce de demi-mariage. Elle ne compromettait pas l'homme qui lui venait en aide, elle ne s'affichait pas outre mesure, et elle était souvent assez distinguée pour qu'il pût lui donner le bras et répondre aux honnêtes femmes qui lui demandaient : *Quelle est cette dame avec qui je vous ai rencontré?* « C'est une dame. » Si ces femmes avaient un certain luxe, ce luxe était tout intérieur, tout intime. Une femme galante possédant une voiture, *une demi-fortune*, faisait révolution dans son quartier. Ces dames employaient, pour tromper l'homme à qui elles devaient leur bien-être, les mêmes ruses qu'une véritable femme mariée pour tromper son mari ; car elles risquaient autant, plus même que l'épouse légitime, n'ayant pas comme celle-ci une dot à réclamer judiciairement. Ces hommes qui les gardaient dix ans, quinze ans, toute leur vie quelquefois, ne les quittaient jamais ou ne mouraient pas sans leur assurer une fortune modeste mais définitive. Ils les épousaient quelquefois, et cela ne paraissait pas très extraordinaire.

La plupart de ces femmes, faut-il le dire? sortaient de Saint-Denis. Filles de pauvres officiers tués dans les dernières guerres de l'Empire, elles avaient reçu une instruction et une éducation au-dessus de leur fortune, et, lorsqu'il s'était agi de les marier, on n'avait pas trouvé le mari qu'il aurait fallu à cette éducation, à cette pauvreté, à cette beauté et à ces rêves. L'habitude de vivre au compte d'autrui, l'ennui, l'occasion, le cœur quelquefois, amenaient la première chute. On trouvait donc encore dans ces femmes de l'intelligence, de la noblesse, de l'esprit, du dévouement, une âme. C'étaient les dernières incarnations de Phryné, de Marion Delorme et de Ninon de Lenclos. Elles pouvaient causer, tenir une maison et donner à leur amant plus et mieux que des plaisirs grossiers.

Une de ces femmes de trente à trente-cinq ans était ce qu'un père, homme du monde, ambitionnait pour initier son fils à cette vie de l'amour que tout jeune homme, je ne sais pas pourquoi, doit, selon nos mœurs, avoir connue avant de se marier. Enfin, il y avait des fautes dans la vie de ces femmes et des fautes nombreuses; mais, si l'amour y était sans pudeur, il n'y était pas sans décence.

Les grisettes qui, après de véritables amours tout à fait désintéressées avec des commis ou des étudiants, amours dont le quartier latin a été le dernier nid, Paul de Kock le dernier historien et Murger le dernier poète, les grisettes furent les premières qui grossirent le nombre des femmes galantes, et, en introduisant dans cette classe un élément nouveau, constituèrent les femmes entretenues. Après des excès de confiance, des désenchantements, des luttes avec la misère, des abandons, des déceptions, des tentatives de suicide, ces pauvres filles s'écriaient : « Ma foi, je suis trop bonne d'avoir tant de cœur! » Et elles commençaient à accepter des bijoux, des robes, un cachemire carré, quelques meubles, de l'argent enfin, non plus de l'homme, mais du *monsieur* qu'elles aimaient. Toute cette dépense se réduisait à trois ou quatre cents francs par mois. Les dîners aux *Vendanges de Bourgogne*, les petites loges grillées de l'Ambigu, les soirées de Tivoli, telles étaient leurs grandes dépenses, et encore ces modestes orgies n'avaient-elles lieu que le dimanche, car ces demoiselles continuaient presque toujours à travailler dans un magasin, à moins que le *monsieur* ne fût assez généreux pour les mettre elles-mêmes à la tête d'un magasin de modes ou de lingerie.

L'amour, le travail, étaient donc encore de la partie. Marguerite Gautier ou Marie Duplessis, comme vous voudrez, sortait des rangs de ces femmes. Elle avait été grisette, voilà pourquoi elle avait encore du cœur.

On créa les chemins de fer. Les premières fortunes rapides faites par les premiers agioteurs se jetèrent sur le plaisir, donc l'amour instantané est un des premiers besoins. Ce qui, chez les filles pauvres, n'était qu'une conséquence finale, devint une cause première. Les facilités nouvelles de transport amenèrent à Paris une foule de jeunes gens riches de la province et de l'étranger. Les nouveaux enrichis, dont le plus grand nombre était sorti des plus basses classes, ne craignaient pas de se compromettre avec telle ou telle fille à surnom à qui le bal *Mabille* et le *Château des Fleurs* avaient acquis une grande célébrité. Il fallut fournir à la consommation sensuelle d'une population progressante, comme à son alimentation physique : la liberté de la boucherie, dans un autre genre.

La femme fut un luxe public, comme les meutes, les chevaux et les équipages. On s'amusait à couvrir de velours et à secouer dans une voiture une fille qui vendait du poisson à la halle huit jours auparavant, ou qui versait des petits verres aux maçons matineux ; on ne tint plus ni à l'esprit, ni à la gaieté, ni à l'orthographe ; enrichi aujourd'hui, on pouvait être ruiné demain : il fallait dans l'intervalle avoir soupé avec telle ou telle renommée. Dans ce tohu-bohu d'entreprises toutes fraîches et de bénéfices quand même, la beauté devint une mise de fonds, la virginité une valeur, l'impudeur un placement. Les magasins se vidèrent; les grisettes disparurent, les entremetteuses se mirent en campagne. Il s'établit des correspondances entre la province, l'étranger et Paris. On faisait des commandes sur mesure; on s'expédiait ces colis humains. Il fallait bien nourrir ce minotaure rugissant et satisfaire à cette boulimie érotique. On se plut à découvrir des beautés bizarres et singulières. On les excitait les unes contre les autres comme des coqs anglais, on montrait leurs jambes dans des pièces *ad hoc*, ou, si elles étaient trop bêtes pour parler devant le monde, on les plantait à demi-nues, avec une tringle dans le dos, sur les chars branlants de l'Hippodrome, et on vous les montrait de bas en haut. Des hommes du monde, blasés, épuisés, usés, pour se distraire un moment, se firent les contrôleurs de ce métal impur. La corruption eut ses jurés assermentés. Ces malheureuses sollicitaient l'honneur de leur couche froide, afin de pouvoir dire le lendemain : « J'ai vécu avec un tel, » ce qui haussait leur prix pour les parvenus de la veille, tout fiers de posséder une créature sortant non pas des bras, mais des mains du comte X*** ou du marquis Z***. — On les façonnait, on les renseignait, on leur apprenait le grand art de ruiner les imbéciles, et on les lançait dans la carrière. La *Maison d'Or*, les *Provençaux*, le *Moulin Rouge*, flambèrent du matin au soir et du soir au matin. Le lansquenet et le baccara se ruèrent à travers la ronde ; on se ruina, on se battit, on tricha, on se déshonora, on vola ces filles, on les épousa. Bref, elles devinrent une classe, elles s'érigèrent puissance; ce qu'elles auraient dû cacher comme un ulcère, elles l'arborèrent comme un plumet. Elles prirent le pas sur les honnêtes femmes, elles achevèrent les femmes coupables, dont les amants étaient assez lâches pour raconter les histoires, elles firent le vide dans les salons et dans les chambres à coucher des meilleures familles. Les femmes du monde, étourdies, ébahies, épouvantées, humiliées de la désertion des hommes, acceptèrent la lutte avec ces dames sur le terrain où celles-ci l'avaient placée. Elles se mirent à rivaliser de luxe, de dépenses, d'excentricités extérieures avec des créatures dont elles n'eussent jamais dû connaître le nom. Il y eut communion volontaire entre les filles des portières et les descendantes des preux sous les espèces de la crinoline, du maquillage et du roux vénitien. On se prêta des patrons de robes entre courtisanes et femmes du monde, par l'entremise d'un frère, d'un ami, d'un amant, d'un mari quelquefois. Non seulement on eut les mêmes toilettes, mais on eut le même langage, les mêmes danses, les mêmes aventures, les mêmes amours, disons tout, les mêmes spécialités.

Voilà ce que les mères et les épouses ont laissé faire. Voilà où nous sommes tombés. Je vais vous dire maintenant où nous allons.

Nous allons à la prostitution universelle. Ne criez pas! je sais ce que je dis.

Le cœur a complètement disparu de ce commerce clandestin des amours vénales. *La Dame aux Camélias*, écrite il y a quinze ans, ne pourrait plus être écrite aujourd'hui. Non seulement elle ne serait plus vraie, mais elle ne serait même pas possible. On chercherait vainement autour de soi une fille donnant raison à ce développement d'amour, de repentir et de sacrifice. Ce serait un paradoxe. Cette pièce vit sur sa réputation passée, mais elle rentre déjà dans l'archéologie. Les jeunes gens de vingt ans qui la lisent par hasard ou la voient représenter doivent se dire : « Est-ce qu'il y a eu des filles comme celle-là ? » Et ces demoiselles doivent s'écrier : « En voilà une qui était bête ! » Ce n'est plus une pièce, c'est une légende ; quelques-uns disent une complainte. J'aime mieux légende.

Le cœur a donc complètement disparu de cette transaction entre l'homme libre et la femme libre, et cette transaction se réduit à ces termes : « J'ai de la beauté, tu as de l'argent, donne-moi de ce que tu as, je te donnerai de ce que j'ai. Tu n'as plus rien? Adieu ! je ne fais pas plus de crédit que le boulanger. »

L'amour est parti, mais la fortune est venue. L'affaire

a réussi, l'entreprise est bonne, elle est sûre même, ayant pour base un capital éternel, inépuisable : l'oisiveté, l'orgueil, la vanité, la sottise, la passion, le vice de l'homme.

Il est telle de ces dames à qui quelques années de patience et de sang-froid ont donné un ou deux millions placés en bonnes valeurs, actions de la Banque, terrains, obligations garanties par l'État. Elles ne sont même plus prodigues. Un beau jour, elles se séparent du luxe qui n'était pour elles qu'une mise en scène ou une mise en train, et, comme le comédien qui se retire du théâtre, elles vendent leurs oripeaux devenus inutiles. Nous voyons alors passer sur la table du commissaire-priseur des colliers de perles et des rivières de diamants qu'une fortune princière peut seule acquérir. Nous pourrions nommer de ces femmes, dont la fortune réalisable monte à quinze ou vingt millions. Avouez que voilà un exemple tentant et que l'honnête fille qui n'a pour dot que sa jeunesse et son innocence, et qui ne trouve ni appui ni alliance dans le monde qui l'entoure, peut bien avoir envie de suivre cet exemple, de jeter la pudeur aux orties, et de prendre une action dans cette loterie dont presque tous les numéros gagnent.

Ces fortunes acquises rapidement, malhonnêtement, mais régulièrement placées, que deviennent-elles? Ces dames ne les donnent pas à des établissements de bienfaisance.

Ou elles s'en servent pour acheter un mari quelconque, ou elles l'augmentent par des opérations heureuses que leurs amis leur conseillent, et dont bénéficient parfois leurs amants; l'argent, quelle que soit son origine, trouvant toujours quelqu'un pour l'utiliser. Ce capital immense ne peut rester inactif. Des entreprises viennent au-devant de lui pour en canaliser le cours et féconder des intelligences impuissantes et stériles faute de pluie. Tous les fumiers sont bons pour féconder la terre. La Danaé se fait Jupiter à son tour, et voilà l'argent du vice pénétrant dans l'industrie, dans le commerce, dans les affaires, et venant aider, alimenter, créer des fortunes nouvelles à de très honnêtes gens. Comment exclure de l'intimité une bailleresse de fonds à qui l'on doit le repos de son ménage, sa quiétude d'esprit, l'avenir de ses enfants? Ce ne sont plus d'anciennes courtisanes, ce sont de riches négociantes, d'opulentes propriétaires dont la signature vaut de l'or.

Ces femmes meurent, quelqu'un hérite d'elles, filles, fils, neveux, nièces, cousins, parents, amis. Hélas! on est bien indulgent dans tous les pays du monde, et surtout dans le nôtre, pour ces hasards de l'héritage, et, si nous voyons qu'on ne demande pas compte à tel ou tel grand seigneur d'une fortune issue, il y a un ou deux siècles, d'une spoliation ou d'un assassinat, nos petits-fils ne seront pas plus exigeants que nous, et ils ne demanderont pas à M. X***, ou à mademoiselle Z*** d'où leur sont venus leurs millions, M. X*** et mademoiselle Z*** auront des millions, voilà tout. Qu'importe la source d'un fleuve, pourvu qu'il coule et qu'il arrose! Monsieur tel ou tel sera un beau parti et il trouvera une honnête fille de bonne maison, mais pauvre, qui ne demandera pas mieux que de porter son nom ; à moins qu'il n'en préfère une riche qui le choisira entre vingt autres pour s'arrondir et se donner quelques diamants et quelques chevaux de plus. Et *vice versa* pour mademoiselle Z***.

Voilà donc l'argent de la prostitution se glissant dans la famille, comme il s'est glissé déjà dans les affaires. Pourquoi pas, après tout? Du moment que vous prêchez la croisade de l'argent, toutes les armes sont bonnes. Gloire aux vainqueurs! Malheur aux vaincus! L'important est de s'enrichir vite, et croyez bien qu'on n'attendra pas deux ou trois générations pour en arriver là et que beaucoup de ces créatrices de leur propre patrimoine trouveront pour elles-mêmes les unions que nous faisons au respect humain de ce siècle l'honneur de reporter à cinquante ans du point de départ. N'avez-vous pas déjà vu, dans ces derniers temps, des hommes du monde, et du meilleur monde, épouser les femmes qui les avaient ruinés, pour rentrer dans leur argent, des négociants fonder de grandes industries renommées et prospères, bénites par le clergé, avec ces dots étranges? Ne vous rappelez-vous pas ce procès d'hier où l'on eut le spectacle d'un jeune grand seigneur qui avait consenti, moyennant une somme de..., à donner son nom au fils d'une de ces demoiselles qui faisait ce sacrifice pour que ce fils eût enfin un père.

Donc, en l'an deux mille, « date qu'on peut débattre », comme disait Béranger, si les choses continuent, la prostitution par l'héritage, par les habitudes, par l'exemple, par l'intérêt, par l'indifférence, et parce qu'elle apportera l'argent avec elle, aura pénétré fatalement dans toutes les familles. Le mal ne sera plus aigu, il sera constitutionnel. Il aura passé dans le sang de la France.

Pour empêcher le mal, quel moyen ont trouvé les femmes, les mères, les pères et les jeunes filles?

Jadis les hommes disaient, quand on leur proposait une jeune fille : « Combien a-t-elle? » Aujourd'hui, les jeunes filles et leurs parents, quand on leur parle d'un mari, disent : « Combien a-t-il? » Qu'il soit noble ou roturier, spirituel ou sot, laid ou beau, jeune ou vieux, peu importe. Qu'il soit riche, voilà la grande affaire. Ces vierges savent ce que coûte une maison. Notre confrère Léon Laya a touché gaiement et finement à ce vice moderne, dans *le Duc Job*, et le public a compris. Il y a sept ou huit ans de cela. Quel progrès depuis lors!

Eh bien, qu'on fasse le nœud avec l'écharpe du maire ou avec la ceinture de Vénus, quand il n'entre plus que de l'argent dans le rapprochement de l'homme et de la femme, il y a trafic, et ce trafic-là, mesdemoiselles, c'est de la belle et bonne prostitution, plus chère que l'autre, parce que le Code la garantit, que la famille la consacre et que le nom de l'acquéreur la couvre. Restez-vous fidèles, au moins au nom que vous avez reçu, au contrat **que** vous avez signé, à l'affaire que vous avez faite? Je ne le pense guère, si j'en crois ce que j'entends, ce que je sais, ce que je vois.

Cependant, prenez garde, l'homme n'est pas aussi bête que les femmes s'obstinent à le croire ; — il sent bien où on le mène, et il se fait ce raisonnement très simple :

« Voyons, j'ai dix ou cinquante ou cent mille livres de rente (prenez la proportion que vous voudrez) ; supposons que je me marie. Du moment que ma femme ne m'apporte que son corps, que je connais à moitié, grâce aux toilettes du jour, mais que tout le monde, par suite, connaît aussi bien que moi, je la trouve un peu chère. Le mariage, c'est le repos, l'intimité, la famille, la dignité, l'amour... Le repos ! Il me faudra mener ma femme aux courses, aux Italiens, aux bals, aux Eaux. L'intimité ! Elle n'aura pas de trop des heures où nous serons ensemble pour se reposer seule. La famille ! Où prendrons-nous le temps d'avoir des enfants, en admettant que la fécondité concorde avec cette vie comparable aux toupies d'Allemagne qui tournent si vite, qu'on ne voit plus le trou qui fait le bruit ? La dignité ! Où est la dignité d'une femme qui se décolète jusqu'aux reins, qui se fait habiller par un homme, qui a sa loge à l'Alcazar, et à qui ses petits amis donnent un surnom comme aux danseuses de *Mabille?* L'amour ! Inutile d'en parler, puisqu'il vit de toutes ces choses-là. Ma femme sera donc à tout le monde, excepté à moi. J'aime bien mieux prendre la femme de tout le monde ; elle me reviendra meilleur marché, pour ma part ; elle ne pourra pas me déshonorer, je ne serai pas forcé de donner mon nom aux enfants qu'elle fera, et je la planterai là quand j'en aurai assez. Voilà. »

Et les jeunes gens ne veulent plus se marier. Et il y en a même, qui, par découragement ou par économie, essayent de devenir des femmes, ce qui simplifie bien les choses, et qui finissent, dit-on, par y arriver. Ils ne veulent même plus porter des noms d'homme. Sous Henri III, on les appelait des *mignons;* aujourd'hui, on les appelle des *duchesses*. Ils ont formé une association. Ils ont levé, contre le sexe faible, le drapeau de l'indépendance, ils ont prouvé qu'ils pouvaient se passer de lui, et, pour que leurs enfants ne les désavouent pas plus tard, ils font, dit-on, comme Saturne, ils les mangent ! Je me trompe. Saturne ne mangeait que les siens !

Où allons-nous ?

« Tout cela est local, disent les optimistes, ce sont les mœurs de Paris et encore d'un Paris dans Paris. » Soit; mais Paris, c'est le cerveau de la France, et, quand il y a tumeur au cerveau, toute l'économie est ébranlée et tôt ou tard la paralysie arrive. Non, ce mal n'est pas local. Ces virus-là, une fois inoculés dans une partie, pénètrent dans la masse du sang. Le mal vient de loin, et il y a longtemps qu'il s'annonce. Ce n'est pas comme le croyait ou plutôt comme le disait M. Dupin, car un homme de son âge et de son expérience ne pouvait pas croire à une si petite cause, ce n'est pas une question de luxe et de crinoline ; c'est une question sociale. Il y a longtemps que la femme se plaint, qu'elle crie, qu'elle appelle au secours. Personne ne lui a répondu. Elle fait enfin sa révolution, en plein soleil, avec les armes qu'elle a reçues de la nature, la Ruse et la Beauté. *Elle a retourné l'autel pour en faire une alcôve. Elle a remplacé le dieu par je ne sais quelle guillotine dorée, et elle exécute l'homme au milieu des rires et des danses* [1].

Que faire ?

Il faut reconstituer l'amour en France et, par conséquent, dans le monde.

Mais l'amour ne se reconstitue pas comme une perte de sang, ou comme un État allemand. L'amour est un sentiment. — Erreur. L'amour est un besoin. C'est une force de la nature, c'est la plus grande et la plus nécessaire, et, comme toutes les forces naturelles, comme la foudre, la vapeur et l'électricité, elle peut être dirigée, utilisée, perfectionnée.

---

1. *Les Idées de madame Aubray.*

Pour nous restreindre à la seule question de l'amour entre hommes et femmes, en laissant de côté les autres manifestations de l'amour, l'amour de l'humanité, de la liberté, de la science, de la gloire, etc., qui sont les corollaires de ce besoin d'aimer né avec l'homme, quelles sont les deux conséquences immédiates de l'amour? — La génération et la famille. De la génération et de la famille doivent résulter ces deux autres conséquences : le travail et la morale. Du travail et de la morale : les sociétés partielles et en définitive la communion de l'humanité tout entière dans les mêmes intérêts, les mêmes sentiments, le même idéal.

Or, du moment qu'une cause naturelle, physique ou morale, a des résultats sociaux, la société a le droit d'intervenir pour le développement, la direction et la perfection de ces résultats. C'est ce qu'elle a fait en instituant le mariage, dont découlent la solidarité de la famille et l'hérédité des noms et des biens. Ce n'est plus assez, elle n'a pas le droit de s'arrêter à moitié de son œuvre et rien n'est fait tant qu'il reste à faire.

Disons nettement les choses. En France surtout, on a peur des mots, et c'est cette peur qui empêche les idées d'avancer. Les choses n'étant jamais appelées par leur nom, les coupables ont le droit de dire : « Je ne savais pas que c'était ça. » Supprimons cette excuse en disant la vérité absolue.

A l'état de nature, qu'est-ce que c'est que l'amour chez les hommes et chez les animaux?

Ne vous blessez pas du rapprochement. Les hommes ont inventé la pudeur, la poésie, le sacrifice, le dévouement dans l'amour; mais ils ont aussi inventé l'excès, le trafic, la débauche, l'hypocrisie, ce qu'aucun animal n'a inventé. La nature a fait l'animal indécent; la société a fait l'homme immoral. Partant, quittes pour le physiologiste.

A l'état de nature, chez l'homme et chez les animaux, l'amour est un besoin physique qui se manifeste à l'âge de la puberté, besoin qui pousse un être conformé d'une certaine façon vers un être conformé d'une autre manière. De ce contact naturel, volontaire, indispensable dans et pour l'harmonie du monde, naît un autre individu — qui participe presque toujours, comme tempérament, comme forme, comme caractère, de ses deux générateurs, comme sexe de l'un d'eux.

Les hommes s'étant formés en sociétés, et les plus éclairés, les plus sages, les plus divins ayant reconnu en eux-mêmes, d'abord, et dans les autres par déduction, une essence supérieure à celle des animaux purement instinctifs, ces hommes, ayant supposé à l'humanité une destinée d'un ordre supérieur, ont fait un sentiment du besoin, un engagement de la réunion, et un devoir du résultat. Ce sentiment, c'est l'amour, cet engagement, c'est le mariage, ce devoir, c'est la famille.

Si l'humanité est d'essence supérieure, tous les hommes ne sont pas supérieurs comme elle. Ils ont des goûts, des tempéraments, des caractères, des passions d'une variété infinie. Il y eut donc des hommes qui voulurent se soustraire à la règle établie ou s'en faire un moyen pour leurs intérêts particuliers. Ceux qui avaient des passions, et à qui une seule femme ne suffisait pas, cherchèrent naturellement à se donner le plaisir de l'amour sans les engagements du mariage et sans les devoirs de la famille ; ceux qui ne cherchaient que le bien-être matériel acceptèrent l'amour en apparence et le mariage en réalité, moyennant une rétribution de ... apportée par la femme. Dans le premier cas, le libertinage ; dans le second, le trafic. Parmi les filles qui s'étaient dispensées du mariage ou qui ne pouvaient y atteindre, quelques-unes demandèrent une compensation à l'argent ; parmi les femmes à qui l'on n'avait donné que le mariage, quelques-unes demandèrent une consolation à l'amour.

D'un côté, la prostitution se fit jour.

De l'autre côté, l'adultère prit naissance.

La société, que ces conventions particulières et malsaines gênaient dans son développement ascensionnel, se crut forcée d'intervenir de nouveau, non seulement au point de vue de la morale, mais au point de vue de la salubrité. Elle dit aux filles libres : « Puisque vous avez fait de l'amour un commerce, vous serez astreintes, d'abord aux charges des commerçants : vous aurez une boutique, une patente et une carte, et puis vous serez méprisables. » Elle dit aux femmes adultères : « Puisque vous avez manqué aux stipulations du traité matrimonial, je donne le droit à votre mari de vous exclure, et vous serez méprisées. » Dans les deux camps, il n'y eut que les filles bêtes ou les femmes maladroites qui se laissèrent parquer. Parmi les courtisanes, les plus fines évitèrent la carte ; parmi les femmes mariées, les plus habiles esquivèrent la loi. Aujourd'hui, la prostitution illustre et enrichit les unes, et l'adultère console et quelquefois enrichit les autres.

Voilà où nous en sommes.

Cette fois, la société n'ose plus intervenir; c'est ici qu'elle a tort, car jamais le mal n'a été si grand, et cependant il est réparable. Voyons les moyens.

Quelles sont les excuses, vraies ou fausses, de la courtisane? Quelles sont les excuses, vraies ou fausses, de la femme adultère?

Les excuses de la courtisane sont : l'ignorance, la famille absente ou vicieuse, les mauvais exemples, le manque d'éducation, de religion, de principes, *et surtout et toujours une première faute* commise, souvent avec un parent, quelquefois avec le frère ou le père (voir les statistiques à la préfecture de police), une mère qui les a vendues, la misère enfin et tout ce qui l'accompagne.

Les excuses de la femme adultère sont le mari qui néglige, trompe ou ruine sa femme, l'oisiveté, l'impuissance de l'homme, la stérilité de la femme, le besoin d'appui, de solidarité et d'amour.

Quels sont les moyens de mettre les femmes, mariées ou non, dans l'impossibilité de donner ces excuses, de manière qu'il ne leur reste plus que celles qu'elles ne donnent jamais (justement parce que la société les met en droit de donner les autres), lesquelles non données sont la paresse, l'ennui, la curiosité et le tempérament?

Ma lectrice rougit et je la scandalise!

Que voulez-vous, madame! il me va d'ôter leurs voiles aux choses comme aux gens, et je sais bien que le mot seul vous fait peur et non la chose. Quand on vous aura bien montré les ignominies qui se dérobent sous les périphrases élastiques dont vous les enveloppez, vous vous laisserez peut-être un peu moins prendre à ces périphrases. Quand on aura contracté l'excellente habitude d'appliquer la même épithète à la femme mariée, mère de famille, aimée de son mari et de ses enfants, qui trompe son mari et se livre à un autre homme, qu'à la courtisane qui se vend, la femme mariée hésitera plus longtemps et elle reculera peut-être. Quand la femme adultère saura qu'au lieu de dire d'elle : « Madame une telle s'occupe de monsieur un tel; » ou — « a une intimité avec monsieur un tel; » — ou « se compromet un peu trop avec monsieur un tel; » — on dira : « Madame une telle... (grâce encore pour cette fois) avec monsieur un tel! » ah! diable! la femme y regardera à deux fois avant d'être adultère; et cependant, le fait est le même sous la périphrase ou sous le mot technique. Seulement, les femmes du monde, qui ne souilleraient pas leur bouche, même pour la défense de la vertu, d'un mot de caserne ou de lupanar, imposent à leur corps, au nom de l'amour, l'acte le plus humiliant que le corps puisse subir, et qui les assimile, même pour l'homme qui en profite, aux plus vulgaires prostituées.

Puisque nous avons ouvert cette parenthèse, ne la fermons pas sans tout dire, et finissons-en avec cette question de l'adultère que nous acceptons si facilement, quand il s'agit de la femme des autres, et qui nous révolte, nous déshonore, nous désespère et nous tue, quand c'est de la nôtre qu'il s'agit. En vérité, nous sommes un drôle de peuple. Notre seul esprit est d'avoir fait croire que nous en avions, car du véritable esprit de conduite et d'appréciation, de justice, de bon sens enfin, il n'y a trace ni dans nos mœurs, ni dans nos actes, ni même dans nos lois. De quoi rions-nous le plus au théâtre? Du mari trompé. De quoi souffrons-nous le plus dans la vie privée? D'être ce mari. Qu'est-ce que nous racontons le plus légèrement, le plus gaiement, le plus spirituellement? Ce sont les mésaventures matrimoniales de nos amis. Qu'est-ce que nous redoutons le plus? C'est qu'on ne raconte les mêmes histoires sur nous-mêmes. A celui qui nous aura appelé imbécile, nous nous contenterons de demander des excuses ou de donner un petit coup d'épée ; de celui qui nous aura appelé cocu, nous boirons le sang si nous pouvons. L'honneur de notre femme est donc ce qu'il y a de plus sacré pour nous, parce que notre femme, c'est notre nom, notre amour, notre plaisir, notre confident, la mère de nos enfants, la dépositaire de nos secrets, de nos faiblesses, de nos espérances, notre propriété enfin (voilà le vrai mot), et que celui-là est le plus méprisable de tous les hommes, qui fait bon marché de cet honneur et commerce de cette propriété. Alors, déclarons publiquement que l'adultère n'est pas risible, que c'est un crime auquel il faut appliquer les châtiments les plus sévères, au lieu, comme fait la loi, de se contenter de séparer les deux époux ou d'emprisonner quelques mois la femme. Quant à celle-ci, disons-lui en même temps qu'elle n'a pas d'excuses, et que, si, quand elle nous en donne, nous avons l'air d'y croire, c'est que nous sommes bien élevés, qu'elle est belle, que nous pensons que notre tour viendra, ou que nous sommes dans le même cas et que nous ne pouvons rien dire.

Du temps que la femme était mariée sans le savoir, par des engagements antérieurs entre les deux familles, à un individu qu'elle ne connaissait pas, laid, vieux, malpropre, libertin, et qu'il lui fallait choisir entre le mariage ou le couvent, elle avait un argument en réserve, et le galant était une revanche ; mais aujourd'hui que rien dans le monde, excepté sa propre volonté, ne peut contraindre une jeune fille à épouser un homme qui ne lui convient pas, aujourd'hui qu'au dernier moment elle peut encore dire : « Non, » et trouve la loi qui la protège contre ses parents mêmes, si jusque-là elle avait subi leur influence; aujourd'hui que la femme contracte sciemment, soit qu'elle demande au mariage l'amour, ou la fortune, ou la noblesse, ou le plaisir, ou le bonheur, comme elle connaît parfaitement les termes du contrat, le jour où elle y manque, elle n'a pas d'excuse et elle est... Faut-il le dire?

« Soit, répliquent les femmes : nous ne subissons plus l'autorité directe de nos parents; mais leur autorité morale, nous la subissons toujours. Nous sommes sans expérience; nous ne nous défions pas, nous ne connaissons pas le Code; nous ignorons nos droits; et, d'ailleurs, où puiserions-nous le courage de les faire valoir? Nous sommes élevées dans le respect et l'obéissance, nos parents eux-mêmes se trompent quelquefois avec les meilleures intentions du monde. On nous présente un jeune homme qui paraît réunir toutes les qualités requises, bonne famille, bonne naissance, bonne éducation, fortune, esprit, talents, élégance, beauté même; il nous plaît, nous l'aimons, c'est si facile de plaire à une jeune fille! nous l'épousons de tout cœur, et, six mois après, quelquefois le lendemain, le masque tombe, et nous nous trouvons en face d'un débauché, d'un joueur, d'un homme qui nous ruine et nous bat, qui nous abandonne, et qui empoisonne non seulement notre cœur, mais quelquefois notre corps, alors — alors...

— Alors, quoi, madame?

— Alors, comme nous sommes des êtres faibles, comme nous poursuivons toujours un idéal, comme nous ne voulons pas renoncer à notre rêve, comme nous voulons aimer enfin, nous nous laissons aller à aimer un autre homme; prenez-vous-en au mari qui nous trompe et à la loi qui nous opprime! »

A mon tour.

J'accepte toute votre histoire et toutes vos raisons; j'admets que vous soyez unie à un être repoussant et méprisable, que vous éprouviez le besoin de verser vos chagrins, vos rêves, vos déceptions, vos douleurs dans le cœur d'un ami. Je vais plus loin. Je comprends que vous aimiez un autre homme que votre mari, et que vous vous désespériez de ne pas avoir rencontré celui-là avant celui-ci. Eh bien, à quoi vous mène logiquement cette situation? Au mépris, à la colère, à la vengeance, à la résignation, au suicide, à exécrer cet homme et peut-être les enfants qui sont issus de lui et dans lesquels vous le retrouvez, à être Hermione et à faire tuer Pyrrhus, à être Médée et à égorger vos fils? Mais il n'y a aucun enchaînement admissible entre vos douleurs, vos jalousies, vos déceptions, vos désespoirs, et le petit acte spasmodique qui constitue l'adultère, qui est si peu dans vos droits, que vous le tenez aussi secret que possible, qui n'est que libertinage, puisque la maternité en est violemment arrachée, puisqu'il ne vous est pas permis de vous y oublier un instant, puisque votre présence d'esprit, armée de tout son sang-froid, est forcée de monter la garde autour de vos sens.

« L'entraînement, dites-vous. Un jour, pendant une confidence, pendant un aveu, notre corps, auquel nous ne songions même pas, a suivi notre âme; nous ne sommes pas de marbre, nous sommes faites de chair et d'os, et, du moment que nous aimons, nous aimons selon les lois de la nature, et nous avons continué par plaisir, par habitude, par amour, ce que nous avions commencé par faiblesse. »

Voilà tout ce que je voulais entendre; ne venez donc pas toujours invoquer les besoins de votre âme seule, et sachons définitivement que vous voulez en même temps donner pâture à vos sens. Eh bien, j'en suis désolé pour vous, madame, mais je ne vois pas de différence entre la femme qui, en dehors du mariage, se donne à un homme pour amuser son corps, et celle qui se donne pour nourrir ou parer le sien, si ce n'est que celle-ci ne dispose que d'elle-même, ne trompe personne, tandis que celle-là manque à la foi jurée, trahit son époux, compromet ses enfants et joue avec l'infanticide. Elle ne coûte rien, voilà son seul avantage.

Une jeune fille qui n'a aucune notion de la vie réelle, et que la nature pousse en avant, peut être entraînée par l'expérience ou la passion d'un homme qui sait comment on s'empare d'une femme; mais une femme mariée, hélas! madame, je suis forcé de vous le dire, n'eût-elle été mariée qu'un jour et une nuit, du moment qu'elle sait à quoi s'en tenir sur les conséquences charnelles du mariage, ne peut plus être entraînée. A la minute même où un homme lui dit pour la première fois et le plus respectueusement possible, qu'il l'aime, elle sait parfaitement à quoi tend cet homme. Ne pas le congédier dès le premier mot, c'est lui dire clairement : « Patience, monsieur; vous avez des chances de vous amuser avec moi. »

Maintenant, madame, je vais tout vous dire pendant que j'y suis; et je vais pour cela trahir mon sexe, car c'est votre salut que je veux : celui-là seul est digne de votre amour qui vous a jugée digne de son respect. Dire à une femme qui appartient à un autre qu'on l'aime et qu'on voudrait être aimé d'elle, c'est lui jeter à la face la plus grosse des insultes, c'est lui dire : « Je vous trouve bonne pour mes moments perdus, suffisante pour mes plaisirs, mais je garde mon nom, ma fortune, mon estime, ma liberté pour une plus honnête que vous, qui exigera de moi d'autres preuves d'amour que les petites convulsions que je viens vous offrir. » Rappelez-vous bien ceci, madame, et ne venez plus nous dire que vous l'ignorez, maintenant que c'est imprimé et que tout le monde peut le lire ; l'homme n'aime que la femme qu'il estime, et il n'estime jamais la femme qui ne peut se donner à lui qu'en se partageant. Au moment même où elle s'abandonne, alors qu'il est le plus passionné et le plus sincèrement à elle, il se fait à son insu dans son esprit, dans sa conscience, dans sa justice, un petit travail de décomposition qu'il trouve en rentrant chez lui, et après lequel la femme ne lui apparaît déjà plus telle qu'elle était auparavant. C'est le mépris qui est entré dans l'amour à dose infinitésimale, soit, mais qui augmentera tous les jours, et le mépris est le plus puissant dissolvant des sentiments humains. La rupture de la liaison n'eût-elle lieu que dix ans après, elle date du jour de la chute. Rappelez-vous donc bien ceci : ce qui vous fait coupables, ce n'est pas d'avoir aimé, c'est d'avoir servi ; le jour où vous vous donnez, vous êtes inférieure à la courtisane, vous commettez une action aussi honteuse qu'elle, mais plus bête, car elle y gagne quelque chose, ne fût-ce qu'un morceau de pain, et vous y perdez tout, l'estime des autres, votre propre estime et celle de votre amant. Métier de dupes!

O femmes! qui croyez que l'amour est le plus beau tribut que l'homme puisse vous payer, dans quelle erreur vous êtes! Si vous saviez combien est plus grand l'hommage silencieux de l'estime secrète que votre pudeur inspire, non seulement aux gens de bien, aux vieillards et aux sages, mais aux plus jeunes, aux plus fous, aux plus libertins, qui, au lieu de vous associer dans leur esprit et dans leurs souvenirs à telle ou telle fille perdue (il vient un moment où ils n'établissent plus grande différence entre toutes les femmes dont ils ont obtenu les mêmes résultats), vous associent dans leur estime, dans leur vénération, dans le tabernacle de ces équités intérieures qui n'est jamais complètement envahi par le vice, à leurs mères à leurs sœurs, à la jeune fille qu'ils avaient rêvée pour compagne, aux filles qu'ils auraient voulu avoir d'elle, car nous avons tous été bercés du même rêve. Non, le libertin ne vous parlera ni de votre beauté, ni de l'amour avec l'éloquence, les transports et les tremblements que la circulation plus rapide du sang prête au langage, aux gestes, à tout l'organisme de l'homme en proie au désir ; mais, quand il vous abordera, une émotion sacrée s'emparera de lui, dont vous verrez la lueur céleste apparaître sur son front et dans ses yeux, comme le premier rayon de l'aube sur le sommet d'un glacier ; son attitude sera noble, sa parole sera ferme, ses yeux sentiront les larmes tout près de les mouiller, son cœur sera bien à l'aise dans sa poitrine, et vous n'aurez qu'un mot à lui dire pour qu'il mette son dévouement à vos ordres, sa vie peut-être. Si vous aimez les jouissances excessives, madame, donnez-vous celle-là, il n'y en a pas de plus élevée.

Je ne songe pas, vous le pensez bien, à détruire l'amour, ni l'adultère, ni la galanterie, ni même la prostitution dans ce beau pays de France, qui leur doit le plus clair de sa célébrité : je ne nie pas non plus qu'il n'y ait, en dehors du mariage, de ces passions irrésistibles, fatales, qu'aucune loi ne peut combattre, qu'aucun raisonnement ne peut vaincre, qui emportent ceux et celles qui les subissent non seulement au delà des règles du monde, mais au delà même des bornes de la terre. Ces passions-là portent avec elles leur catastrophe, leur châtiment, leur renommée, leur pardon. Elles prennent toute la vie de leurs victimes. C'est Héloïse et Abailard dans la réalité, c'est Roméo et Juliette dans la fiction ; mais ces légendes d'amour sont rares. Toutes les femmes les ambitionnent pour elle-mêmes ; cependant, elles savent bien que ce n'est pas dans leur boudoir, ou dans leur salon, entre le café et le thé, qu'elles trouveront le héros de Vérone ou le philosophe du Paraclet. Aussi n'est-ce ni aux Juliettes, ni aux Héloïses, s'il s'en trouve encore, que ce discours s'adresse. Celles-là connaissent et connaîtront des émotions contre lesquelles mes arguments et tous ceux de la philosophie ont la valeur et la résistance d'un fétu de paille. Je les honore d'ailleurs et suis prêt à les chanter. L'amour à cette puissance est presque l'égal de la vertu. Je vise moins haut et ne m'occupe que de l'amour courant, qui va en voiture, au spectacle, au bal, qui rit pendant, qui se plaint après, qui recommence et qui, sous cette double forme, — prostitution — adultère, — mine peu à peu la famille, sans qu'on s'en aperçoive, comme les rats minent une maison à l'insu des locataires. Je suis las aussi, je l'avoue, d'entendre toujours répéter les mêmes subtilités, les mêmes sophismes, touchant cette vieille question ; et j'ai voulu, avant de mourir, me donner la joie d'imprimer la vérité toute vive. L'occasion s'est présentée, je l'ai saisie. Faites-en votre profit, madame, je vous le conseille, — s'il en est temps encore.

Où en étions-nous avant cette parenthèse? Aux moyens pratiques que je promettais, sinon pour détruire le mal, du moins pour l'atténuer, pour le modifier, pour l'utiliser peut-être. Les conventions actuelles de la société et les pratiques banales de la religion ayant suffisamment démontré leur insuffisance, voyons ce que la Nécessité nous conseille et ce que le Droit nous offre. Quand on a la force pour soi et qu'on veut absolument le bien, si l'on ne peut convaincre, il faut contraindre.

Partons d'abord de ce principe élémentaire que : si tous les voleurs et toutes les courtisanes avaient trouvé, en venant au monde, une famille honnête, une fortune assurée et une éducation saine, il n'y aurait ni voleurs, ni courtisanes; ceux qui auraient embrassé quand même cette carrière dangereuse, eussent été des maniaques; celles qui eussent choisi ce métier de rebut eussent été des malades.

Nous voyons des hommes et des femmes qui, nés de parents malhonnêtes, ou placés dans un milieu délétère, échappent à l'influence néfaste, se dégagent de l'atmosphère morbide, veulent et se sauvent. Donc, la transformation est possible, même dans les plus mauvaises conditions.

Aidons les hommes sans ressources, et protégeons les femmes sans défense.

Quels sont les refuges que la société leur offre, aux uns et aux autres? Aux hommes actifs, jeunes et sains, privés de moyens d'existence, elle offre l'engagement militaire, c'est-à-dire la sécurité matérielle dans la vie et la gloire dans la mort; aux filles actives, jeunes et saines, privées de moyens d'existence, elle offre le libertinage, c'est-à-dire l'infamie pendant et après la vie; aux uns et aux autres, quand ils commettent un délit, la prison ou la mort, selon la gravité du délit; à tous, quand ils sont mourants, l'hospice, quand ils sont morts, la fosse commune, quand ils seront guéris, le pavé.

Très bien.

L'homme est encore et toujours le mieux partagé dans cette distribution sociale. Laissons de côté la charité privée, les établissements de bienfaisance, les crèches qui sont des secours volontaires et qui n'existent justement qu'à cause du défaut de prévoyance et de garanties supérieures.

Le législateur, qui, en sa qualité d'homme, a dû admettre que l'homme pouvait avoir du tempérament et n'y pourrait pas résister, et qui, en même temps, devait interdire au soldat de contracter le mariage, non seulement pendant les sept années qu'il reste sous les drapeaux, les sept années de sa plus grande force, mais encore pendant les années qui précèdent la conscription à moins qu'il n'ait le moyen de s'acheter un homme, le législateur s'est trouvé pris entre ces trois nécessités, le recrutement, le célibat et l'*amour*. Il a donc fallu ouvrir un déversoir au délire érotique sur lequel la Nature, qui n'a pas prévu la conscription, comptait pour la reproduction de l'espèce, l'homme de dix-huit à vingt-huit ans étant plutôt destiné à créer des hommes qu'à en détruire.

Voyez un peu la logique de la société disant à l'homme : « De dix-huit à vingt-huit ans, non seulement tu ne mettras pas d'enfants au monde, mais tu en retireras le plus grand nombre possible d'hommes parmi ceux qui se portent bien. » Heureux calcul qui, dans un temps donné, amènerait nécessairement, si la guerre devait se perpétuer sur la terre, l'abaissement, l'amoindrissement et définitivement la destruction de la famille et de la race humaine.

Le déversoir nécessaire, indispensable, on l'a trouvé dans la prostitution de la femme. Moyennant une somme qui va de dix francs à quatre sous, tout homme, militaire ou non, peut posséder le corps d'une femme vivante qu'il ne connaît pas, pendant le temps nécessaire

3.

à son besoin, à son plaisir, à sa passion, à sa bestialité. (Regardez ça bien en face, c'est monstrueux!) Cette femme est inscrite à la préfecture de police; elle a un numéro, elle est soumise à certains règlements de police et de salubrité. De son âme, il n'est pas question bien entendu. Si elle devient mère, dans un de ces hasards de chairs, elle a à sa disposition l'hôpital ou l'infanticide; mais les physiologistes et les statisticiens vous diront que la prostitution n'engendre que la stérilité.

Quel bonheur!

Eh bien, et Dieu? ce Dieu à qui vous élevez des églises dans tous les carrefours, que vous invoquez dans toutes vos proclamations, pour qui vous nourrissez, entretenez et protégez des ministres dans tous les pays, dont vous maintenez de force le représentant à Rome, ce Dieu qui veut la création incessante, qui en a besoin pour son œuvre à lui, bien autrement importante que la vôtre, ce Dieu qui ordonne la charité, l'alliance, la communion fraternelle, qu'est-ce qu'il devient dans tout ça? Il est donc vrai que vous n'y croyez pas? Et la morale, et la pudeur, et toutes les vertus que vous prêchez dans vos temples, dans vos assemblées, que vous voulez nous faire prêcher même sur le théâtre, il est donc vrai que vous vous en moquez?

Si MM. les militaires, qui n'ont guère en moyenne que de un à quatre sous par jour, l'un dans l'autre, trouvent encore, avec si peu d'argent, le moyen de se procurer des femmes, les bourgeois mieux rentés s'en procurent à plus forte raison; seulement, comme étant plus riches, ils sont plus difficiles que les fils de Mars, ils ne veulent pas partager avec eux la faveurs des Vénus de caserne, et ils ont inventé la prostitution libre, qui constitue cette cohue formidable nommée « les femmes entretenues », laquelle cohue grossit et se répand tellement, qu'elle va faire craquer les mœurs et les lois, comme Paris, sa patrie, a fait craquer ses barrières.

Entre ces deux catégories, l'une trop basse, l'autre trop chère pour que tout le monde veuille ou puisse en user, flotte et grouille toute la tourbe des pauvres filles, servantes de tous les étages, ouvrières de toutes les sortes, forcées de gagner leur vie qui et sur se ruent les ouvriers, les domestiques, les commis de magasin, et MM. les militaires déjà gradés, qui veulent être aimés gratis, pour eux-mêmes, sans se compromettre, et qui sèment dans ce terrain, dont rien ne gêne la fécondité, cette population d'enfants naturels qui donne 28 pour 100 et qui défraye plus tard, pour les quatre cinquièmes, les hospices, les bagnes, les lupanars et l'échafaud.

Donc, pourquoi l'homme déshonore-t-il si facilement la femme?

Parce que rien ne protège la femme!

Pourquoi abandonne-t-il si facilement l'enfant qu'il a fait à une femme?

Parce que rien ne protège l'enfant.

Quelle est la raison sans réplique que la femme la plus dégradée peut donner de sa dégradation? Un premier homme. C'est donc contre ce premier homme qu'il faut assurer la femme. Eh bien, voici ce que je proposerais pour détruire cette excuse, et qu'il n'y eût plus que la prostitution volontaire, qui ne nous regarde pas, chacun étant libre de faire de sa personne ce que bon lui semble, et n'ayant le droit de se plaindre que lorsqu'on le force d'en faire un usage qui lui répugne et le déshonore :

La conscription pour les femmes comme pour les hommes. La femme ayant envers la société des devoirs à remplir, le jour où elle réclame des droits, il faut, par ses droits et par ses devoirs, la rallier à l'action commune.

Toute fille de quinze ans devra faire constater son identité, comme l'homme de vingt et un ans est forcé de faire constater la sienne; assistée ou de sa famille ou de deux témoins patentés, elle prouvera qu'elle a des moyens d'existence quelconques, soit dans un revenu, soit dans une profession.

Celle qui n'en aura pas, si elle sait un métier, trouvera de droit à exercer son métier dans les ateliers de l'État, qui seront les casernes du travail et qui ne coûteront jamais aussi cher que l'armée, puisqu'ils rapporteront quelque chose.

Si elle ne sait pas de métier, elle entrera comme apprentie au lieu d'entrer comme ouvrière.

Si elle est riche et qu'elle ne veuille pas travailler, elle achètera une remplaçante qui travaillera pour elle. Si elle n'a pas de ressources et qu'elle ne veuille pas travailler, elle sera sous la surveillance de la police, et, au premier délit grave, on l'exportera dans les colonies où les déportés ont besoin de femmes et où la terre a besoin de bras. Puisqu'elles n'auront pas voulu être des femmes, elles seront des femelles.

En échange de ces devoirs, voici quels seront les droits des filles non mariées. Ils seront renfermés dans ce seul paragraphe :

La loi, en reconnaissant l'homme de vingt et un ans libre, l'a reconnu responsable ; donc, tout homme ayant vingt et un ans qui sera convaincu d'avoir possédé une vierge sera condamné à donner à cette fille un capital ou une rente, selon sa position personnelle de fortune. S'il est dans l'impossibilité de fournir cette indemnité pécuniaire, il sera passible d'un emprisonnement de cinq ans; s'il a rendu mère cette jeune fille et qu'il ait refusé de l'épouser, la condamnation pourra être portée à dix ans; le fait d'avoir mis *volontairement* au monde un de ses semblables, sans aucune garantie de morale, d'éducation, ni de ressources matérielles, étant envers la société un délit plus grave que celui d'avoir volé nuitamment et avec effraction, égal à celui d'avoir tué. Donner la vie dans de certaines conditions est même plus barbare que de donner la mort.

Tout enfant naturel dont le père sera parvenu à se

dérober à la justice ou à ses devoirs, et que sa mère aura élevé honnêtement par son seul travail, sera exempté du service militaire, la société n'ayant le droit, sous aucun prétexte, de prendre à une femme, qui a travaillé pour lui, son unique enfant, au moment où, devenu son unique soutien, il va travailler pour elle.

« Autrement dit, la recherche de la paternité? »
Parfaitement.

« Mais les coquines détourneront les jeunes gens, les compromettront, les exploiteront, etc., etc. ? »

A vingt et un ans, un homme est électeur, garde national et soldat. Il n'est plus un enfant, il sait ce qu'il fait.

Et puis, que les honnêtes mères élèvent bien leurs fils, et que les pères les gardent mieux !

Et puis, si l'homme est le sexe faible, qu'il l'avoue et qu'il laisse les femmes gouverner les empires et livrer les batailles.

« Mais une pareille loi est impossible en France. »
Pourquoi?

« Parce que le peuple français est léger, amoureux, coureur, indépendant, insubordonné, etc., etc. »

Les lois ne sont pas faites pour aider, mais pour refréner les passions des hommes.

D'ailleurs, le peuple français n'est rien de ce que vous dites. C'est le peuple le plus soumis qui existe.

Entrez dans n'importe quelle gare de chemin de fer, et voyez avec quelle patience il attend ses billets avant le départ, et ses bagages au retour, et vous reconnaîtrez que ce peuple indépendant est le peuple le plus obéissant du monde, et qu'avec un sergent de ville on lui fait faire tout ce qu'on veut, et avec deux tout ce qu'il ne veut pas.

« Mais l'amour est une passion, et la passion... »

L'argent aussi est une passion, et la faim est plus qu'une passion, c'est un besoin ; et manger est plus qu'un besoin, c'est un droit.

Cependant, il y a tous les jours des milliers d'affamés

qui travaillent au lieu de prendre l'argent des changeurs ou de dérober les côtelettes des bouchers, parce qu'il y a une loi qui leur dit que s'approprier l'argent sans travail et les côtelettes sans argent, c'est voler, et que le vol est passible d'une peine.

Le jour où la société déclarera que l'honneur d'une femme et la vie d'un enfant sont des valeurs comme une douzaine de couverts ou un rouleau d'or, les hommes les regarderont à travers les vitres sans oser les prendre, et l'idée leur viendra de les acquérir et non de les voler. Au lieu de déshonorer les filles, on les épousera ; au lieu d'en faire des victimes, on en fera des alliées. De la condescendance des lois naît la facilité des mœurs.

Comment avez-vous pu établir entre les biens matériels et l'honneur de vos filles, de vos sœurs et de vos femmes, de la femme enfin, une si grande différence au désavantage de celle-ci !

Il faut que vous soyez aveugles, méchants ou fous.

Je conclus, je crois qu'il est temps.

Toute fille vient au monde vierge. Pour faire cesser cet état de virginité, il faut l'intervention de l'homme. Une fois cette virginité détruite autrement que par le mariage, le déshonneur commence pour elle et la prostitution se présente. Protégez la femme contre l'homme, et protégez-les ensuite l'un contre l'autre. Mettez la recherche de la paternité dans l'amour, et le divorce dans le mariage.

« Oh ! oh !... »

Mes moyens sont impraticables ? Trouvez-en d'autres, je ne tiens qu'aux résultats ; mais dépêchez-vous, parce que la maison brûle.

Vous ne voulez pas ? vous trouvez que ça peut aller *comme ça*, et que, pourvu qu'on s'occupe des hommes — qui feraient des révolutions si on ne s'occupait pas d'eux — tout est pour le mieux dans le meilleur des mondes possible ? *Va bene !* Amusons-nous ! Vive l'amour ! Laissons la femme faire ce qu'elle fait, et, dans cinquante ans au plus, nos neveux (on n'aura plus d'enfants,

on n'aura plus que des neveux), nos neveux verront ce
qui restera de la famille, de la religion, de la vertu, de
la morale et du mariage dans votre beau pays de France,
dont toutes les villes auront de grandes rues, et dont
toutes les places auront des squares, au milieu de l'un
desquels il sera bon d'élever une statue aux Vérités
inutiles.

Décembre 1867.

PERSONNAGES

                            Acteurs
                  qui ont créé les rôles.

ARMAND DUVAL...............	MM. FECHTER.
GEORGES DUVAL, père d'Armand....	DELANNOY.
GASTON RIEUX................	RENÉ LUGUET.
SAINT-GAUDENS...............	GIL-PÉRÈS.
GUSTAVE.....................	LAGRANGE.
LE COMTE DE GIRAY...........	ALLIÉ.
ARTHUR DE VARVILLE..........	DUPUIS.
LE DOCTEUR..................	HIPPOLYTE WORMS.
UN COMMISSIONNAIRE..........	ROGER.
DOMESTIQUES { .... }	GUÉRIN.
	LÉON.
MARGUERITE GAUTIER..........	Mmes DOCHE.
NICHETTE....................	WORMS.
PRUDENCE....................	ASTRUC.
NANINE......................	IRMA GRANIER.
OLYMPE......................	CLARY.
ARTHUR......................	CLORINDE.
ESTHER......................	MARIE.
ANAIS.......................	CAROLINE.
ADÈLE.......................	BARON.
INVITÉS.	

La scène se passe vers 1848.

LA DAME AUX CAMÉLIAS

ACTE PREMIER

Boudoir de Marguerite. Paris.

SCÈNE PREMIÈRE

NANINE, travaillant; VARVILLE, assis à la cheminée.
On entend un coup de sonnette.

VARVILLE.

On a sonné.

NANINE.

Valentin ira ouvrir.

VARVILLE.

C'est Marguerite sans doute.

NANINE.

Pas encore; elle ne doit rentrer qu'à dix heures et demie, et il est à peine dix heures. (Nichette entre.) Tiens! c'est mademoiselle Nichette.

SCÈNE II

Les Mêmes, NICHETTE.

NICHETTE.

Marguerite n'est pas là?

NANINE.

Non, mademoiselle. Vous auriez voulu la voir?

NICHETTE.

Je passais devant sa porte, et je montais pour l'embrasser, mais, puisqu'elle n'y est pas, je m'en vais.

NANINE.

Attendez-la un peu, elle va rentrer.

NICHETTE.

Je n'ai pas le temps, Gustave est en bas. Elle va bien?

NANINE.

Toujours de même.

NICHETTE.

Vous lui direz que je viendrai la voir ces jours-ci. Adieu, Nanine. — Adieu, monsieur.

Elle salue et sort.

SCÈNE III

NANINE, VARVILLE.

VARVILLE.

Qu'est-ce que c'est que cette jeune fille?

NANINE.

C'est mademoiselle Nichette.

VARVILLE.

Nichette! C'est un nom de chatte, ce n'est pas un nom de femme.

NANINE.

Aussi est-ce un surnom, et l'appelle-t-on ainsi parce qu'avec ses cheveux frisés elle a une petite tête de chatte. Elle a été camarade de madame, dans le magasin où madame travaillait autrefois.

VARVILLE.

Marguerite a donc été dans un magasin?

NANINE.

Elle a été lingère.

VARVILLE.

Bah!

NANINE.

Vous l'ignoriez? Ce n'est pourtant pas un secret.

VARVILLE.

Elle est jolie, cette petite Nichette.

NANINE.

Et sage!

VARVILLE.

Mais ce M. Gustave?

NANINE.

Quel M. Gustave?

VARVILLE.

Dont elle parlait et qui l'attendait en bas.

NANINE.

C'est son mari.

VARVILLE.

C'est M. Nichette?

NANINE.

Il n'est pas encore son mari, mais il le sera.

VARVILLE.

En un mot, c'est son amant. Bien, bien! Elle est sage, mais elle a un amant.

NANINE.

Qui n'aime qu'elle, comme elle n'aime et n'a jamais aimé que lui, et qui l'épousera, c'est moi qui vous le dis. Mademoiselle Nichette est une très honnête fille.

VARVILLE, se levant et venant à Nanine.

Après tout, peu m'importe... Décidément, mes affaires n'avancent pas ici.

NANINE.

Pas le moins du monde.

VARVILLE.

Il faut avouer que Marguerite...

NANINE.

Quoi?

VARVILLE.

A une drôle d'idée de sacrifier tout le monde à M. de Mauriac, qui ne doit pas être amusant.

NANINE.

Pauvre homme! C'est son seul bonheur. Il est son père, ou à peu près.

VARVILLE.

Ah! oui. Il y a une histoire très pathétique là-dessus; malheureusement...

NANINE.

Malheureusement?

VARVILLE.

Je n'y crois pas.

NANINE, se levant.

Écoutez, monsieur de Varville, il y a bien des choses vraies à dire sur le compte de madame; c'est une raison de plus pour ne pas dire celles qui ne le sont pas. Or, voici ce que je puis vous affirmer, car je l'ai vu, de mes propres yeux vu, et Dieu sait que madame ne m'a pas donné le mot, puisqu'elle n'a aucune raison de vous tromper, et ne tient ni à être bien, ni à être mal avec vous. Je puis donc affirmer qu'il y a deux ans madame, après une longue maladie, est allée aux eaux pour achever de se rétablir. Je l'accompagnais. Parmi les malades de la maison des bains se trouvait une jeune fille à peu près de son âge, atteinte de la même maladie qu'elle, seulement atteinte au troisième degré, et lui ressemblant comme une sœur jumelle. Cette jeune fille, c'était mademoiselle de Mauriac, le fille du duc.

VARVILLE.

Mademoiselle de Mauriac mourut.

NANINE.

Oui.

VARVILLE.

Et le duc, désespéré, retrouvant dans les traits, dans l'âge, et jusque dans la maladie de Marguerite, l'image de sa fille, la supplia de le recevoir et de lui permettre de l'aimer comme son enfant. Alors, Marguerite lui avoua sa position.

NANINE.

Car madame ne ment jamais.

VARVILLE.

Naturellement! Et, comme Marguerite ne ressemblait pas à mademoiselle de Mauriac autant au moral qu'au physique, le duc lui promit tout ce qu'elle voudrait, si elle consentait à changer d'existence, ce à quoi s'engagea Marguerite, qui, naturellement encore, de retour à Paris, se garda bien de tenir sa parole; et le duc, comme elle ne lui rendait que la moitié de son bonheur, a retranché la moitié du revenu; si bien qu'aujourd'hui elle a cinquante mille francs de dettes.

NANINE.

Que vous offrez de payer; mais on aime mieux devoir

de l'argent à d'autres que de vous devoir de la reconnaissance, à vous.

VARVILLE.

D'autant plus que M. le comte de Giray est là.

NANINE.

Vous êtes insupportable! Tout ce que je puis vous dire c'est que l'histoire du duc est vraie, je vous en donne ma parole. Quant au comte, c'est un ami.

VARVILLE.

Prononcez donc mieux.

NANINE

Oui, un ami! Quelle mauvaise langue vous êtes! — Mais on sonne. C'est madame. Faut-il lui répéter tout ce que vous avez dit?

VARVILLE.

Gardez-vous-en bien!

SCÈNE IV

LES MÊMES, MARGUERITE.

MARGUERITE, à Nanine.

Va dire qu'on nous prépare à souper; Olympe et Saint-Gaudens vont venir; je les ai rencontrés à l'Opéra (A Varville). Vous voilà, vous!

Elle va s'asseoir à la cheminée.

VARVILLE.

Est-ce que ma destinée n'est pas de vous attendre?

MARGUERITE.

Est-ce que ma destinée à moi est de vous voir?

VARVILLE.

Jusqu'à ce que vous me défendiez votre porte, je viendrai.

MARGUERITE.

En effet, je ne peux pas rentrer une fois sans vous trouver là. Qu'est-ce que vous avez encore à me dire?

VARVILLE.

Vous le savez bien.

MARGUERITE.

Toujours la même chose! Vous êtes monotone, Varville.

VARVILLE.

Est-ce ma faute si je vous aime?

MARGUERITE.

La bonne raison! Mon cher, s'il me fallait écouter tous ceux qui m'aiment, je n'aurais seulement pas le temps de dîner. Pour la centième fois, je vous le répète, vous perdez votre temps. Je vous laisse venir ici à toute heure, entrer quand je suis là, m'attendre quand je suis sortie, je ne sais pas trop pourquoi; mais, si vous devez me parler sans cesse de votre amour, je vous consigne.

VARVILLE.

Cependant, Marguerite, l'année passée, à Bagnères, vous m'aviez donné quelque espoir.

MARGUERITE.

Ah! mon cher, c'était à Bagnères, j'étais malade, je m'ennuyais. Ici, ce n'est pas la même chose; je me porte mieux, et je ne m'ennuie plus.

VARVILLE.

Je conçois que, lorsqu'on est aimée du duc de Mauriac.

MARGUERITE.

Imbécile!

VARVILLE.

Et qu'on aime M. de Giray...

MARGUERITE.

Je suis libre d'aimer qui je veux, cela ne regarde personne, vous moins que tout autre; et si vous n'avez pas autre chose à dire, je vous le répète, allez-vous-en. (Varville se promène.) Vous ne voulez pas vous en aller?

VARVILLE.

Non!

MARGUERITE.

Alors, mettez-vous au piano : le piano, c'est votre seule qualité.

VARVILLE.

Que faut-il jouer?

Nanine rentre pendant qu'il prélude.

MARGUERITE.

Ce que vous voudrez.

SCÈNE V

Les Mêmes, NANINE.

MARGUERITE.

Tu as commandé le souper?

NANINE.

Oui, madame.

MARGUERITE, s'approchant de Varville.

Qu'est-ce que vous jouez là, Varville?

VARVILLE.

Une rêverie de Rosellen.

MARGUERITE.

C'est très joli!...

VARVILLE.

Écoutez, Marguerite, j'ai quatre-vingt mille francs de rente.

MARGUERITE.

Et moi, j'en ai cent. (A Nanine.) As-tu vu Prudence?

ACTE PREMIER.

NANINE.

Oui, madame.

MARGUERITE.

Elle viendra ce soir?

NANINE.

Oui, madame, en rentrant... Mademoiselle Nichette est venue aussi.

MARGUERITE.

Pourquoi n'est-elle pas restée?

NANINE.

M. Gustave l'attendait en bas.

MARGUERITE.

Chère petite!

NANINE.

Le docteur est venu.

MARGUERITE.

Qu'a-t-il dit?

NANINE.

Il a recommandé que madame se reposât

MARGUERITE.

Ce bon docteur! Est-ce tout?

NANINE.

Non, madame; on a apporté un bouquet.

VARVILLE

De ma part.

MARGUERITE, prenant le bouquet.

Roses et lilas blanc. Mets ce bouquet dans ta chambre, Nanine.

Nanine sort.

VARVILLE, cessant de jouer du piano.

Vous n'en voulez pas?

MARGUERITE.

Comment m'appelle-t-on?

VARVILLE.

Marguerite Gautier.

MARGUERITE.

Quel surnom m'a-t-on donné?

VARVILLE.

Celui de la Dame aux Camélias.

MARGUERITE.

Pourquoi?

VARVILLE.

Parce que vous ne portez jamais que ces fleurs.

MARGUERITE.

Ce qui veut dire que je n'aime que celles-là, et qu'il est inutile de m'en envoyer d'autres. Si vous croyez que je ferai une exception pour vous, vous avez tort. Les parfums me rendent malade.

VARVILLE.

Je n'ai pas de bonheur. Adieu, Marguerite.

MARGUERITE.

Adieu!

SCÈNE VI

Les Mêmes, OLYMPE, SAINT-GAUDENS, NANINE.

NANINE, rentrant.

Madame, voici mademoiselle Olympe et M. Saint-Gaudens.

MARGUERITE.

Arrive donc, Olympe! j'ai cru que tu ne viendrais plus.

OLYMPE.

C'est la faute de Saint-Gaudens.

SAINT-GAUDENS.

C'est toujours ma faute. — Bonjour, Varville.

ACTE PREMIER.

VARVILLE.

Bonjour, cher ami.

SAINT-GAUDENS.

Vous soupez avec nous?

MARGUERITE.

Non, non.

SAINT-GAUDENS, à Marguerite.

Et vous, chère enfant, comment allez-vous?

MARGUERITE.

Très bien.

SAINT-GAUDENS.

Allons, tant mieux! Va-t-on s'amuser ici?

OLYMPE.

On s'amuse toujours où vous êtes.

SAINT-GAUDENS.

Méchante! — Ah! ce cher Varville, qui ne soupe pas avec nous, cela me fait une peine affreuse (A Marguerite.) En passant devant la Maison d'Or, j'ai dit qu'on apporte des huîtres et un certain vin de Champagne qu'on ne donne qu'à moi. Il est parfait! il est parfait!

OLYMPE, bas à Marguerite.

Pourquoi n'as-tu pas invité Edmond?

MARGUERITE.

Pourquoi ne l'as-tu pas amené?

OLYMPE.

Et Saint-Gaudens?

MARGUERITE.

Est-ce qu'il n'y est pas habitué?

OLYMPE

Pas encore, ma chère; à son âge, on prend si difficilement une habitude, et surtout une bonne.

MARGUERITE, appelant Nanine.

Le souper doit être prêt.

NANINE.

Dans cinq minutes, madame. Où faudra-t-il servir? Dans la salle à manger?

MARGUERITE.

Non, ici; nous serons mieux. — Eh bien, Varville, vous n'êtes pas encore parti?

VARVILLE.

Je pars.

MARGUERITE, à la fenêtre, appelant.

Prudence!

OLYMPE.

Prudence demeure donc en face?

MARGUERITE.

Elle demeure même dans la maison, tu le sais bien, presque toutes nos fenêtres correspondent. Nous ne sommes séparées que par une petite cour ; c'est très commode, quand j'ai besoin d'elle.

SAINT-GAUDENS.

Ah çà! quelle est sa position, à Prudence?

OLYMPE.

Elle est modiste.

MARGUERITE.

Et il n'y a que moi qui lui achète des chapeaux.

OLYMPE.

Que tu ne mets jamais.

MARGUERITE.

Ils sont affreux! mais ce n'est pas une mauvaise femme, et elle a besoin d'argent. (Appelant.) Prudence!

PRUDENCE, du dehors.

Voilà!

MARGUERITE.

Pourquoi ne venez-vous pas, puisque vous êtes rentrée?

PRUDENCE.

Je ne puis pas.

MARGUERITE.

Qui vous en empêche?

PRUDENCE.

J'ai deux jeunes gens chez moi; ils m'ont invitée à souper.

MARGUERITE.

Eh bien, amenez-les souper ici, cela reviendra au même. Comment les nomme-t-on?

PRUDENCE.

Il y en a un que vous connaissez, Gaston Rieux.

MARGUERITE.

Si je le connais! — Et l'autre?

PRUDENCE.

L'autre est son ami.

MARGUERITE.

Cela suffit; alors, arrivez vite... Il fait froid ce soir... (Elle tousse un peu.) Varville, mettez donc du bois dans le feu, on gèle ici; rendez-vous utile, au moins, puisque vous ne pouvez pas être agréable.

Varville obéit.

SCÈNE VII

Les Mêmes, GASTON, ARMAND, PRUDENCE, un Domestique.

LE DOMESTIQUE, annonçant.

M. Gaston Rieux, M. Armand Duval, madame Duvernoy.

OLYMPE.

Quel genre! Voilà comme on annonce ici?

PRUDENCE.

Je croyais qu'il y avait du monde.

SAINT-GAUDENS.

Madame Duvernoy commence ses politesses.

GASTON, cérémonieusement à Marguerite.

Comment allez-vous, madame ?

MARGUERITE, même jeu.

Bien; et vous, monsieur?

PRUDENCE.

Comme on se parle ici !

MARGUERITE.

Gaston est devenu un homme du monde; et, d'ailleurs, Eugénie m'arracherait les yeux, si nous nous parlions autrement.

GASTON.

Les mains d'Eugénie sont trop petites, et vos yeux sont trop grands.

PRUDENCE.

Assez de marivaudage. — Ma chère Marguerite, permettez-moi de vous présenter M. Armand Duval (Armand et Marguerite se saluent.), l'homme de Paris qui est le plus amoureux de vous.

MARGUERITE, à Prudence.

Dites qu'on mette deux couverts de plus, alors; car je crois que cet amour-là n'empêchera pas monsieur de souper.

Elle tend sa main à Armand, qui la lui baise.

SAINT-GAUDENS, à Gaston, qui est venu au-devant de lui.

Ah ! ce cher Gaston ! que je suis aise de le voir !

GASTON.

Toujours jeune, mon vieux Saint-Gaudens.

SAINT-GAUDENS.

Mais oui.

GASTON.

Et les amours ?

SAINT-GAUDENS, montrant Olympe.

Vous voyez.

GASTON.

Je vous fais mon compliment.

SAINT-GAUDENS.

J'avais une peur épouvantable de trouver Amanda ici.

GASTON.

Cette pauvre Amanda! Elle vous aimait bien!

SAINT-GAUDENS.

Elle m'aimait trop. Et puis il y avait un jeune homme qu'elle ne pouvait cesser de voir : c'était le banquier. (Il rit.) Je risquais de lui faire perdre sa position! J'étais l'amant de cœur. Charmant! Mais il fallait se cacher dans les armoires, rôder dans les escaliers, attendre dans la rue...

GASTON.

Ce qui vous donnait des rhumatismes.

SAINT-GAUDENS.

Non, mais le temps change. Il faut que jeunesse se passe. Ce pauvre Varville qui ne soupe pas avec nous, cela me fait une peine affreuse.

GASTON, se rapprochant de Marguerite.

Il est superbe!

MARGUERITE.

Il n'y a que les vieux qui ne vieillissent plus.

SAINT-GAUDENS, à Armand, qu'Olympe lui présente.

Est-ce que vous êtes parent, monsieur, de M. Duval, receveur général?

ARMAND.

Oui, monsieur, c'est mon père. Le connaîtriez-vous?

SAINT-GAUDENS.

Je l'ai connu autrefois, chez la baronne de Nersay, ainsi que madame Duval, votre mère, qui était une bien belle et bien aimable personne.

ARMAND.

Elle est morte, il y a trois ans.

SAINT-GAUDENS.

Pardonnez-moi, monsieur, de vous avoir rappelé ce chagrin.

ARMAND.

On peut toujours me rappeler ma mère. Les grandes et pures affections ont cela de beau, qu'après le bonheur de les avoir éprouvées, il reste le bonheur de s'en souvenir.

SAINT-GAUDENS.

Vous êtes fils unique?

ARMAND.

J'ai une sœur...

Ils s'en vont causer en se promenant dans le fond du théâtre.

MARGUERITE, bas, à Gaston.

Il est charmant, votre ami.

GASTON.

Je le crois bien! Et, de plus, il a pour vous un amour extravagant; n'est-ce pas, Prudence?

PRUDENCE.

Quoi?

GASTON.

Je disais à Marguerite qu'Armand est fou d'elle.

PRUDENCE.

Il ne ment pas; vous ne pouvez pas vous douter de ce que c'est.

GASTON.

Il vous aime, ma chère, à ne pas oser vous le dire.

MARGUERITE, à Varville qui joue toujours du piano.

Taisez-vous donc, Varville!

VARVILLE.

Vous me dites toujours de jouer du piano.

MARGUERITE.

Quand je suis seule avec vous; mais, quand il y a du monde, non!

OLYMPE.

Qu'est-ce qu'on dit là, tout bas?

MARGUERITE.

Écoute, et tu le sauras.

PRUDENCE, bas.

Et cet amour dure depuis deux ans.

MARGUERITE.

C'est déjà un vieillard que cet amour-là.

PRUDENCE.

Armand passe sa vie chez Gustave et chez Nichette pour entendre parler de vous.

GASTON.

Quand vous avez été malade, il y a un an, avant de partir pour Bagnères, pendant les trois mois que vous êtes restée au lit, on vous a dit que, tous les jours, un jeune homme venait savoir de vos nouvelles, sans dire son nom.

MARGUERITE.

Je me rappelle...

GASTON.

C'était lui.

MARGUERITE.

C'est très gentil, cela. (Appelant.) Monsieur Duval!

ARMAND.

Madame?...

MARGUERITE.

Savez-vous ce qu'on me dit? On me dit que, pendant que j'étais malade, vous êtes venu tous les jours savoir de mes nouvelles.

ARMAND.

C'est la vérité, madame.

MARGUERITE.

C'est bien le moins que je vous remercie. Entendez-vous, Varville? Vous n'en avez pas fait autant, vous!

VARVILLE.

Il n'y a pas un an que je vous connais.

MARGUERITE.

Et monsieur qui ne me connaît que depuis cinq minutes... Vous dites toujours des bêtises.

<small>Nanine entre précédant les domestiques qui portent la table.</small>

PRUDENCE.

A table! Je meurs de faim.

VARVILLE.

Au revoir, Marguerite.

MARGUERITE.

Quand vous verra-t-on?

VARVILLE.

Quand vous voudrez!

MARGUERITE.

Adieu, alors.

VARVILLE, saluant et sortant.

Messieurs...

OLYMPE.

Adieu, Varville! adieu, mon bon!

<small>Pendant ce temps deux domestiques ont placé la table toute servie, autour de laquelle les convives s'asseyent.</small>

SCÈNE VIII

Les Mêmes, hors VARVILLE.

PRUDENCE.

Ma chère enfant, vous êtes vraiment trop dure avec le baron.

MARGUERITE.

Il est assommant! Il vient toujours me proposer de me faire des rentes.

OLYMPE.

Tu t'en plains? Je voudrais bien qu'il m'en proposât, à moi.

SAINT-GAUDENS, à Olympe.

C'est agréable pour moi, ce que tu dis là.

OLYMPE.

D'abord, mon cher, je vous prie de ne pas me tutoyer; je ne vous connais pas.

MARGUERITE.

Mes enfants, servez-vous, buvez, mangez, mais ne vous disputez que juste ce qu'il faut pour se raccommoder tout de suite.

OLYMPE, à Marguerite.

Sais-tu ce qu'il m'a donné pour ma fête?

MARGUERITE.

Qui?

OLYMPE.

Saint-Gaudens.

MARGUERITE.

Non.

OLYMPE.

Il m'a donné un coupé!

SAINT-GAUDENS.

De chez Binder.

OLYMPE.

Oui; mais je n'ai pas pu parvenir à lui faire donner les chevaux.

PRUDENCE.

C'est toujours un coupé.

SAINT-GAUDENS.

Je suis ruiné, aimez-moi pour moi-même.

OLYMPE.

La belle occupation!

PRUDENCE, montrant un plat.

Quelles sont ces petites bêtes?

GASTON.

Des perdreaux.

PRUDENCE.

Donne-m'en un.

GASTON.

Il ne lui faut qu'un perdreau à la fois. Quelle belle fourchette! C'est peut-être elle qui a ruiné Saint-Gaudens?

PRUDENCE.

Elle! elle! Est-ce ainsi qu'on parle à une femme? De mon temps...

GASTON.

Ah! il va être question de Louis XV. — Marguerite, versez du vin à Armand; il est triste comme une chanson à boire.

MARGUERITE.

Allons, monsieur Armand, à ma santé.

TOUS.

A la santé de Marguerite!

PRUDENCE.

A propos de chanson à boire, si l'on en chantait une en buvant?

GASTON.

Toujours les vieilles traditions. Je suis sûr que Prudence a eu une passion dans le Caveau.

PRUDENCE.

C'est bon! c'est bon!

GASTON.

Toujours chanter en soupant, c'est absurde.

PRUDENCE.

Moi, j'aime ça; ça égaye. Allons, Marguerite, chantez-nous la chanson de Philogène; un poète qui fait des vers.

GASTON.

Qu'est-ce que tu veux qu'il fasse?

PRUDENCE.

Mais qui fait des vers à Marguerite; c'est sa spécialité. Allons, la chanson!

GASTON.

Je proteste au nom de toute notre génération.

PRUDENCE.

Qu'on vote! (Tous lèvent la main, excepté Gaston.) La chanson est votée. Gaston, donne le bon exemple aux minorités.

GASTON.

Soit. Mais je n'aime pas les vers de Philogène, je les connais. J'aime mieux chanter, puisqu'il le faut.

Il chante.

I

Il est un ciel que Mahomet
Offre par ses apôtres.
Mais les plaisirs qu'il nous promet
Ne valent pas les nôtres.
Ne croyons à rien
Qu'à ce qu'on tient bien,
Et pour moi je préfère
A ce ciel douteux
L'éclair de deux yeux
Reflété dans mon verre.

II

Dieu fit l'amour et le vin bons,
Car il aimait la terre.
On dit parfois que nous vivons
D'une façon légère.
On dit ce qu'on veut,
On fait ce qu'on peut,
Fi du censeur sévère
Pour qui tout serait
Charmant, s'il voyait
A travers notre verre!

GASTON, se rasseyant.

C'est pourtant vrai, que la vie est gaie et que Prudence est grasse.

OLYMPE.

Il y a trente ans que c'est comme ça.

PRUDENCE.

Il faut en finir avec cette plaisanterie. Quel âge crois-tu que j'ai?

OLYMPE.

Je crois que tu as quarante ans bien sonnés.

PRUDENCE.

Elle est bonne encore avec ses quarante ans! j'ai eu trente-cinq ans l'année dernière.

GASTON.

Ce qui t'en fait déjà trente-six. Eh bien, tu n'en parais pas plus de quarante, parole d'honneur!

MARGUERITE.

Dites donc, Saint-Gaudens, à propos d'âge, on m'a raconté une histoire sur votre compte.

OLYMPE.

Et à moi aussi.

SAINT-GAUDENS.

Quelle histoire?

MARGUERITE.

Il est question d'un fiacre jaune.

OLYMPE.

Elle est vraie, ma chère.

PRUDENCE.

Voyons l'histoire du fiacre jaune!

GASTON.

Oui, mais laissez-moi aller me mettre à côté de Marguerite; je m'ennuie à côté de Prudence.

PRUDENCE.

Quel gaillard bien élevé!

MARGUERITE.

Gaston, tâchez de rester tranquille.

SAINT-GAUDENS.

Oh! l'excellent souper!

OLYMPE.

Je le vois venir, il veut esquiver l'histoire du fiacre...

MARGUERITE.

Jaune!

SAINT-GAUDENS.

Oh! cela m'est bien égal.

OLYMPE.

Eh bien, figurez-vous que Saint-Gaudens était amoureux d'Amanda.

GASTON.

Je suis trop ému, il faut que j'embrasse Marguerite.

OLYMPE.

Mon cher, vous êtes insupportable!

GASTON.

Olympe est furieuse, parce que je lui ai fait manquer son effet.

MARGUERITE.

Olympe a raison. Gaston est aussi ennuyeux que Varville, on va le mettre à la petite table, comme les enfants qui ne sont pas sages.

OLYMPE.

Oui, allez vous mettre là-bas.

GASTON.

A la condition qu'à la fin les dames m'embrasseront.

MARGUERITE.

Prudence fera la quête et vous embrassera pour nous toutes.

GASTON.

Non pas, non pas, je veux que vous m'embrassiez vous-mêmes.

OLYMPE.

C'est bon, on vous embrassera ; allez vous asseoir et ne dites rien. — Un jour, ou plutôt un soir...

GASTON, jouant *Malbrouck* sur le piano.

Il est faux, le piano.

MARGUERITE.

Ne lui répondons plus.

GASTON.

Elle m'ennuie, cette histoire-là.

SAINT-GAUDENS.

Gaston a raison.

GASTON.

Et puis qu'est-ce qu'elle prouve, votre histoire, que je connais et qui est vieille comme Prudence ? Elle prouve que Saint-Gaudens a suivi à pied un fiacre jaune dont il a vu descendre Agénor à la porte d'Amanda ; elle prouve qu'Amanda trompait Saint-Gaudens. Comme c'est neuf! Qui est-ce qui n'a pas été trompé ? On sait bien qu'on est toujours trompé pas ses amis et ses maîtresses ; et ça finit sur l'air du *Carillon de Dunkerque*.

Il joue le carillon sur le piano.

SAINT-GAUDENS.

Et je savais aussi bien qu'Amanda me trompait avec Agénor que je sais qu'Olympe me trompe avec Edmond.

MARGUERITE.

Bravo, Saint-Gaudens! Mais Saint-Gaudens est un héros! Nous allons être toutes folles de Saint-Gaudens ! Que celles qui sont folles de Saint-Gaudens lèvent la main. (Tout le monde lève la main.) Quelle unanimité! Vive Saint-Gaudens! Gaston, jouez-nous de quoi faire danser Saint Gaudens.

GASTON.

Je ne sais qu'une polka.

MARGUERITE.

Eh bien, va pour une polka! Allons, Saint-Gaudens et Armand, rangez la table.

PRUDENCE.

Je n'ai pas fini, moi.

OLYMPE.

Messieurs, Marguerite a dit Armand tout court.

GASTON, jouant.

Dépêchez-vous; voilà le passage où je m'embrouille.

OLYMPE.

Est-ce que je vais danser avec Saint-Gaudens, moi?

MARGUERITE.

Non; moi, je danserai avec lui. — Venez, mon petit Saint-Gaudens, venez!

OLYMPE.

Allons, Armand, allons!

Marguerite polke un moment et s'arrête tout à coup.

SAINT-GAUDENS.

Qu'est-ce que vous avez?

MARGUERITE.

Rien. J'étouffe un peu.

ARMAND, s'approchant d'elle.

Vous souffrez, madame?

MARGUERITE.

Oh! ce n'est rien; continuons.

Gaston joue de toutes ses forces, Marguerite essaye de nouveau et s'arrête encore.

ARMAND.

Tais-toi donc, Gaston.

PRUDENCE.

Marguerite est malade.

MARGUERITE, suffoquée.

Donnez-moi un verre d'eau.

PRUDENCE.

Qu'avez-vous ?

MARGUERITE.

Toujours la même chose. Mais ce n'est rien, je vous le répète. Passez de l'autre côté, allumez un cigare; dans un instant, je suis à vous.

PRUDENCE.

Laissons-la; elle aime mieux être seule quand ça lui arrive.

MARGUERITE.

Allez, je vous rejoins.

PRUDENCE.

Venez! (A part.) Il n'y a pas moyen de s'amuser une minute ici.

ARMAND.

Pauvre fille !

Il sort avec les autres.

SCÈNE IX

MARGUERITE, seule, essayant de reprendre sa respiration.

Ah !... (Elle se regarde dans la glace.) Comme je suis pâle !... Ah !...

Elle met sa tête dans ses mains et appuie ses coudes sur la cheminée.

SCÈNE X

MARGUERITE, ARMAND.

ARMAND, rentrant.

Eh bien, comment allez-vous, madame?

MARGUERITE.

Vous, monsieur Armand! Merci, je vais mieux... D'ailleurs, je suis accoutumée...

ARMAND.

Vous vous tuez! Je voudrais être votre ami, votre parent, pour vous empêcher de vous faire mal ainsi.

MARGUERITE.

Vous n'y arriveriez pas. Voyons, venez! Mais qu'avez-vous?

ARMAND.

Ce que je vois...

MARGUERITE.

Ah! vous êtes bien bon! Regardez les autres, s'ils s'occupent de moi.

ARMAND.

Les autres ne vous aiment pas comme je vous aime.

MARGUERITE.

C'est juste; j'avais oublié ce grand amour.

ARMAND.

Vous en riez!

MARGUERITE.

Dieu m'en garde! j'entends tous les jours la même chose; je n'en ris plus.

ARMAND.

Soit; mais cet amour vaut bien une promesse de votre part.

MARGUERITE.

Laquelle?

ARMAND.

Celle de vous soigner.

MARGUERITE.

Me soigner! Est-ce que c'est possible?

ARMAND.

Pourquoi pas?

MARGUERITE.

Mais, si je me soignais, je mourrais, mon cher. Ce qui me soutient, c'est la vie fiévreuse que je mène. Puis, se soigner, c'est bon pour les femmes du monde qui ont une famille et des amis; mais, nous, dès que nous ne pouvons plus servir au plaisir ou à la vanité de personne, on nous abandonne, et les longues soirées succèdent aux longs jours; je le sais bien, allez; j'ai été deux mois dans mon lit: au bout de trois semaines, personne ne venait plus me voir.

ARMAND.

Il est vrai que je ne vous suis rien, mais, si vous le vouliez, Marguerite, je vous soignerais comme un frère, je ne vous quitterais pas et je vous guérirais. Alors, quand vous en auriez la force, vous reprendriez la vie que vous menez, si bon vous semble; mais, j'en suis sûr, vous aimeriez mieux alors une existence tranquille.

MARGUERITE.

Vous avez le vin triste.

ARMAND.

Vous n'avez donc pas de cœur, Marguerite?

MARGUERITE.

Le cœur! C'est la seule chose qui fasse faire naufrage dans la traversée que je fais. (Un temps.) C'est donc sérieux?

ARMAND.

Très sérieux.

MARGUERITE.

Prudence ne m'a pas trompée alors, quand elle m'a dit que vous étiez sentimental. Ainsi, vous me soigneriez?

ARMAND.

Oui!

MARGUERITE.

Vous resteriez tous les jours auprès de moi?

ARMAND.

Tout le temps que je ne vous ennuierais pas.

MARGUERITE.

Et vous appelez cela?

ARMAND.

Du dévouement.

MARGUERITE.

Et d'où vient ce dévouement?

ARMAND.

D'une sympathie irrésistible que j'ai pour vous.

MARGUERITE.

Depuis?

ARMAND.

Depuis deux ans, depuis un jour où je vous ai vue passer devant moi, belle, fière, souriante. Depuis ce jour, j'ai suivi de loin et silencieusement votre existence.

MARGUERITE.

Comment se fait-il que vous ne me disiez cela qu'aujourd'hui?

ARMAND.

Je ne vous connaissais pas, Marguerite.

MARGUERITE.

Il fallait faire connaissance. Pourquoi, lorsque j'ai été

malade et que vous êtes si assidûment venu savoir de mes nouvelles, pourquoi n'avez-vous pas monté ici?

ARMAND.

De quel droit aurais-je monté chez vous?

MARGUERITE.

Est-ce qu'on se gêne avec une femme comme moi?

ARMAND.

On se gêne toujours avec une femme... Et puis...

MARGUERITE.

Et puis?...

ARMAND.

J'avais peur de l'influence que vous pouviez prendre sur ma vie.

MARGUERITE.

Ainsi vous êtes amoureux de moi!

ARMAND, la regardant et la voyant rire.

Si je dois vous le dire, ce n'est pas aujourd'hui.

MARGUERITE.

Ne me le dites jamais.

ARMAND.

Pourquoi?

MARGUERITE.

Parce qu'il ne peut résulter que deux choses de cet aveu : ou que je n'y croie pas, alors vous m'en voudrez; ou que j'y croie, alors vous aurez une triste société, celle d'une femme nerveuse, malade, triste, ou gaie d'une gaieté plus triste que le chagrin. Une femme qui dépense cent mille francs par an, c'est bon pour un vieux richard comme le duc, mais c'est bien ennuyeux pour un jeune homme comme vous. Allons, nous disons là des enfantillages! Donnez-moi la main et rentrons dans la salle à manger; on ne doit pas savoir ce que notre absence veut dire.

ARMAND.

Rentrez si bon vous semble : moi, je vous demande la permission de rester ici.

MARGUERITE.

Parce que?

ARMAND.

Parce que votre gaieté me fait mal.

MARGUERITE.

Voulez-vous que je vous donne un conseil?

ARMAND.

Donnez.

MARGUERITE.

Prenez la poste et sauvez-vous, si ce que vous me dites est vrai; ou bien aimez-moi comme un bon ami, mais pas autrement. Venez me voir, nous rirons, nous causerons; mais ne vous exagérez pas ce que je vaux, car je ne vaux pas grand'chose. Vous avez un bon cœur, vous avez besoin d'être aimé; vous êtes trop jeune et trop sensible pour vivre dans notre monde; aimez une autre femme, ou mariez-vous. Vous voyez que je suis bonne fille, et que je vous parle franchement.

SCÈNE XI

Les Mêmes, PRUDENCE.

PRUDENCE, entr'ouvrant la porte.

Ah çà! que diable faites-vous là?

MARGUERITE.

Nous parlons raison; laissez-nous un peu; nous vous rejoindrons tout à l'heure.

PRUDENCE.

Bien, bien; causez, mes enfants.

SCÈNE XII

MARGUERITE, ARMAND.

MARGUERITE.

Ainsi, c'est convenu, vous ne m'aimez plus?

ARMAND.

Je suivrai votre conseil, je partirai.

MARGUERITE.

C'est à ce point-là?

ARMAND.

Oui.

MARGUERITE.

Que de gens m'en ont dit autant, qui ne sont pas partis.

ARMAND.

C'est que vous les avez retenus.

MARGUERITE.

Ma foi, non!

ARMAND.

Vous n'avez donc jamais aimé personne?

MARGUERITE.

Jamais, grâce à Dieu!

ARMAND.

Oh! je vous remercie!

MARGUERITE.

De quoi?

ARMAND.

De ce que vous venez de me dire; rien ne pouvant me rendre plus heureux.

MARGUERITE.

Quel original!

ARMAND.

Si je vous disais, Marguerite, que j'ai passé des nuits entières sous vos fenêtres, que je garde depuis six mois un bouton tombé de votre gant.

MARGUERITE.

Je ne vous croirais pas.

ARMAND.

Vous avez raison, je suis un fou; riez de moi, c'est ce qu'il y a de mieux à faire... Adieu.

MARGUERITE.

Armand !

ARMAND.

Vous me rappelez?

MARGUERITE.

Je ne veux pas vous voir partir fâché.

ARMAND.

Fâché contre vous, est-ce possible?

MARGUERITE.

Voyons, dans tout ce que vous me dites, y a-t-il un peu de vrai?

ARMAND.

Vous me le demandez !

MARGUERITE.

Eh bien, donnez-moi une poignée de main, venez me voir quelquefois, souvent; nous en reparlerons.

ARMAND.

C'est trop, et ce n'est pas assez.

MARGUERITE.

Alors, faites votre carte vous-même, demandez ce que vous voudrez, puisque, à ce qu'il paraît, je vous dois quelque chose.

ARMAND.

Ne parlez pas ainsi. Je ne veux plus vous voir rire avec les choses sérieuses.

MARGUERITE

Je ne ris plus.

ARMAND.

Répondez-moi.

MARGUERITE.

Voyons.

ARMAND.

Voulez-vous être aimée?

MARGUERITE.

C'est selon. Par qui?

ARMAND.

Par moi.

MARGUERITE.

Après?

ARMAND.

Être aimée d'un amour profond, éternel?

MARGUERITE.

Éternel?...

ARMAND.

Oui.

MARGUERITE.

Et, si je vous crois tout de suite, que direz-vous de moi?

ARMAND, avec passion.

Je dirai...

MARGUERITE.

Vous direz de moi ce que tout le monde en dit. Qu'importe! puisque j'ai à vivre moins longtemps que les autres, il faut bien que je vive plus vite. Mais tranquillisez-vous, si éternel que soit votre amour et si peu de temps que j'aie à vivre, je vivrai encore plus longtemps que vous ne m'aimerez.

ARMAND.

Marguerite!...

MARGUERITE.

En attendant, vous êtes ému, votre voix est sincère, vous êtes convaincu de ce que vous dites; tout cela mérite quelque chose... Prenez cette fleur.

Elle lui donne un camélia.

ARMAND.

Qu'en ferai-je?

MARGUERITE.

Vous me la rapporterez.

ARMAND.

Quand?

MARGUERITE.

Quand elle sera fanée.

ARMAND.

Et combien de temps lui faudra-t-il pour cela?

MARGUERITE.

Mais ce qu'il faut à toute fleur pour se faner, l'espace d'un soir ou d'un matin.

ARMAND.

Ah! Marguerite, que je suis heureux!

MARGUERITE.

Eh bien, dites-moi encore que vous m'aimez.

ARMAND.

Oui, je vous aime!

MARGUERITE.

Et maintenant, partez.

ARMAND, *s'éloignant à reculons.*

Je pars.

Il revient sur ses pas, lui baise une dernière fois la main et sort. Rires et chants dans la coulisse.

SCÈNE XIII

MARGUERITE, puis GASTON, SAINT-GAUDENS, OLYMPE, PRUDENCE.

MARGUERITE, seule et regardant la porte refermée.

Pourquoi pas? — A quoi bon? — Ma vie va et s'use de l'un à l'autre de ces deux mots.

GASTON, entr'ouvrant la porte.

Chœur des villageois!

Il chante.

> C'est une heureuse journée!
> Unissons, dans ce beau jour,
> Les flambeaux de l'hyménée
> Avec les fleurs...

SAINT-GAUDENS.

Vivent M. et madame Duval!

OLYMPE.

En avant le bal de noces!

MARUGERITE.

C'est moi qui vais vous faire danser.

SAINT-GAUDENS.

Mais comme je prends du plaisir!

Prudence se coiffe d'un chapeau d'homme; Gaston, d'un chapeau de femme, etc., etc. — Danse.

ACTE DEUXIÈME

Cabinet de toilette chez Marguerite. Paris.

SCÈNE PREMIÈRE

MARGUERITE, PRUDENCE, NANINE.

MARGUERITE, devant sa toilette, à Prudence qui entre.
Bonsoir, chère amie; avez-vous vu le duc?

PRUDENCE.
Oui.

MARGUERITE.
Il vous a donné?

PRUDENCE, remettant à Marguerite des billets de banque.
Voici. — Pouvez-vous me prêter trois ou quatre cents francs?

MARGUERITE.
Prenez... Vous avez dit au duc que j'ai l'intention d'aller à la campagne.

PRUDENCE.
Oui.

MARGUERITE.
Qu'a-t-il répondu?

PRUDENCE.
Que vous avez raison, que cela ne peut vous faire que du bien. Et vous irez?

MARGUERITE.
Je l'espère; j'ai encore visité la maison aujourd'hui.

PRUDENCE.

Combien veut-on la louer?

MARGUERITE.

Quatre mille francs.

PRUDENCE.

Ah çà! c'est de l'amour, ma chère.

MARGUERITE.

J'en ai peur! c'est peut-être une passion; ce n'est peut-être qu'un caprice; tout ce que je sais, c'est que c'est quelque chose.

PRUDENCE.

Il est venu hier?

MARGUERITE.

Vous le demandez?

PRUDENCE.

Et il revient ce soir.

MARGUERITE.

Il va venir.

PRUDENCE.

Je le sais! il est resté trois ou quatre heures à la maison.

MARGUERITE.

Il vous a parlé de moi?

PRUDENCE.

De quoi voulez-vous qu'il me parle?

MARGUERITE.

Que vous a-t-il dit?

PRUDENCE.

Qu'il vous aime, parbleu!

MARGUERITE.

Il y a longtemps que vous le connaissez!

ACTE DEUXIÈME.

PRUDENCE.

Oui.

MARGUERITE.

L'avez-vous vu amoureux quelquefois?

PRUDENCE.

Jamais.

MARGUERITE.

Votre parole!

PRUDENCE.

Sérieusement.

MARGUERITE.

Si vous saviez quel bon cœur il a, comme il parle de sa mère et de sa sœur!

PRUDENCE.

Quel malheur que des gens comme ceux-là n'aient pas cent mille livres de rente!

MARGUERITE.

Quel bonheur, au contraire! au moins, ils sont sûrs que c'est eux seuls qu'on aime. (Prenant la main de Prudence et la mettant sur sa poitrine.) Tenez!

PRUDENCE.

Quoi!

MARGUERITE.

Le cœur me bat, vous ne sentez pas?

PRUDENCE.

Pourquoi le cœur vous bat-il?

MARGUERITE.

Parce qu'il est dix heures et qu'il va venir.

PRUDENCE.

C'est à ce point? Je me sauve. Dites donc! si ça se gagnait!

MARGUERITE, à Nanine, qui va et vient en rangeant.

Va ouvrir, Nanine.

NANINE.

On n'a pas sonné.

MARGUERITE.

Je te dis que si.

SCÈNE II

PRUDENCE, MARGUERITE.

PRUDENCE.

Ma chère, je vais prier pour vous.

MARGUERITE.

Parce que?

PRUDENCE.

Parce que vous êtes en danger.

MARGUERITE.

Peut-être.

SCÈNE III

Les Mêmes, ARMAND.

ARMAND.

Marguerite!

Il court à Marguerite.

PRUDENCE.

Vous ne me dites pas bonsoir, ingrat?

ARMAND.

Pardon, ma chère Prudence; vous allez bien?

PRUDENCE.

Il est temps!... Mes enfants, je vous laisse; j'ai quelqu'un qui m'attend chez moi. — Adieu.

Elle sort.

SCÈNE IV

ARMAND, MARGUERITE.

MARGUERITE.

Allons, venez vous mettre là, monsieur.

ARMAND, se mettant à ses genoux.

Après?

MARGUERITE.

Vous m'aimez toujours autant?

ARMAND.

Non!

MARGUERITE.

Comment?

ARMAND.

Je vous aime mille fois plus, madame!

MARGUERITE.

Qu'avez-vous fait, aujourd'hui?...

ARMAND.

J'ai été voir Prudence, Gustave et Nichette, j'ai été partout où l'on pouvait parler de Marguerite.

MARGUERITE.

Et ce soir?

ARMAND.

Mon père m'avait écrit qu'il m'attendait à Tours, je lui ai répondu qu'il peut cesser de m'attendre. Est-ce que je suis en train d'aller à Tours!...

MARGUERITE.

Cependant, il ne faut pas vous brouiller avec votre père.

ARMAND.

Il n'y a pas de danger. Et vous, qu'avez-vous fait, dites?...

MARGUERITE.

Moi, j'ai pensé à vous.

ARMAND.

Bien vrai.

MARGUERITE.

Bien vrai! j'ai formé de beaux projets.

ARMAND.

Vraiment?

MARGUERITE.

Oui.

ARMAND.

Conte-les-moi!

MARGUERITE.

Plus tard.

ARMAND.

Pourquoi pas tout de suite?

MARGUERITE.

Tu ne m'aimes peut-être pas encore assez; quand ils seront réalisables, il sera temps de te les dire; sache seulement que c'est de toi que je m'occupe.

ARMAND.

De moi?

MARGUERITE.

Oui, de toi que j'aime trop.

ARMAND.

Voyons, qu'est-ce que c'est?

MARGUERITE.

A quoi bon?

ARMAND.

Je t'en supplie!

MARGUERITE, après une courte hésitation.

Est-ce que je puis te cacher quelque chose?

ACTE DEUXIÈME.

ARMAND.

J'écoute.

MARGUERITE.

J'ai trouvé une combinaison.

ARMAND.

Quelle combinaison?

MARGUERITE.

Je ne puis te dire que les résultats qu'elle doit avoir.

ARMAND.

Et quels résultats aura-t-elle?

MARGUERITE.

Serais-tu heureux de passer l'été à la campagne avec moi?

ARMAND.

Tu le demandes?

MARGUERITE.

Eh bien, si ma combinaison réussit, et elle réussira, dans quinze jours d'ici je serai libre; je ne devrai plus rien, et nous irons ensemble passer l'été à la campagne.

ARMAND.

Et tu ne peux pas me dire par quel moyen?...

MARGUERITE.

Non.

ARMAND.

Et c'est toi seule qui as trouvé cette combinaison, Marguerite?

MARGUERITE.

Comme tu me dis ça!

ARMAND.

Réponds-moi.

MARGUERITE.

Eh bien, oui, c'est moi seule.

ARMAND.

Et c'est toi seule qui l'exécuteras?

MARGUERITE, hésitant encore.

Moi seule.

ARMAND, se levant.

Avez-vous lu *Manon Lescaut*, Marguerite?

MARGUERITE.

Oui, le volume est là dans le salon.

ARMAND.

Estimez-vous Des Grieux?

MARGUERIT

Pourquoi cette question?

ARMAND.

C'est qu'il y a un moment où Manon, elle aussi, a trouvé une combinaison, qui est de se faire donner de l'argent par M. de B***, et de le dépenser avec Des Grieux. Marguerite, vous avez plus de cœur qu'elle, et, moi, j'ai plus de loyauté que lui!

MARGUERITE.

Ce qui veut dire?

ARMAND.

Que, si votre combinaison est dans le genre de celle-là, je ne l'accepte pas.

MARGUERITE.

C'est bien, mon ami, n'en parlons plus... (Un temps.) Il fait très beau aujourd'hui, n'est-ce pas?

ARMAND.

Oui, très beau.

MARGUERITE.

Il y avait beaucoup de monde aux Champs-Élysées?

ARMAND.

Beaucoup.

ACTE DEUXIÈME.

MARGUERITE.

Ce sera ainsi jusqu'à la fin de la lune?

ARMAND, avec emportement.

Eh! que m'importe la lune!

MARGUERITE.

De quoi voulez-vous que je vous parle? Quand je vous dis que je vous aime, quand je vous en donne la preuve, vous devenez maussade; alors, je vous parle de la lune.

ARMAND.

Que veux-tu, Marguerite? je suis jaloux de la moindre de tes pensées! Ce que tu m'as proposé tout à l'heure...

MARGUERITE.

Nous y revenons?

ARMAND.

Mon Dieu, oui, nous y revenons... Eh bien, ce que tu m'as proposé me rendrait fou de joie; mais le mystère qui précède l'exécution de ce projet...

MARGUERITE.

Voyons, raisonnons un peu. Tu m'aimes et tu voudrais passer quelque temps avec moi, dans un coin qui ne fût pas cet affreux Paris.

ARMAND.

Oui, je le voudrais.

MARGUERITE.

Moi aussi, je t'aime et j'en désire autant; mais, pour cela, il faut ce que je n'ai pas. Tu n'es pas jaloux du duc, tu sais quels sentiments purs l'unissent à moi, laisse-moi donc faire.

ARMAND.

Cependant...

MARGUERITE.

Je t'aime. Voyons, est-ce convenu?

ARMAND.

Mais...

MARGUERITE, très câline.

Est-ce convenu, voyons?...

ARMAND.

Pas encore.

MARGUERITE.

Alors, tu reviendras me voir demain; nous en reparlerons.

ARMAND.

Comment, je reviendrai te voir demain? Tu me renvoies déjà?

MARGUERITE.

Je ne te renvoie pas. Tu peux rester encore un peu.

ARMAND.

Encore un peu! Tu attends quelqu'un?

MARGUERITE.

Tu vas recommencer?

ARMAND.

Marguerite, tu me trompes!

MARGUERITE.

Combien y a-t-il de temps que je te connais?

ARMAND.

Quatre jours.

MARGUERITE.

Qu'est-ce qui me forçait à te recevoir?

ARMAND.

Rien.

MARGUERITE

Si je ne t'aimais pas, aurais-je le droit de te mettre à la porte, comme j'y mets Varville et tant d'autres?

ARMAND.
Certainement.
MARGUERITE.
Alors, mon ami, laisse-toi aimer, et ne te plains pas.
ARMAND.
Pardon, mille fois pardon!
MARGUERITE.
Si cela continue, je passerai ma vie à te pardonner.
ARMAND.
Non; c'est la dernière fois. Tiens! je m'en vais.
MARGUERITE.
A la bonne heure. Viens demain, à midi; nous déjeunerons ensemble.
ARMAND.
A demain, alors.
MARGUERITE.
A demain.
ARMAND.
A midi?
MARGUERITE.
A midi.
ARMAND.
Tu me jures...
MARGUERITE.
Quoi?
ARMAND.
Que tu n'attends personne?
MARGUERITE.
Encore! Je te jure que je t'aime, et que je n'aime que toi seul dans le monde!
ARMAND.
Adieu!
MARGUERITE.
Adieu, grand enfant!

Il hésite un moment et sort.

SCÈNE V

MARGUERITE, seule, à la même place.

Qui m'eût dit, il y a huit jours, que cet homme, dont je ne soupçonnais pas l'existence, occuperait à ce point, et si vite, mon cœur et ma pensée? M'aime-t-il d'ailleurs? sais-je seulement si je l'aime, moi qui n'ai jamais aimé? Mais pourquoi sacrifier une joie? Pourquoi ne pas se laisser aller aux caprices de son cœur? — Que suis-je? Une créature du hasard! Laissons donc le hasard faire de moi ce qu'il voudra. — C'est égal, il me semble que je suis plus heureuse que je ne l'ai encore été. C'est peut-être d'un mauvais augure. Nous autres femmes, nous prévoyons toujours qu'on nous aimera, jamais que nous aimerons, si bien qu'aux premières atteintes de ce mal imprévu nous ne savons plus où nous en sommes.

SCÈNE VI

MARGUERITE, NANINE, LE COMTE DE GIRAY.

NANINE, annonçant le comte qui la suit.

M. le comte!

MARGUERITE, sans se déranger.

Bonsoir, comte...

LE COMTE, allant lui baiser la main.

Bonsoir, chère amie. Comment va-t-on ce soir?

MARGUERITE.

Parfaitement.

LE COMTE, allant s'asseoir à la cheminée.

Il fait un froid du diable! Vous m'avez écrit de venir à dix heures et demie. Vous voyez que je suis exact.

MARGUERITE.

Merci. Nous avons à causer, mon cher comte.

LE COMTE.

Avez-vous soupé?...

MARGUERITE.

Pourquoi?...

LE COMTE.

Parce que nous aurions été souper, et nous aurions causé en soupant.

MARGUERITE.

Vous avez faim?

LE COMTE.

On a toujours assez faim pour souper. J'ai si mal dîné au club!

MARGUERITE.

Qu'est-ce qu'on y faisait?

LE COMTE.

On jouait quand je suis parti.

MARGUERITE

Saint-Gaudens perdait-il?

LE COMTE.

Il perdait vingt-cinq louis; il criait pour mille écus.

MARGUERITE.

Il a soupé l'autre soir ici avec Olympe.

LE COMTE.

Et qui encore?

MARGUERITE.

Gaston Rieux. Vous le connaissez?

LE COMTE.

Oui.

MARGUERITE.

M. Armand Duval..

LE COMTE.

Qu'est-ce que c'est que M. Armand Duval?

6.

MARGUERITE.

C'est un ami de Gaston. Prudence et moi, voilà le souper... On a beaucoup ri.

LE COMTE.

Si j'avais su, je serais venu. A propos, est-ce qu'il sortait quelqu'un d'ici tout à l'heure, un peu avant que j'entrasse?

MARGUERITE.

Non, personne.

LE COMTE.

C'est qu'au moment où je descendais de voiture, quelqu'un a couru vers moi, comme pour voir qui j'étais, et, après m'avoir vu, s'est éloigné.

MARGUERITE, à part.

Serait-ce Armand?

Elle sonne.

LE COMTE.

Vous avez besoin de quelque chose?

MARGUERITE.

Oui, il faut que je dise un mot à Nanine. (A Nanine, bas.) Descends. Une fois dans la rue, sans faire semblant de rien, regarde si M. Armand Duval y est, et reviens me le dire.

NANINE.

Oui, madame.

Elle sort.

LE COMTE.

Il y a une nouvelle.

MARGUERITE.

Laquelle?

LE COMTE.

Gagouki se marie.

MARGUERITE.

Notre prince polonais?

LE COMTE.

Lui-même.

ACTE DEUXIÈME.

MARGUERITE.

Qui épouse-t-il?

LE COMTE.

Devinez.

MARGUERITE.

Est-ce que je sais?

LE COMTE.

Il épouse la petite Adèle.

MARGUERITE.

Elle a bien tort!

LE COMTE.

C'est lui, au contraire...

MARGUERITE.

Mon cher, quand un homme du monde épouse une fille comme Adèle, ce n'est pas lui qui fait une sottise, c'est elle qui fait une mauvaise affaire. Votre Polonais est ruiné, il a une détestable réputation, et, s'il épouse Adèle, c'est pour les douze ou quinze mille livres de rente que vous lui avez faites les uns après les autres.

NANINE, rentrant, et bas à Marguerite.

Non, madame, il n'y a personne.

MARGUERITE.

Maintenant, parlons de choses sérieuses, mon cher comte...

LE COMTE.

De choses sérieuses! J'aimerais mieux parler de choses gaies.

MARGUERITE.

Nous verrons plus tard si vous prenez les choses gaiement.

LE COMTE.

J'écoute.

MARGUERITE.

Avez-vous de l'argent comptant?

LE COMTE.

Moi? Jamais.

MARGUERITE.

Alors, il faut souscrire.

LE COMTE.

On a donc besoin d'argent ici?

MARGUERITE.

Hélas! il faut quinze mille francs!

LE COMTE.

Diable! c'est un joli denier. Et pourquoi juste quinze mille francs?

MARGUERITE.

Parce que je les dois.

LE COMTE.

Vous payez donc vos créanciers?

MARGUERITE.

C'est eux qui le veulent.

LE COMTE.

Il le faut absolument?...

MARGUERITE.

Oui.

LE COMTE.

Alors... c'est dit, je souscrirai.

SCÈNE VII

ES MÊMES, NANINE.

NANINE, entrant.

Madame, on vient d'apporter cette lettre pour vous être remise tout de suite.

MARGUERITE.

Qui peut m'écrire à cette heure? (Ouvrant la lettre.) Armand! Qu'est-ce que cela signifie? (Lisant.) « Il ne me convient pas de jouer un rôle ridicule, même auprès de la femme que j'aime. Au moment où je sortais de chez vous, M. le comte de Giray y entrait. Je n'ai ni l'âge ni le caractère de Saint-Gaudens; pardonnez-moi le seul tort que j'aie, celui de ne pas être millionnaire, et oublions tous deux que nous nous sommes connus, et qu'un instant nous avons cru nous aimer. Quand vous recevrez cette lettre, j'aurai déjà quitté Paris. ARMAND. »

NANINE.

Madame répondra?

MARGUERITE.

Non; dis que c'est bien.

Nanine sort.

SCÈNE VIII

LE COMTE, MARGUERITE.

MARGUERITE, à elle-même.

Allons, voilà un rêve évanoui! C'est dommage!

LE COMTE.

Qu'est-ce que c'est que cette lettre?

MARGUERITE.

Ce que c'est, mon cher ami? C'est une bonne nouvelle pour vous.

LE COMTE.

Comment?

MARGUERITE.

Vous gagnez quinze mille francs, par cette lettre-là!

LE COMTE.

C'est la première qui m'en rapporte autant

MARGUERITE.

Je n'ai plus besoin de ce que je vous demandais.

LE COMTE.

Vos créanciers vous renvoient leurs notes acquittées? Ah ! c'est gentil de leur part !

MARGUERITE.

Non, j'étais amoureuse, mon cher.

LE COMTE.

Vous ?

MARGUERITE.

Moi-même.

LE COMTE.

Et de qui, bon Dieu?

MARGUERITE.

D'un homme qui ne m'aimait pas, comme cela arrive souvent; d'un homme sans fortune, comme cela arrive toujours.

LE COMTE.

Ah! oui, c'est avec ces amours-là que vous croyez vous relever des autres.

MARGUERITE.

Et voici ce qu'il m'écrit.

Elle donne la lettre au comte.

LE COMTE, lisant.

« Ma chère Marguerite... » Tiens, tiens, c'est de M. Duval. Il est très jaloux, ce monsieur. Ah! je comprends maintenant l'utilité des lettres de change. C'était joli, ce que vous faisiez là !

Il lui rend la lettre.

MARGUERITE, sonnant et jetant la lettre sur sa table.

Vous m'avez offert à souper.

LE COMTE.

Et je vous l'offre encore. Vous ne mangerez jamais pour quinze mille francs. C'est toujours une économie que je ferai.

MARGUERITE.

Eh bien, allons souper; j'ai besoin de prendre l'air.

LE COMTE.

Il paraît que c'était grave; vous êtes tout agitée, ma chère.

MARGUERITE.

Ça ne sera rien. (A Nanine qui entre.) Donne-moi un châle et un chapeau!

NANINE.

Lequel, madame?

MARGUERITE.

Le chapeau que tu voudras et un châle léger. (Au comte.) Il faut nous prendre comme nous sommes, mon pauvre ami.

LE COMTE.

Oh! je suis habitué à tout ça.

NANINE, donnant le châle.

Madame aura froid!

MARGUERITE.

Non.

NANINE.

Faudra-t-il attendre madame?...

MARGUERITE.

Non, couche-toi; peut être ne rentrerai-je que tard... Venez-vous comte?

Ils sortent.

SCÈNE IX

NANINE, seule.

Il se passe quelque chose; madame est tout émue; c'est cette lettre de tout à l'heure qui la trouble, sans doute. (Prenant la lettre.) La voilà, cette lettre. (Elle la lit.) Diable! M. Armand mène rondement les choses. Nommé il y a deux jours, démissionnaire aujourd'hui, il a vécu ce que vivent les roses et les hommes d'État... Tiens! (Prudence entre.) madame Duvernoy.

SCÈNE X

NANINE, PRUDENCE, puis UN DOMESTIQUE.

PRUDENCE.

Marguerite est sortie?

NANINE.

A l'instant.

PRUDENCE.

Ou est-elle allée?

NANINE.

Elle est allée souper.

PRUDENCE.

Avec M. de Giray?

NANINE.

Oui.

PRUDENCE.

Elle a reçu une lettre, tout à l'heure?...

NANINE.

De M. Armand.

PRUDENCE.

Qu'est-ce qu'elle a dit?

NANINE.

Rien.

PRUDENCE.

Et elle va rentrer?

NANINE.

Tard, sans doute. Je vous croyais couchée depuis longtemps.

ACTE DEUXIÈME.

PRUDENCE.

Je l'étais et je dormais, quand j'ai été réveillée par des coups de sonnette redoublés; j'ai été ouvrir...

On frappe.

NANINE.

Entrez!

UN DOMESTIQUE.

Madame fait demander une pelisse; elle a froid

PRUDENCE.

Madame est en bas?

LE DOMESTIQUE.

Oui, madame est en voiture.

PRUDENCE.

Priez-la de monter, dites-lui que c'est moi qui la demande.

LE DOMESTIQUE.

Mais madame n'est pas seule dans la voiture.

PRUDENCE.

Ça ne fait rien, allez!

Le domestique sort.

ARMAND, du dehors.

Prudence!

PRUDENCE, ouvrant la fenêtre.

Allons, bon! voilà l'autre qui s'impatiente! Oh! les amoureux jaloux, ils sont tous les mêmes.

ARMAND, du dehors.

Eh bien?

PRUDENCE.

Attendez un peu, que diable! tout à l'heure je vous appellerai.

SCÈNE XI

Les Mêmes, MARGUERITE, puis NANINE.

MARGUERITE.

Que me voulez-vous, ma chère Prudence?

PRUDENCE.

Armand est chez moi.

MARGUERITE.

Que m'importe?

PRUDENCE.

Il veut vous parler.

MARGUERITE.

Et moi, je ne veux pas le recevoir; d'ailleurs, je ne le puis, on m'attend en bas. Dites-le-lui.

PRUDENCE.

Je me garderai bien de faire une pareille commission. Il irait provoquer le comte.

MARGUERITE.

Ah çà! que veut-il?

PRUDENCE.

Est-ce que je sais? Est-ce qu'il le sait lui-même? Mais nous savons bien ce que c'est qu'un homme amoureux.

NANINE, la pelisse à la main.

Madame désire-t-elle sa pelisse?

MARGUERITE.

Non, pas encore.

PRUDENCE.

Eh bien, que décidez-vous?...

MARGUERITE.

Ce garçon-là me rendra malheureuse.

PRUDENCE.

Alors, ne le revoyez plus, ma chère. — Il vaut même mieux que les choses en restent où elles sont.

MARGUERITE.

C'est votre avis, n'est-ce pas?

PRUDENCE.

Certainement!

MARGUERITE, après un temps.

Qu'est-ce qu'il vous a dit encore?

PRUDENCE.

Allons, vous voulez qu'il vienne. Je vais le chercher. Et le comte?...

MARGUERITE.

Le comte! Il attendra.

PRUDENCE.

Il vaudrait peut-être mieux le congédier tout à fait.

MARGUERITE.

Vous avez raison. — Nanine, descends dire à M. de Giray que, décidément, je suis malade, et que je n'irai pas souper; qu'il m'excuse.

NANINE.

Oui, madame.

PRUDENCE, à la fenêtre.

Armand! Venez! Oh! il ne se le fera pas dire deux fois.

MARGUERITE.

Vous resterez ici pendant qu'il y sera.

PRUDENCE.

Non pas. — Comme il viendrait un moment où vous me diriez de m'en aller, j'aime autant m'en aller tout de suite.

NANINE, rentrant.

M. le comte est parti, madame.

MARGUERITE.

Il n'a rien dit?

NANINE.

Non.

Elle sort.

SCÈNE XII

MARGUERITE, ARMAND, PRUDENCE.

ARMAND, entrant.

Marguerite ! enfin !

PRUDENCE.

Mes enfants, je vous laisse.

Elle sort.

SCÈNE XIII

MARGUERITE, ARMAND.

ARMAND, allant se mettre à genoux aux pieds de Marguerite.
Marguerite...

MARGUERITE.

Que voulez-vous?

ARMAND.

Je veux que vous me pardonniez.

MARGUERITE.

Vous ne le méritez pas! (Mouvement d'Armand.) J'admets que vous soyez jaloux et que vous m'écriviez une lettre irritée, mais non une lettre ironique et impertinente. Vous m'avez fait beaucoup de peine et beaucoup de mal.

ARMAND.

Et vous, Marguerite, ne m'en avez-vous pas fait?

MARGUERITE.

Si je vous en ai fait, c'est malgré moi.

ARMAND.

Quand j'ai vu arriver le comte, quand je me suis dit que c'était pour lui que vous me renvoyiez, j'ai été comme un fou, j'ai perdu la tête, je vous ai écrit. Mais, quand, au lieu de faire à ma lettre la réponse que j'espérais, quand, au lieu de vous disculper, vous avez dit à Nanine que cela était bien, je me suis demandé ce que j'allais devenir, si je ne vous revoyais plus. Le vide s'est fait instantanément autour de moi. N'oubliez pas, Marguerite, que, si je ne vous connais que depuis quelques jours, je vous aime depuis deux ans!

MARGUERITE.

Eh bien, mon ami, vous avez pris une sage résolution.

ARMAND.

Laquelle?

MARGUERITE.

Celle de partir. Ne me l'avez-vous pas écrit?

ARMAND.

Est-ce que je le pourrais?

MARGUERITE.

Il le faut pourtant.

ARMAND.

Il le faut?

MARGUERITE.

Oui; non seulement pour vous, mais pour moi. Ma position m'oblige à ne plus vous revoir, et tout me défend de vous aimer.

ARMAND.

Vous m'aimez donc un peu, Marguerite?

MARGUERITE.

Je vous aimais.

ARMAND.

Et maintenant?

MARGUERITE.

Maintenant, j'ai réfléchi, et ce que j'avais espéré est impossible.

ARMAND.

Si vous m'aviez aimé, d'ailleurs, vous n'auriez pas reçu le comte, surtout ce soir.

MARGUERITE.

Aussi, est-ce pour cela qu'il vaut mieux que nous n'allions pas plus loin. Je suis jeune, je suis jolie, je vous plaisais, je suis une bonne fille, vous êtes un garçon d'esprit, il fallait prendre de moi ce qui est bon, laisser ce qui est mauvais, et ne pas vous occuper du reste.

ARMAND.

Ce n'est pas ainsi que vous me parliez tantôt, Marguerite, quand vous me faisiez entrevoir quelques mois à passer avec vous, seule, loin de Paris, loin du monde; c'est en tombant de cette espérance dans la réalité que je me suis fait tant de mal.

MARGUERITE, avec mélancolie.

C'est vrai; je m'étais dit : « Un peu de repos me ferait du bien; il prend intérêt à ma santé; s'il y avait moyen de passer tranquillement l'été avec lui, dans quelque campagne, au fond de quelque bois, ce serait toujours cela de pris sur les mauvais jours. » Au bout de trois ou quatre mois, nous serions revenus à Paris, nous nous serions donné une bonne poignée de main, et nous nous serions fait une amitié des restes de notre amour; c'était encore beaucoup, car l'amour qu'on peut avoir pour moi, si violent qu'on le dise, n'a même pas toujours en lui de quoi faire une amitié plus tard. Tu ne l'as pas voulu; ton cœur est un grand seigneur qui ne veut rien accepter! N'en parlons plus. Tu viens ici depuis quatre jours, tu as soupé chez moi : envoie-moi un bijou avec ta carte, nous serons quittes.

ACTE DEUXIÈME.

ARMAND.

Marguerite, tu es folle! Je t'aime! Cela ne veut pas dire que tu es jolie et que tu me plairas trois ou quatre mois. Tu es toute mon espérance, toute ma pensée, toute ma vie; je t'aime, enfin! que puis-je te dire de plus?

MARGUERITE.

Alors, tu as raison, il vaut mieux cesser de nous voir dès à présent!

ARMAND.

Naturellement, parce que tu ne m'aimes pas, toi!

MARGUERITE.

Parce que... Tu ne sais pas ce que tu dis!

ARMAND.

Pourquoi, alors?

MARGUERITE.

Pourquoi? Tu veux le savoir? Parce qu'il y a des heures où ce rêve commencé, je le fais jusqu'au bout; parce qu'il y a des jours où je suis lasse de la vie que je mène et que j'en entrevois une autre; parce qu'au milieu de notre existence turbulente notre tête, notre orgueil, nos sens vivent, mais que notre cœur se gonfle, ne trouvant pas à s'épancher, et nous étouffe. Nous paraissons heureuses, et l'on nous envie. En effet, nous avons des amants qui se ruinent, non pas pour nous, comme ils le disent, mais pour leur vanité; nous sommes les premières dans leur amour-propre, les dernières dans leur estime. Nous avons des amis, des amis comme Prudence, dont l'amitié va jusqu'à la servitude, jamais jusqu'au désintéressement. Peu leur importe ce que nous faisons, pourvu qu'on les voie dans nos loges, ou qu'elles se carrent dans nos voitures. Ainsi, tout autour de nous, ruine, honte et mensonge. Je rêvais donc, par moments, sans oser le dire à personne, de rencontrer un homme assez élevé pour ne me demander compte de rien, et pour vouloir bien être l'amant de mes impressions. Cet homme, je l'avais trouvé dans le duc ; mais la vieillesse ne protège ni ne console, et mon âme a d'autres exigences. Alors, je t'ai rencontré, toi, jeune, ardent, heureux ; les larmes que je t'ai vu répandre pour moi, l'intérêt que tu as pris à ma santé, tes visites mystérieuses pendant ma maladie, ta franchise, ton enthousiasme, tout me permettait de voir en toi celui que j'appelais du fond de ma bruyante solitude. En une minute, comme une folle, j'ai bâti tout un avenir sur ton amour, j'ai rêvé campagne, pureté ; je me suis souvenue de mon enfance, — on a toujours eu une enfance, quoi que l'on soit devenue ; — c'était souhaiter l'impossible ; un mot de toi me l'a prouvé... Tu as voulu tout savoir, tu sais tout ?

ARMAND.

Et tu crois qu'après ces paroles-là je vais te quitter ? Quand le bonheur vient à nous, nous nous sauverions devant lui ? Non, Marguerite, non ; ton rêve s'accomplira, je te le jure. Ne raisonnons rien, nous sommes jeunes, nous nous aimons, marchons en suivant notre amour.

MARGUERITE.

Ne me trompe pas, Armand, songe qu'une émotion violente peut me tuer ; rappelle-toi bien qui je suis, et ce que je suis.

ARMAND.

Tu es un ange, et je t'aime !

NANINE, du dehors, frappant à la porte.

Madame...

MARGUERITE.

Quoi ?

NANINE.

On vient d'apporter une lettre !

MARGUERITE, riant.

Ah çà ! c'est donc la nuit aux lettres ?... De qui est-elle ?

NANINE.

De M. le comte.

MARGUERITE.

Demande-t-il une réponse?

NANINE.

Oui, madame.

MARGUERITE, se pendant au cou d'Armand.

Eh bien, dis qu'il n'y en a pas.

ACTE TROISIÈME

Auteuil. Salon de campagne. Cheminée au fond avec glace sans tain. Porte de chaque côté de la cheminée. Vue sur le jardin.

SCÈNE PREMIÈRE

NANINE, emportant un plateau à thé après le déjeuner ; PRUDENCE, puis ARMAND.

PRUDENCE, entrant.

Où est Marguerite ?

NANINE.

Madame est au jardin avec mademoiselle Nichette et M. Gustave, qui viennent de déjeuner avec elle et qui passent la journée ici.

PRUDENCE.

Je vais les rejoindre.

ARMAND, entrant pendant que Nanine sort.

Prudence, j'ai à vous parler. Il y a quinze jours, vous êtes partie d'ici dans la voiture de Marguerite ?

PRUDENCE.

C'est vrai.

ARMAND.

Depuis ce temps, nous n'avons revu ni la voiture ni les chevaux. Il y a huit jours, en nous quittant, vous avez paru craindre d'avoir froid, et Marguerite vous a prêté un cachemire que vous n'avez pas rapporté. Enfin, hier, elle vous a remis des bracelets et des diamants pour les faire remonter, disait-elle. — Où sont les chevaux, la voiture, le cachemire et les diamants?

PRUDENCE.

Vous voulez que je sois franche?

ARMAND.

Je vous en supplie.

PRUDENCE.

Les chevaux sont rendus au marchand, qui les reprend pour moitié.

ARMAND.

Le cachemire?

PRUDENCE.

Vendu.

ARMAND.

Les diamants?

PRUDENCE.

Engagés de ce matin. — Je rapporte les reconnaissances.

ARMAND.

Et pourquoi ne m'avoir pas tout dit?

PRUDENCE.

Marguerite ne le voulait pas.

ARMAND.

Et pourquoi ces ventes et ces engagements?

PRUDENCE.

Pour payer! — Ah! vous croyez, mon cher, qu'il suffit de s'aimer et d'aller vivre, hors de Paris, d'une vie pastorale et éthérée? Pas du tout! A côté de la vie poétique il y a la vie réelle. Le duc, que je viens de voir, car je voulais, s'il était possible, éviter tant de sacrifices, le duc ne veut plus rien donner à Marguerite, à moins qu'elle ne vous quitte, et Dieu sait qu'elle n'en a pas envie!

ARMAND.
Bonne Marguerite!

PRUDENCE.
Oui, bonne Marguerite; trop bonne Marguerite, car qui sait comment tout cela finira? Sans compter que, pour payer ce qu'elle reste devoir, elle veut abandonner tout ce qu'elle possède encore. J'ai dans ma poche un projet de vente que vient de me remettre son homme d'affaires.

ARMAND.
Combien faudrait-il?

PRUDENCE.
Cinquante mille francs, au moins.

ARMAND.
Demandez quinze jours aux créanciers; dans quinze jours, je payerai tout.

PRUDENCE.
Vous allez emprunter?...

ARMAND.
Oui.

PRUDENCE.
Ça va être joli! Vous brouiller avec votre père, embarrasser l'avenir.

ARMAND.
Je me doutais de ce qui arrive; j'ai écrit à mon notaire que je voulais faire à quelqu'un une délégation du bien que je tiens de ma mère, et je viens de recevoir la réponse; l'acte est tout préparé, il n'y a plus que quelques formalités à remplir, et, dans la journée, je dois aller à Paris pour signer. En attendant, empêchez que Marguerite...

PRUDENCE.
Mais les papiers que je rapporte?

ARMAND.
Quand je serai parti, vous les lui remettrez, comme si

je ne vous avais rien dit, car il faut qu'elle ignore notre conversation. C'est elle; silence!

SCÈNE II

MARGUERITE, NICHETTE, GUSTAVE, ARMAND, PRUDENCE.

Marguerite, en entrant, met un doigt sur sa bouche pour faire signe à Prudence de se taire.

ARMAND, à Marguerite.

Chère enfant! gronde Prudence.

MARGUERITE.

Pourquoi?

ARMAND.

Je la prie hier de passer chez moi et de m'apporter des lettres s'il y en a, car il y a quinze jours que je ne suis allé à Paris; la première chose qu'elle fait, c'est de l'oublier; si bien que, maintenant, il faut que je te quitte pour une heure ou deux. Depuis un mois, je n'ai pas écrit à mon père. Personne ne sait où je suis, pas même mon domestique, car je voulais éviter les importuns. Il fait beau, Nichette et Gustâve sont là pour te tenir compagnie; je saute dans une voiture, je passe chez moi, et je reviens.

MARGUERITE.

Va, mon ami, va; mais, si tu n'as pas écrit à ton père, ce n'est pas ma faute. Assez de fois je t'ai dit de lui écrire. Reviens vite. Tu nous retrouveras causant et travaillant ici, Gustave, Nichette et moi.

ARMAND.

Dans une heure, je suis de retour. (Marguerite l'accompagne jusqu'à la porte; en revenant elle dit à Prudence.) Tout est-il arrangé?

PRUDENCE.

Oui.

MARGUERITE.

Les papiers?

PRUDENCE.

Les voici. L'homme d'affaires viendra tantôt s'entendre avec vous; moi, je vais déjeuner, car je meurs de faim.

MARGUERITE.

Allez; Nanine vous donnera tout ce que vous voudrez.

SCÈNE III

Les Mêmes, hors ARMAND et PRUDENCE.

MARGUERITE, à Nichette et à Gustave.

Vous voyez : voilà comme nous vivons depuis trois mois.

NICHETTE.

Tu es heureuse?

MARGUERITE.

Si je le suis!

NICHETTE.

Je te le disais bien, Marguerite, que le bonheur véritable est dans le repos et dans les habitudes du cœur... Que de fois, Gustave et moi, nous nous sommes dit : « Quand donc Marguerite aimera-t-elle quelqu'un et mènera-t-elle une existence plus tranquille? »

MARGUERITE.

Eh bien, votre souhait a été accompli : j'aime et je suis heureuse; c'est votre amour à tous deux et votre bonheur qui m'ont fait envie.

GUSTAVE.

Le fait est que nous sommes heureux, nous, n'est-ce pas, Nichette?

NICHETTE.

Je crois bien, et ça ne coûte pas cher. Tu es une

grande dame, toi, et tu ne viens jamais nous voir; sans cela, tu voudrais vivre tout à fait comme nous vivons. Tu crois vivre simplement ici; que dirais-tu donc si tu voyais mes deux petites chambres de la rue Blanche, au cinquième étage, et dont les fenêtres donnent sur des jardins, dans lesquels ceux à qui ils appartiennent ne se promènent jamais! — Comment y a-t-il des gens qui, ayant des jardins, ne se promènent pas dedans?

GUSTAVE.

Nous avons l'air d'un roman allemand ou d'une idylle de Goethe, avec de la musique de Schubert.

NICHETTE.

Oh! je te conseille de plaisanter, parce que Marguerite est là. Quand nous sommes seuls, tu ne plaisantes pas, et tu es doux comme un mouton, et tu es tendre comme un tourtereau. Tu ne sais pas qu'il voulait me faire déménager? Il trouve notre existence trop simple.

GUSTAVE.

Non, je trouve seulement notre logement trop haut.

NICHETTE.

Tu n'as qu'à ne pas en sortir, tu ne sauras pas à quel étage il est.

MARGUERITE.

Vous êtes charmants tous les deux.

NICHETTE.

Sous prétexte qu'il a six mille livres de rente, il ne veut plus que je travaille; un de ces jours, il voudra m'acheter une voiture.

GUSTAVE.

Cela viendra peut-être.

NICHETTE.

Nous avons le temps; il faut d'abord que ton oncle me regarde d'une autre façon et nous fasse, toi, son héritier, moi, sa nièce.

GUSTAVE.

Il commence à revenir sur ton compte.

MARGUERITE.

Il ne te connaît donc pas? S'il te connaissait, il serait fou de toi.

NICHETTE.

Non, monsieur son oncle n'a jamais voulu me voir. Il est encore de la race des oncles qui croient que les grisettes sont faites pour ruiner les neveux; il voudrait lui faire épouser une femme du monde. Est-ce que je ne suis pas du monde, moi?

GUSTAVE.

Il s'humanisera; depuis que je suis avocat, du reste, il est plus indulgent.

NICHETTE.

Ah! oui, j'oubliais de te le dire : Gustave est avocat.

MARGUERITE.

Je lui confierai ma dernière cause.

NICHETTE.

Il a plaidé! J'étais à l'audience.

MARGUERITE.

A-t-il gagné?

GUSTAVE.

J'ai perdu, net. Mon accusé a été condamné à dix ans de travaux forcés.

NICHETTE.

Heureusement!

MARGUERITE.

Pourquoi heureusement?

NICHETTE.

L'homme qu'il défendait était un gueux achevé. Quel drôle de métier que ce métier d'avocat! Ainsi, un avocat est un grand homme quand il peut se dire : « J'avais entre les mains un scélérat, qui avait tué son père, sa mère et ses enfants ; eh bien, j'ai tant de talent que je l'ai fait acquitter, et que j'ai rendu à la société cet ornement qui lui manquait. »

MARGUERITE.

Puisque le voilà avocat, nous irons bientôt à la noce ?

GUSTAVE.

Si je me marie.

NICHETTE.

Comment, si vous vous mariez, monsieur ? Mais je l'espère bien que vous vous marierez, et avec moi encore ! Vous n'épouserez jamais une meilleure femme et qui vous aime davantage.

MARGUERITE.

A quand, alors ?

NICHETTE.

A bientôt.

MARGUERITE.

Tu es bien heureuse !

NICHETTE.

Est-ce que tu ne finiras pas comme nous ?...

MARGUERITE.

Qui veux-tu que j'épouse ?

NICHETTE.

Armand.

MARGUERITE

Armand ? Il a le droit de m'aimer, mais non de m'épouser ; je veux bien lui prendre son cœur, je ne lui prendrai jamais son nom. Il y a des choses qu'une femme n'efface pas de sa vie, vois-tu, Nichette, et qu'elle ne doit pas donner à son mari le droit de lui reprocher. Si je voulais qu'Armand m'épousât, il m'épouserait demain : mais je l'aime trop pour lui demander un pareil sacrifice ! — Monsieur Gustave, ai-je raison?

GUSTAVE.

Vous êtes une honnête fille, Marguerite.

MARGUERITE.

Non, mais je pense comme un honnête homme. C'est toujours ça. Je suis heureuse d'un bonheur que je n'eusse jamais osé espérer, j'en remercie Dieu et ne veux pas tenter la Providence.

NICHETTE.

Gustave fait des grands mots, et il t'épouserait, lui, s'il était à la place d'Armand; n'est-ce pas, Gustave?

GUSTAVE.

Peut-être. D'ailleurs, la virginité des femmes appartient à leur premier amour, et non à leur premier amant.

NICHETTE.

A moins que leur premier amant ne soit en même temps leur premier amour; il y a des exemples.

GUSTAVE, lui serrant la main.

Et pas loin, n'est-ce pas?

NICHETTE, à Marguerite.

Enfin pourvu que tu sois heureuse, peu importe le reste !

MARGUERITE.

Je le suis. Qui m'eût dit cependant qu'un jour, moi, Marguerite Gautier, je vivrais tout entière dans l'amour d'un homme, que je passerais des journées assise à côté de lui, à travailler, à lire, à l'entendre?

NICHETTE.

Comme nous.

MARGUERITE.

Je puis vous parler franchement, à vous deux qui me croirez, parce que c'est votre cœur qui écoute : par moments, j'oublie ce que j'ai été, et le moi d'autrefois se sépare tellement du moi d'aujourd'hui, qu'il en résulte deux femmes distinctes, et que la seconde se souvient à peine de la première. Quand, vêtue d'une robe blanche, couverte d'un grand chapeau de paille, portant sur mon bras la pelisse qui doit me garantir de la fraîcheur du soir, je monte avec Armand dans le bateau que nous laissons aller à la dérive, et qui s'arrête tout seul sous les saules de l'île prochaine, nul ne se doute, pas même moi, que cette ombre blanche est Marguerite Gautier. J'ai fait dépenser en bouquets plus d'argent qu'il n'en faudrait pour nourrir pendant un an une honnête famille ; eh bien, une fleur comme celle-ci qu'Armand m'a donnée ce matin suffit maintenant à parfumer ma journée. D'ailleurs, vous savez bien ce que c'est qu'aimer : comment les heures s'abrègent toutes seules, et comme elles nous portent à la fin des semaines et des mois, sans secousse et sans fatigue. Oui, je suis bien heureuse, mais je veux l'être davantage encore ; car vous ne savez pas tout...

NICHETTE.

Quoi donc?

MARGUERITE.

Vous me disiez tout à l'heure que je ne vivais pas comme vous ; vous ne me le direz pas longtemps

NICHETTE.

Comment?

MARGUERITE.

Sans qu'Armand se doute de rien, je vais vendre tout ce qui compose, à Paris, mon appartement, où je ne veux même plus retourner. Je payerai toutes mes dettes ; je louerai un petit logement près du vôtre ; je le meublerai bien simplement, et nous vivrons ainsi, oubliant, oubliés. L'été nous reviendrons à la campagne, mais dans une maison plus modeste que celle-ci. Où sont les gens qui demandent ce que c'est que le bonheur? Vous me l'avez appris, et maintenant je pourrai le leur apprendre quand ils voudront.

NANINE.

Madame, voici un monsieur qui demande à vous parler...

MARGUERITE, à Nichette et à Gustave.

L'homme d'affaires que j'attends, sans doute; allez m'attendre au jardin; je vous rejoins. Je partirai avec vous pour Paris;... nous terminerons tout ensemble. (A Nanine.) Fais entrer.

Après un dernier signe à Nichette et à Gustave, qui sortent, elle se dirige vers la porte par laquelle entre le personnage annoncé.

SCÈNE IV

MONSIEUR DUVAL, MARGUERITE, puis NANINE.

M. DUVAL, sur le seuil de la porte.

Mademoiselle Marguerite Gautier?

MARGUERITE.

C'est moi, monsieur. A qui ai-je l'honneur de parler?

M. DUVAL.

A M. Duval.

MARGUERITE.

A M. Duval!

M. DUVAL.

Oui, mademoiselle, au père d'Armand.

MARGUERITE, troublée.

Armand n'est pas ici, monsieur.

M. DUVAL.

Je le sais, mademoiselle!... et c'est avec vous que je désire avoir une explication. Veuillez m'écouter. — Mon fils, mademoiselle, se compromet et se ruine pour vous.

MARGUERITE.

Vous vous trompez, monsieur. Grâce à Dieu, personne ne parle plus de moi, et je n'accepte rien d'Armand.

M. DUVAL.

Ce qui veut dire, car votre luxe et vos dépenses sont choses connues, ce qui veut dire que mon fils est assez misérable pour dissiper avec vous ce que vous acceptez des autres.

MARGUERITE.

Pardonnez-moi, monsieur; mais je suis femme et je suis chez moi, deux raisons qui devraient plaider en ma faveur auprès de votre courtoisie; le ton dont vous me parlez n'est pas celui que je devais attendre d'un homme du monde que j'ai l'honneur de voir pour la première fois, et...

M. DUVAL.

Et?...

MARGUERITE.

Je vous prie de permettre que je me retire, encore plus pour vous que pour moi-même.

M. DUVAL.

En vérité, quand on entend ce langage, quand on voit ces façons, on a peine à se dire que ce langage est d'emprunt, que ces façons sont acquises. On me l'avait bien dit, que vous étiez une dangereuse personne.

MARGUERITE.

Oui, monsieur, dangereuse, mais pour moi, et non pour les autres.

M. DUVAL.

Dangereuse ou non, il n'en est pas moins vrai, mademoiselle, qu'Armand se ruine pour vous.

MARGUERITE.

Je vous répète, monsieur, avec tout le respect que je

dois au père d'Armand, je vous répète que vous vous trompez.

M. DUVAL.

Alors, que signifie cette lettre de mon notaire qui m a-vertit qu'Armand veut vous faire l'abandon d'une rente.

MARGUERITE.

Je vous assure, monsieur, que, si Armand a fait cela, il l'a fait à mon insu ; car il savait bien que ce qu'il m'eût offert, je l'eusse refusé.

M. DUVAL.

Cependant, vous n'avez pas toujours parlé ainsi.

MARGUERITE.

C'est vrai, monsieur ; mais alors je n'aimais pas.

M. DUVAL.

Et maintenant?

MARGUERITE.

Maintenant, j'aime avec tout ce qu'une femme peut retrouver de pur dans le fond de son cœur, quand Dieu prend pitié d'elle et lui envoie le repentir.

M. DUVAL.

Voilà les grandes phrases qui arrivent.

MARGUERITE.

Écoutez-moi, monsieur... Mon Dieu, je sais qu'on croit peu aux serments des femmes comme moi ; mais, par ce que j'ai de plus cher au monde, par mon amour pour Armand, je vous jure que j'ignorais cette donation.

M. DUVAL.

Cependant, mademoiselle, il faut que vous viviez de quelque chose.

MARGUERITE.

Vous me forcez de vous dire ce que j'aurais voulu vous taire, monsieur ; mais, comme je tiens avant tout à l'estime du père d'Armand, je parlerai. Depuis que je connais votre fils, pour que mon amour ne ressemble pas un instant à tout ce qui a pris ce nom près de moi, j'ai engagé ou vendu cachemires, diamants, bijoux, voitures; et quand tout à l'heure, on m'a dit que quelqu'un me demandait, j'ai cru recevoir un homme d'affaires, à qui je vends les meubles, les tableaux, les tentures, le reste de ce luxe que vous me reprochez. Enfin, si vous doutez de mes paroles, tenez, je ne vous attendais pas, monsieur, et, par conséquent, vous ne pourrez croire que cet acte a été préparé pour vous, si vous doutez, lisez cet acte.

<small>Elle lui donne l'acte de vente que Prudence lui a remis.</small>

M. DUVAL.

Une vente de votre mobilier, à la charge, par l'acquéreur, de payer vos créanciers et de vous remettre le surplus. (La regardant avec étonnement.) Me serais-je trompé?

MARGUERITE.

Oui, monsieur, vous vous êtes trompé, ou plutôt vous avez été trompé. Oui, j'ai été folle; oui, j'ai un triste passé; mais, pour l'effacer, depuis que j'aime, je donnerais jusqu'à la dernière goutte de mon sang. Oh! quoi qu'on vous ait dit, j'ai du cœur, allez! je suis bonne; vous verrez quand vous me connaîtrez mieux... C'est Armand qui m'a transformée! — Il m'a aimée, il m'aime. Vous êtes son père, vous devez être bon comme lui; je vous en supplie, ne lui dites pas de mal de moi, il vous croirait, car il vous aime; et, moi, je vous respecte et je vous aime, parce que vous êtes son père.

M. DUVAL.

Pardon, madame, je me suis mal présenté tout à l'heure; je ne vous connaissais pas, je ne pouvais prévoir tout ce que je découvre en vous. J'arrivais irrité du silence de mon fils et de son ingratitude, dont je vous accusais; pardon, madame.

MARGUERITE.

Je vous remercie de vos bonnes paroles, monsieur.

M. DUVAL.

Aussi, est-ce au nom de vos nobles sentiments que je vais vous demander de donner à Armand la plus grande preuve d'amour que vous puissiez lui donner.

MARGUERITE.

Oh! monsieur, taisez-vous, je vous en supplie; vous allez me demander quelque chose de terrible, d'autant plus terrible, que je l'ai toujours prévu : vous deviez arriver; j'étais trop heureuse.

M. DUVAL.

Je ne suis plus irrité, nous causons comme deux cœurs honnêtes, ayant la même affection dans des sens différents, et jaloux tous les deux, n'est-ce pas, de prouver cette affection à celui qui nous est cher.

MARGUERITE.

Oui, monsieur, oui.

M. DUVAL.

Votre âme a des générosités inaccessibles à bien des femmes; aussi est-ce comme un père que je vous parle, Marguerite, comme un père qui vient vous demander le bonheur de ses deux enfants.

MARGUERITE.

De ses deux enfants?

M. DUVAL.

Oui, Marguerite, de ses deux enfants. J'ai une fille, jeune, belle, pure comme un ange. Elle aime un jeune homme, et, elle aussi, elle a fait de cet amour l'espoir de sa vie; mais elle a droit à cet amour. Je vais la marier; je l'avais écrit à Armand, mais Armand, tout à vous, n'a pas même reçu mes lettres; j'aurais pu mourir sans qu'il le sût. Eh bien, ma fille, ma Blanche bien-aimée épouse un honnête homme; elle entre dans une famille hono-

rable, qui veut que tout soit honorable dans la mienne.
Le monde a ses exigences, et surtout le monde de province. Si purifiée que vous soyez aux yeux d'Armand,
aux miens, par le sentiment que vous éprouvez, vous
ne l'êtes pas aux yeux d'un monde qui ne verra jamais en
vous que votre passé, et qui vous fermera impitoyablement ses portes. La famille de l'homme qui va devenir
mon gendre a appris la manière dont vit Armand; elle
m'a déclaré reprendre sa parole, si Armand continuait
cette vie. L'avenir d'une jeune fille qui ne vous a fait
aucun mal peut donc être brisé par vous. Marguerite, au
nom de votre amour, accordez-moi le bonheur de ma
fille.

MARGUERITE.

Que vous êtes bon, monsieur, de daigner me parler
ainsi, et que puis-je refuser à de si bonnes paroles? Oui,
je vous comprends; vous avez raison. Je partirai de Paris;
je m'éloignerai d'Armand pendant quelque temps. Ce me
sera douloureux; mais je veux faire cela pour vous, afin
que vous n'ayez rien à me reprocher... D'ailleurs, la joie
du retour fera oublier le chagrin de la séparation. Vous
permettez qu'il m'écrive quelquefois, et, quand sa sœur
sera mariée...

M. DUVAL.

Merci, Marguerite, merci; mais c'est autre chose que
je vous demande.

MARGUERITE.

Autre chose! et que pouvez-vous donc me demander
de plus?

M. DUVAL.

Écoutez-moi bien, mon enfant, et faisons franchement
ce que nous avons à faire; une absence momentanée ne
suffit pas.

MARGUERITE.

Vous voulez que je quitte Armand tout à fait?

M. DUVAL.

Il le faut!

MARGUERITE.

Jamais!... Vous ne savez donc pas comme nous nous aimons? Vous ne savez donc pas que je n'ai ni amis, ni parents, ni famille; qu'en me pardonnant il m'a juré d'être tout cela pour moi, et que j'ai enfermé ma vie dans la sienne? Vous ne savez donc pas, enfin, que je suis atteinte d'une maladie mortelle, que je n'ai que quelques années à vivre? Quitter Armand, monsieur, autant me tuer tout de suite.

M. DUVAL.

Voyons, voyons, du calme et n'exagérons rien... Vous êtes jeune, vous êtes belle, et vous prenez pour une maladie la fatigue d'une vie un peu agitée; vous ne mourrez certainement pas avant l'âge où l'on est heureux de mourir. Je vous demande un sacrifice énorme, je le sais, mais que vous êtes fatalement forcée de me faire. Écoutez-moi; vous connaissez Armand depuis trois mois, et vous l'aimez! mais un amour si jeune a-t-il le droit de briser tout un avenir? et c'est tout l'avenir de mon fils que vous brisez en restant avec lui! Êtes-vous sûre de l'éternité de cet amour? Ne vous êtes-vous pas déjà trompée ainsi? Et si tout à coup, — trop tard, — vous alliez vous apercevoir que vous n'aimez pas mon fils, si vous alliez en aimer un autre? Pardon, Marguerite, mais le passé donne droit à ces suppositions.

MARGUERITE.

Jamais, monsieur, jamais je n'ai aimé et je n'aimerai comme j'aime.

M. DUVAL.

Soit! mais; si ce n'est vous qui vous trompez, c'est lui qui se trompe, peut-être. A son âge, le cœur peut-il prendre un engagement définitif? Le cœur ne change-t-il pas perpétuellement d'affections? C'est le même cœur qui, fils, aime ses parents au delà de tout, qui, époux, aime sa femme plus que ses parents, qui père plus tard, aime ses enfants plus que parents, femme et maîtresses. La nature est exigeante, parce qu'elle est prodigue. Il se peut donc que vous vous trompiez, l'un comme l'autre, voilà les probabilités. Maintenant, voulez-vous voir les réalités et les certitudes? Vous m'écoutez, n'est-ce pas?

MARGUERITE.

Si je vous écoute, mon Dieu!

M. DUVAL.

Vous êtes prête à sacrifier tout à mon fils; mais quel sacrifice égal, s'il acceptait le vôtre, pourrait-il vous faire en échange? Il prendra vos belles années, et, plus tard, quand la satiété sera venue, car elle viendra, qu'arrivera-t-il? Ou il sera un homme ordinaire, et, vous jetant votre passé au visage, il vous quittera, en disant qu'il ne fait qu'agir comme les autres; ou il sera un honnête homme, et vous épousera ou tout au moins vous gardera auprès de lui. Cette liaison, ou ce mariage qui n'aura eu ni la chasteté pour base, ni la religion pour appui, ni la famille pour résultat, cette chose excusable peut-être chez le jeune homme, le sera-t-elle chez l'homme mûr? Quelle ambition lui sera permise? Quelle carrière lui sera ouverte? Quelle consolation tirerai-je de mon fils, après m'être consacré vingt ans à son bonheur? Votre rapprochement n'est pas le fruit de deux sympathies pures, l'union de deux affections innocentes; c'est la passion dans ce qu'elle a de plus terrestre et de plus humain, née du caprice de l'un et de la fantaisie de l'autre. Qu'en restera-t-il quand vous aurez vieilli tous deux? Qui vous dit que les premières rides de votre front ne détacheront pas le voile de ses yeux, et que son illusion ne s'évanouira pas avec votre jeunesse?

MARGUERITE.

Oh! la réalité!

M. DUVAL.

Voyez-vous d'ici votre double vieillesse, doublement déserte, doublement isolée, doublement inutile? Quel souvenir laisserez-vous? Quel bien aurez-vous accompli? Vous et mon fils avez à suivre deux routes complètement opposées, que le hasard a réunies un instant, mais que la raison sépare à tout jamais. Dans la vie que vous vous êtes faite volontairement, vous ne pouviez prévoir ce qui arrive. Vous avez été heureuse trois mois, ne tachez pas ce bonheur dont la continuité est impossible; gardez-en le souvenir dans votre cœur; qu'il vous rende forte, c'est tout ce que vous avez le droit de lui demander. Un jour, vous serez fière de ce que vous aurez fait, et, toute votre vie, vous aurez l'estime de vous-même. C'est un homme qui connaît la vie qui vous parle, c'est un père qui vous implore. Allons, Marguerite! prouvez-moi que vous aimez véritablement mon fils, et du courage!

MARGUERITE, à elle-même.

Ainsi, quoi qu'elle fasse, la créature tombée ne se relèvera jamais! Dieu lui pardonnera peut-être, mais le monde sera inflexible! Au fait, de quel droit veux-tu prendre dans le cœur des familles une place que la vertu seule doit y occuper?... Tu aimes! qu'importe? et la belle raison! Quelques preuves que tu donnes de cet amour, on n'y croira pas, et c'est justice. Que viens-tu nous parler d'amour et d'avenir? Quels sont ces mots nouveaux? Regarde donc la fange de ton passé! Quel homme voudrait t'appeler sa femme? Quel enfant voudrait t'appeler sa mère? Vous avez raison, monsieur, tout ce que vous me dites, je me le suis dit bien des fois avec terreur; mais, comme j'étais seule à me le dire, je parvenais à ne pas m'entendre jusqu'au bout. Vous me le répétez, c'est donc bien réel; il faut obéir. Vous me parlez au nom de votre fils, au nom de votre fille, c'est encore bien bon à vous d'invoquer de pareils noms. Eh bien, monsieur, vous direz un jour à cette belle et pure jeune fille, car c'est à elle que je veux sacrifier mon bonheur, vous lui direz qu'il y avait quelque part une femme qui n'avait plus qu'une espérance, qu'une pensée, qu'un rêve dans ce monde, et qu'à l'invocation de son nom cette femme a renoncé à tout cela, a broyé son cœur entre ses mains et en est morte, car j'en mourrai, monsieur, et peut-être, alors, Dieu me pardonnera-t-il.

M. DUVAL, ému malgré lui.

Pauvre femme!

MARGUERITE.

Vous me plaignez, monsieur, et vous pleurez, je crois; merci pour ces larmes; elles me feront aussi forte que vous le voulez. Vous demandez que je me sépare de votre fils pour son repos, pour son honneur, pour son avenir; que faut-il faire? Ordonnez, je suis prête.

M. DUVAL.

Il faut lui dire que vous ne l'aimez plus.

MARGUERITE, souriant avec tristesse.

Il ne me croira pas.

M. DUVAL.

Il faut partir.

MARGUERITE.

Il me suivra.

M. DUVAL.

Alors...

MARGUERITE.

Voyons, monsieur, croyez-vous que j'aime Armand, que je l'aime d'un amour désintéressé?

M. DUVAL.

Oui, Marguerite.

MARGUERITE.

Croyez-vous que j'avais mis dans cet amour la joie et le pardon de ma vie?

M. DUVAL.

Je le crois.

8.

MARGUERITE.

Eh bien, monsieur, embrassez-moi une fois comme vous embrasseriez votre fille, et je vous jure que ce baiser, le seul vraiment pur que j'aurai reçu, me fera triompher de mon amour, et qu'avant huit jours votre fils sera retourné auprès de vous, peut-être malheureux pour quelque temps, mais guéri pour jamais; je vous jure aussi qu'il ignorera toujours ce qui vient de se passer entre nous.

M. DUVAL, embrassant Marguerite.

Vous êtes une noble fille, Marguerite, mais je crains bien...

MARGUERITE.

Oh! ne craignez rien, monsieur; il me haïra. (Elle sonne, Nanine paraît.) Prie madame Duvernoy de venir.

NANINE.

Oui, madame.

Elle sort.

MARGUERITE, à M. Duval.

Une dernière grâce, monsieur!

M. DUVAL.

Parlez, madame, parlez!

MARGUERITE.

Dans quelques heures, Armand va avoir une des plus grandes douleurs qu'il ait eues et que peut-être il aura de sa vie. Il aura donc besoin d'un cœur qui l'aime; trouvez-vous là, monsieur, soyez près de lui. Et maintenant séparons-nous; il peut rentrer d'un moment à l'autre; tout serait perdu, s'il vous voyait.

M. DUVAL.

Mais qu'allez-vous faire?

MARGUERITE.

Si je vous le disais, monsieur, ce serait votre devoir de me le défendre.

M. DUVAL.

Alors, que puis-je pour vous, en échange de ce que je vais vous devoir?

MARGUERITE.

Vous pourrez, quand je serai morte et qu'Armand maudira ma mémoire, vous pourrez lui avouer que je l'aimais bien et que je l'ai bien prouvé. J'entends du bruit : adieu, monsieur; nous ne nous reverrons jamais sans doute, soyez heureux!

M. Duval sort.

SCÈNE V

MARGUERITE, seule; puis PRUDENCE.

MARGUERITE, à part.

Mon Dieu! donnez-moi la force.

Elle écrit une lettre.

PRUDENCE.

Vous m'avez fait appeler, ma chère Marguerite?

MARGUERITE.

Oui, je veux vous charger de quelque chose.

PRUDENCE.

De quoi?

MARGUERITE.

De cette lettre.

PRUDENCE.

Pour qui?

MARGUERITE.

Regardez! (Étonnement de Prudence en lisant l'adresse.) Silence! partez tout de suite.

SCÈNE VI

MARGUERITE, puis ARMAND.

MARGUERITE, seule et continuant à écrire.

Et maintenant une lettre à Armand. Que vais-je lui

dire? Je deviens folle ou je rêve. Il est impossible que cela soit! Jamais je n'aurai le courage... On ne peut pas demander à la créature humaine plus qu'elle ne peut faire!

ARMAND, qui pendant ce temps est entré et s'est approché de Marguerite.

Que fais-tu donc là, Marguerite?

MARGUERITE, se levant et froissant la lettre.

Armand!... Rien, mon ami!

ARMAND.

Tu écrivais?

MARGUERITE.

Non,... oui.

ARMAND.

Pourquoi ce trouble, cette pâleur? A qui écrivais-tu, Marguerite? Donne-moi cette lettre.

MARGUERITE.

Cette lettre était pour toi, Armand; mais je te demande, au nom du ciel, de ne pas te la donner.

ARMAND.

Je croyais que nous en avions fini avec les secrets et les mystères?

MARGUERITE.

Pas plus qu'avec les soupçons, à ce qu'il paraît.

ARMAND.

Pardon! mais je suis moi-même préoccupé.

MARGUERITE.

De quoi?

ARMAND

Mon père est arrivé!

MARGUERITE.

Tu l'as vu?

ARMAND.

Non; mais il a laissé chez moi une lettre sévère. Il a appris ma retraite ici, ma vie avec toi. Il doit venir ce soir. Ce sera une longue explication, car Dieu sait ce qu'on lui aura dit et de quoi j'aurai à le dissuader; mais il te verra, et, quand il t'aura vue, il t'aimera! Puis, qu'importe! Je dépends de lui, soit; mais, s'il le faut, je travaillerai.

MARGUERITE, à part.

Comme il m'aime! (Haut.) Mais il ne faut pas te brouiller avec ton père, mon ami. Il va venir, m'as-tu dit? Eh bien, je vais m'éloigner pour qu'il ne me voie pas tout d'abord; mais je reviendrai, je serai là, près de toi. Je me jetterai à ses pieds, je l'implorerai tant, qu'il ne nous séparera pas.

ARMAND.

Comme tu dis cela, Marguerite! Il se passe quelque chose. Ce n'est pas la nouvelle que je t'annonce qui t'agite ainsi. C'est à peine si tu te soutiens. Il y a un malheur ici... Cette lettre...

Il étend la main.

MARGUERITE, l'arrêtant.

Cette lettre renferme une chose que je ne puis te dire; tu sais, il y a des choses qu'on ne peut ni dire soi-même, ni laisser lire devant soi. Cette lettre est une preuve d'amour que je te donnais, mon Armand, je te le jure par notre amour; ne m'en demande pas davantage.

ARMAND.

Garde cette lettre, Marguerite, je sais tout. Prudence m'a tout dit ce matin, et c'est pour cela que je suis allé à Paris. Je sais le sacrifice que tu voulais me faire. Tandis que tu t'occupais de notre bonheur, je m'en occupais aussi. Tout est arrangé maintenant. Et c'est là le secret que tu ne voulais pas me confier! Comment reconnaîtrai-je jamais tant d'amour, bonne et chère Marguerite ?

MARGUERITE.

Eh bien, maintenant que tu sais tout, laisse-moi partir.

ARMAND.

Partir !

MARGUERITE.

M'éloigner, du moins ! Ton père ne peut-il pas arriver d'un moment à l'autre ? Mais je serai là à deux pas de toi, dans le jardin, avec Gustave et Nichette ; tu n'auras qu'à m'appeler pour que je revienne. Comment pourrais-je me séparer de toi ? Tu calmeras ton père, s'il est irrité, et puis notre projet s'accomplira, n'est-ce pas ? Nous vivrons ensemble tous les deux, et nous nous aimerons comme auparavant, et nous serons heureux comme nous le sommes depuis trois mois ! Car tu es heureux, n'est-ce pas ? car tu n'as rien à me reprocher ? Dis-le-moi, cela me fera du bien. Mais, si je t'ai causé jamais quelque peine, pardonne-moi, ce n'était pas ma faute, car je t'aime plus que tout au monde. Et toi aussi, tu m'aimes, n'est-ce pas ? Et, quelque preuve d'amour que je t'eusse donnée, tu ne m'aurais ni méprisée ni maudite...

ARMAND.

Mais pourquoi ces larmes ?

MARGUERITE.

J'avais besoin de pleurer un peu ; maintenant, tu vois, je suis calme. Je vais rejoindre Nichette et Gustave. Je suis là, toujours à toi, toujours prête à te rejoindre, t'aimant toujours. Tiens, je souris ; à bientôt, pour toujours !

Elle sort en lui envoyant des baisers.

SCÈNE VII

ARMAND, puis NANINE.

ARMAND.

Chère Marguerite! comme elle s'effraye à l'idée d'une séparation! (Il sonne.) Comme elle m'aime! (A Nanine qui paraît.) Nanine, s'il vient un monsieur me demander, mon père, vous le ferez entrer tout de suite ici.

NANINE.

Bien, monsieur!

Elle sort.

ARMAND.

Je m'alarmais à tort. Mon père me comprendra. Le passé est mort. D'ailleurs, quelle différence entre Marguerite et les autres femmes! J'ai rencontré cette Olympe, toujours occupée de fêtes et de plaisirs; il faut bien que celles qui n'aiment pas emplissent de bruit la solitude de leur cœur. Elle donne un bal dans quelques jours; elle m'a invité, moi et Marguerite, comme si, Marguerite et moi, nous devions jamais retourner dans ce monde! Ah! que le temps me semble long, quand elle n'est pas là!... Quel est ce livre? *Manon Lescaut!* La femme qui aime ne fait pas ce que tu faisais, Manon!... Comment ce livre se trouve-t-il ici? (Nanine rentre avec une lampe et sort. — Lisant au hasard.) « Je te jure, mon cher chevalier, que tu es l'idole de mon cœur, et qu'il n'y a que toi au monde que je puisse aimer de la façon dont je t'aime; mais ne vois-tu pas, ma pauvre chère âme, que, dans l'état où nous sommes réduits, c'est une sotte vertu que la fidélité? Crois-tu que l'on puisse être bien tendre lorsqu'on manque de pain? La faim me causerait quelque méprise fatale, je rendrais quelque jour le dernier soupir en croyant pousser un soupir d'amour. Je t'adore, compte là-dessus, mais laisse-moi quelque temps le ménagement de notre fortune; malheur à qui va tomber dans mes filets! je travaille pour rendre mon chevalier riche et heureux. Mon frère t'apprendra des nouvelles de ta Manon, il te dira qu'elle a pleuré de la nécessité de te quitter... » (Armand repousse le livre avec tristesse et reste quelques instants soucieux.) Elle avait raison, mais elle n'aimait pas, car l'amour ne sait pas raisonner... (Il va à la fenêtre.) Cette lecture m'a fait mal; ce livre n'est pas vrai!... (Il sonne.) Sept heures. Mon père ne viendra pas ce soir. (A Nanine qui entre.) Dites à madame de rentrer.

NANINE, embarrassée.

Madame n'est pas ici, monsieur.

ARMAND.

Où est-elle donc?

NANINE.

Sur la route; elle m'a chargée de dire à monsieur qu'elle allait rentrer tout de suite.

ARMAND.

Madame Duvernoy est sortie avec elle?

NANINE.

Madame Duvernoy est partie un peu avant madame.

ARMAND.

C'est bien... (Seul.) Elle est capable d'être allée à Paris pour s'occuper de cette vente! Heureusement, Prudence qui est prévenue, trouvera moyen de l'en empêcher!... (Il regarde par la fenêtre.) Il me semble voir une ombre dans le jardin. C'est elle sans doute. (Il appelle.) Marguerite! Marguerite! Marguerite! Personne!... (Il sort et appelle.) Nanine! Nanine!... (Il rentre et sonne.) Nanine, non plus, ne répond pas. Qu'est-ce que cela veut dire? Ce vide me fait froid. Il y a un malheur dans ce silence. Pourquoi ai-je laissé sortir Marguerite? Elle me cachait quelque chose. Elle pleurait! Me tromperait-elle?... Elle, me tromper!

A l'heure où elle pensait à me sacrifier tout... Mais il lui est peut-être arrivé quelque chose!... elle est peut-être blessée!... peut-être morte! Il faut que je sache...

Il se dirige vers le jardin. Un commissionnaire se trouve face à face avec lui à la porte.

SCÈNE VIII

ARMAND, un Commissionnaire.

LE COMMISSIONNAIRE.

M. Armand Duval?

ARMAND.

C'est moi.

LE COMMISSIONNAIRE.

Voici une lettre pour vous.

ARMAND.

D'où vient-elle?

LE COMMISSIONNAIRE.

De Paris.

ARMAND.

Qui vous l'a donnée?

LE COMMISSIONNAIRE.

Une dame.

ARMAND.

Et comment êtes-vous arrivé jusqu'à ce pavillon?

LE COMMISSIONNAIRE.

La grille du jardin était ouverte, je n'ai rencontré personne, j'ai vu de la lumière dans ce pavillon, j'ai pensé...

ARMAND.

C'est bien; laissez-moi!

Le commissionnaire se retire.

SCÈNE IX

ARMAND, puis M. DUVAL.

ARMAND.

Cette lettre est de Marguerite... Pourquoi suis-je si ému? Sans doute elle m'attend quelque part, et m'écrit d'aller la retrouver... (Il va pour ouvrir la lettre.) Je tremble. Allons, que je suis enfant! (Pendant ce temps, M. Duval est entré et se tient derrière son fils. Armand lit.) « A l'heure où vous recevrez cette lettre, Armand... » (Il pousse un cri de colère. Il se retourne et voit son père. Il se jette dans ses bras en sanglotant.) Ah! mon père! mon père!

ACTE QUATRIÈME

Un salon très élégant chez Olympe. — Bruit d'orchestre; danse; mouvement, lumières.

SCÈNE PREMIÈRE

GASTON, ARTHUR, LE DOCTEUR, PRUDENCE, ANAIS, Invités;
puis SAINT-GAUDENS et OLYMPE.

GASTON, taillant une banque de baccara.

Allons, vos jeux, messieurs!

ARTHUR.

Combien y a-t-il en banque?

GASTON.

Il y a cent louis.

ARTHUR.

Je mets cinq francs à droite.

GASTON.

C'était bien la peine de demander ce qu'il y avait pour mettre cinq francs!

ARTHUR.

Aimes-tu mieux que je joue dix louis sur parole?

GASTON.

Non, non, non. (Au docteur.) Et vous, docteur, vous ne jouez pas?

LE DOCTEUR.

Non.

GASTON.

Qu'est-ce que vous faites donc là-bas?

LE DOCTEUR.

Je cause avec des femmes charmantes; je me fais connaître.

GASTON.

Vous gagnez tant à être connu!

LE DOCTEUR.

Je ne gagne même qu'à cela.

On cause, on rit autour de la table.

GASTON.

Si c'est ainsi qu'on joue, je passe la main.

PRUDENCE.

Attends, je joue dix francs.

GASTON.

Où sont-ils?

PRUDENCE.

Dans ma poche.

GASTON, riant.

Je donnerais quinze francs pour les voir.

PRUDENCE.

Allons, bon! j'ai oublié ma bourse.

GASTON.

Voilà une bourse qui sait son métier. Tiens, prends ces vingt francs.

PRUDENCE.

Je te les rendrai.

GASTON.

Ne dis donc pas de bêtises. (Donnant les cartes.) J'ai neuf.

Il ramasse l'argent.

ACTE QUATRIÈME.

PRUDENCE.

Il gagne toujours.

ARTHUR.

Voilà cinquante louis que je perds.

ANAÏS.

Docteur, guérissez donc Arthur de la maladie de faire de l'embarras.

LE DOCTEUR.

C'est une maladie de jeunesse qui passera avec l'âge.

ANAÏS.

Il prétend avoir perdu mille francs; il avait deux louis dans sa poche quand il est arrivé.

ARTHUR.

Comment le savez-vous?

ANAÏS.

Avec ça qu'il faut regarder longtemps une poche, pour savoir ce qu'il y a dedans.

ARTHUR.

Qu'est-ce que ça prouve? Ça prouve que je dois neuf cent soixante francs.

ANAÏS.

Je plains celui à qui vous les devez.

ARTHUR.

Vous avez tort, ma chère: je paye toutes mes dettes, vous le savez bien.

GASTON.

Allons, messieurs, à vos jeux, nous ne sommes pas ici pour nous amuser.

OLYMPE, entrant avec Saint-Gaudens.

On joue donc toujours?

ARTHUR.

Toujours.

OLYMPE.

Donnez-moi dix louis, Saint-Gaudens, que je joue un peu.

GASTON.

Olympe, votre soirée est charmante.

ARTHUR.

Saint-Gaudens sait ce qu'elle lui coûte.

OLYMPE.

Ce n'est pas lui qui le sait, c'est sa femme !

SAINT-GAUDENS.

Le mot est joli ! Ah ! vous voilà, docteur. (Bas.) Il faut que je vous consulte ; j'ai quelquefois des étourdissements.

LE DOCTEUR.

Dame !

OLYMPE.

Qu'est-ce qu'il demande ?

LE DOCTEUR.

Il croit avoir une maladie du cerveau.

OLYMPE.

Le fat ! J'ai perdu, Saint-Gaudens, jouez pour moi, et tâchez de gagner.

PRUDENCE.

Saint-Gaudens, prêtez-moi trois louis...

Il les donne.

ANAÏS.

Saint Gaudens, allez me chercher une glace !

SAINT-GAUDENS.

Tout à l'heure !

ANAÏS.

Alors, racontez-nous l'histoire du fiacre jaune.

SAINT-GAUDENS.

J'y vais ! j'y vais !

Il sort.

PRUDENCE, à Gaston.

Te rappelles-tu l'histoire du fiacre jaune?

GASTON.

Si je me la rappelle! Je le crois bien; c'est chez Marguerite qu'Olympe a voulu nous conter ça. A propos, est-ce qu'elle est ici, Marguerite?

OLYMPE.

Elle doit venir.

GASTON.

Et Armand?

PRUDENCE.

Armand n'est pas à Paris... Vous ne savez donc pas ce qui est arrivé?

GASTON.

Non.

PRUDENCE.

Ils sont séparés.

ANAÏS.

Bah!

PRUDENCE.

Oui, Marguerite l'a quitté!

GASTON.

Quand donc?

ANAÏS.

Il y a un mois, et qu'elle a bien fait!

GASTON.

Pourquoi cela?

ANAÏS.

On doit toujours quitter les hommes avant qu'ils vous quittent.

ARTHUR.

Voyons, messieurs, joue-t-on, ou ne joue-t-on pas?

GASTON.

Oh! que tu es assommant, toi! Crois-tu pas que je vais m'user les doigts à te retourner des cartes pour cent sous que tu joues? Tous les Arthurs sont les mêmes. Heureusement, tu es le dernier Arthur.

SAINT-GAUDENS, rentrant.

Anaïs, voici la glace demandée.

ANAÏS.

Vous avez été bien long, mon pauvre vieux; après ça, à votre âge...

GASTON, se levant.

Messieurs, la banque a sauté. — Quand on pense que, si l'on me disait : « Gaston, mon ami, on va te donner cinq cents francs, à condition que tu retourneras des cartes pendant toute une nuit, » je ne le voudrais pas, certainement. Eh bien, voilà deux heures que j'en retourne pour perdre deux mille francs! Ah! le jeu est un joli métier.

Un autre invité prend la banque.

SAINT-GAUDENS.

Vous ne jouez plus?

GASTON.

Non.

SAINT-GAUDENS, montrant deux joueurs d'écarté au fond.

Parions-nous dans le jeu de ces messieurs?

GASTON.

Pas de confiance. Est-ce que c'est vous qui les avez invités?

SAINT-GAUDENS.

Ce sont des amis d'Olympe. Elle les a connus à l'étranger.

GASTON.

Ils sont jolis.

PRUDENCE.

Tiens! voilà Armand!

SCÈNE II

Les Mêmes, ARMAND.

GASTON, à Armand.

Nous parlions de toi tout à l'heure.

ARMAND.

Et que disiez-vous?

PRUDENCE.

Nous disions que vous étiez à Tours, et que vous ne viendriez pas.

ARMAND.

Vous vous trompiez.

GASTON.

Quand es-tu arrivé?

ARMAND.

Il y a une heure.

PRUDENCE.

Eh bien, mon cher Armand, qu'est-ce que vous me conterez de neuf?

ARMAND.

Mais rien, chère amie; et vous?

PRUDENCE.

Avez-vous vu Marguerite?

ARMAND.

Non.

PRUDENCE.

Elle va venir.

ARMAND, froidement.

Ah! je la verrai, alors.

PRUDENCE.

Comme vous dites cela!

ARMAND.

Comment voulez-vous que je le dise?

PRUDENCE.

Le cœur est donc guéri?

ARMAND.

Tout à fait.

PRUDENCE.

Ainsi, vous ne pensez plus à elle?

ARMAND.

Vous dire que je n'y pense plus du tout serait mentir : mais Marguerite m'a donné mon congé d'une si **verte** façon, que je me suis trouvé bien sot d'en avoir été amoureux comme je l'ai été; car j'ai été vraiment fort amoureux d'elle.

PRUDENCE.

Elle vous aimait bien aussi, et elle vous aime toujours un peu, mais il était temps qu'elle vous quittât. On allait vendre chez elle.

ARMAND.

Et maintenant, c'est payé?

PRUDENCE.

Entièrement.

ARMAND.

Et c'est M. de Varville qui a fait les fonds?

PRUDENCE.

Oui.

ARMAND.

Tout est pour le mieux, alors.

PRUDENCE.

Il y a des hommes faits exprès pour ça. Bref, il en est

arrivé à ses fins, il lui a rendu ses chevaux, ses bijoux, — tout son luxe d'autrefois!... Pour heureuse, elle est heureuse.

ARMAND.

Et elle est revenue à Paris?

PRUDENCE.

Naturellement. Elle n'a jamais voulu retourner à Auteuil, mon cher, depuis que vous en êtes parti. C'est moi qui suis allée y chercher toutes ses affaires, et même les vôtres. Cela me fait penser que j'ai des objets à vous remettre; vous les ferez prendre chez moi. Il n'y a qu'un petit portefeuille avec votre chiffre, que Marguerite a voulu garder; si vous y tenez, je le lui redemanderai.

ARMAND, avec émotion.

Qu'elle le garde!

PRUDENCE

Du reste, je ne l'ai jamais vue comme elle est maintenant; elle ne dort presque plus; elle court les bals, elle passe les nuits. Dernièrement, après un souper, elle est restée trois jours au lit, et, quand le médecin lui a permis de se lever, elle a recommencé, au risque d'en mourir. Si elle continue, elle n'ira pas loin. Comptez-vous aller la voir?

ARMAND.

Non, je compte même éviter toute espèce d'explications. Le passé est mort d'apoplexie, que Dieu ait son âme, s'il en avait une!

PRUDENCE.

Allons! vous êtes raisonnable, j'en suis enchantée.

ARMAND, apercevant Gustave.

Ma chère Prudence, voici un de mes amis, à qui j'ai quelque chose à dire; vous permettez?

PRUDENCE.

Comment donc! (Elle va au jeu.) Je fais dix francs!

SCÈNE III

Les Mêmes, GUSTAVE.

ARMAND.

Enfin ! Tu as reçu ma lettre ?

GUSTAVE.

Oui, puisque me voilà.

ARMAND.

Tu t'es demandé pourquoi je te priais de venir à une de ces fêtes qui sont si peu dans tes habitudes ?

GUSTAVE.

Je l'avoue.

ARMAND.

Tu n'as pas vu Marguerite depuis longtemps ?

GUSTAVE.

Non ; pas depuis que je l'ai vue avec toi.

ARMAND.

Ainsi tu ne sais rien ?

GUSTAVE.

Rien ; instruis-moi.

ARMAND.

Tu croyais que Marguerite m'aimait, n'est-ce pas ?

GUSTAVE.

Je le crois encore.

ARMAND, lui remettant la lettre de Marguerite.

Lis !

GUSTAVE, après avoir lu.

C'est Marguerite qui a écrit cela ?

ARMAND.

C'est elle.

GUSTAVE.

Quand?

ARMAND.

Il y a un mois.

GUSTAVE.

Qu'as-tu répondu à cette lettre?

ARMAND.

Que voulais-tu que je répondisse? Le coup était si inattendu, que j'ai cru que j'allais devenir fou. Comprends-tu? elle, Marguerite! me tromper! moi qui l'aimais tant! Ces filles n'ont décidément pas d'âme. J'avais besoin d'une affection réelle pour m'aider à vivre après ce qui venait de se passer. Je me laissai conduire par mon père, comme une chose inerte. Nous arrivâmes à Tours. Je crus d'abord que j'allais pouvoir y vivre, c'était impossible; je ne dormais plus, j'étouffais. J'avais trop aimé cette femme pour qu'elle pût me devenir indifférente tout à coup; il fallait ou que je l'aimasse, ou que je la haïsse! Enfin, je ne pouvais plus y tenir; il me semblait que j'allais mourir, si je ne la revoyais pas, si je ne l'entendais pas me dire elle-même ce qu'elle m'avait écrit. Je suis venu ici, car elle y viendra. Ce qui va se passer, je n'en sais rien, mais il va évidemment se passer quelque chose, et je puis avoir besoin d'un ami.

GUSTAVE.

Je suis tout à toi, mon cher Armand; mais, au nom du ciel, réfléchis, tu as affaire à une femme; le mal qu'on fait à une femme ressemble fort à une lâcheté.

ARMAND.

Soit! elle a un amant; il m'en demandera raison. Si je fais une lâcheté, j'ai assez de sang pour la payer!

UN DOMESTIQUE, annonçant.

Mademoiselle Marguerite Gautier! M. le baron de Varville!

ARMAND.

Les voilà!

SCÈNE IV

Les Mêmes, VARVILLE, MARGUERITE.

OLYMPE, allant au-devant de Marguerite.

Comme tu arrives tard!

VARVILLE.

Nous sortons de l'Opéra.

Varville donne des poignées de main aux hommes qui sont là

PRUDENCE, à Marguerite.

Ça va bien?

MARGUERITE.

Très bien!

PRUDENCE, bas.

Armand est ici.

MARGUERITE, troublée.

Armand?

PRUDENCE.

Oui!

En ce moment, Armand, qui s'est approché de la table de jeu, regarde Marguerite; elle lui sourit timidement; il la salue avec froideur.

MARGUERITE.

J'ai eu tort de venir à ce bal.

PRUDENCE.

Au contraire; il faut qu'un jour ou l'autre vous vous retrouviez avec Armand, mieux vaut plus tôt que plus tard.

MARGUERITE.

Il vous a parlé?

PRUDENCE.

Oui.

MARGUERITE.

De moi?

PRUDENCE.

Naturellement.

MARGUERITE.

Et il vous a dit?...

PRUDENCE.

Qu'il ne vous en veut pas, que vous avez eu raison.

MARGUERITE.

Tant mieux, si cela est; mais il est impossible que cela soit; il m'a saluée trop froidement, et il est trop pâle.

VARVILLE, bas, à Marguerite.

M. Duval est là, Marguerite.

MARGUERITE.

Je le sais.

VARVILLE.

Vous me jurez que vous ignoriez sa présence ici quand vous y êtes venue?

MARGUERITE.

Je vous le jure.

VARVILLE.

Et vous me promettez de ne pas lui parler?

MARGUERITE.

Je vous le promets; mais je ne puis pas vous promettre de ne pas lui répondre, s'il me parle. — Prudence, restez auprès de moi.

LE DOCTEUR, à Marguerite.

Bonsoir, madame.

MARGUERITE.

Ah! c'est vous, docteur. Comme vous me regardez!

LE DOCTEUR.

Je crois que c'est ce que j'ai de mieux à faire, quand je suis en face de vous.

MARGUERITE.

Vous me trouvez changée, n'est-ce pas?

LE DOCTEUR.

Soignez-vous, soignez-vous, je vous en prie. J'irai vous voir demain, pour vous gronder à mon aise.

MARGUERITE.

C'est cela! grondez-moi, je vous aimerai bien. Est-ce que vous vous en allez déjà?

LE DOCTEUR.

Non, mais cela ne tardera pas; j'ai le même malade à voir tous les jours à la même heure, depuis six mois.

MARGUERITE.

Quelle fidélité!

Il lui serre la main et s'éloigne.

GUSTAVE, *s'approchant de Marguerite.*

Bonsoir, Marguerite.

MARGUERITE.

Oh! que je suis heureuse de vous voir, mon bon Gustave! Est-ce que Nichette est là?

GUSTAVE.

Non.

MARGUERITE.

Pardon! Nichette ne doit pas venir ici. — Aimez-la bien, Gustave; c'est si bon d'être aimé!

Elle essuie ses yeux.

GUSTAVE.

Qu'avez-vous?

MARGUERITE.

Je suis bien malheureuse, allez!

GUSTAVE.

Voyons, ne pleurez pas! Pourquoi êtes-vous venue?

MARGUERITE.

Est-ce que je suis ma maîtresse? et, d'ailleurs, est-ce qu'il ne faut pas que je m'étourdisse?

GUSTAVE.

Eh bien, si vous m'en croyez, quittez ce bal bientôt.

MARGUERITE.

Pourquoi?

GUSTAVE.

Parce qu'on ne sait pas ce qui peut arriver... Armand...

MARGUERITE.

Armand me hait et me méprise, n'est-ce pas?

GUSTAVE.

Non, Armand vous aime. Voyez comme il est fiévreux! il n'est pas maître de lui. Il pourrait y avoir une affaire entre lui et M. de Varville. Prétextez une indisposition, et partez.

MARGUERITE.

Un duel pour moi, entre Varville et Armand! C'est juste, il faut que je parte.

Elle se lève.

VARVILLE, s'approchant d'elle.

Où allez-vous?

MARGUERITE.

Mon ami, je suis souffrante, et désire me retirer.

VARVILLE.

Non, vous n'êtes pas souffrante, Marguerite : vous voulez vous retirer parce que M. Duval est là, et qu'il ne paraît pas faire attention à vous; mais vous comprenez que, moi, je ne veux ni ne dois quitter l'endroit où je suis parce qu'il y est. Nous sommes à ce bal, restons-y.

OLYMPE, haut.

Qu'est-ce qu'on jouait ce soir à l'Opéra?

VARVILLE.

La Favorite.

ARMAND.

L'histoire d'une femme qui trompe son amant.

PRUDENCE.

Fi! que c'est commun!

ANAÏS.

C'est-à-dire que ce n'est pas vrai; il n'y a pas de femme qui trompe son amant.

ARMAND.

Je vous réponds qu'il y en a, moi

ANAÏS.

Où donc?

ARMAND.

Partout.

OLYMPE.

Oui, mais il y a amant et amant.

ARMAND.

Comme il y a femme et femme.

GASTON.

Ah çà! mon cher Armand, tu joues un jeu d'enfer.

ARMAND.

C'est pour voir si le proverbe est vrai : « Malheureux en amour, heureux au jeu. »

GASTON.

Ah! tu dois être crânement malheureux en amour, car tu es crânement heureux au jeu.

ARMAND.

Mon cher, je compte faire ma fortune ce soir, et, quand j'aurai gagné beaucoup d'argent, je m'en irai vivre à la campagne.

ACTE QUATRIÈME.

OLYMPE.

Seul?

ARMAND.

Non, avec quelqu'un qui m'y a déjà accompagné une fois, et qui m'a quitté. Peut-être quand je serai plus riche... (A part.) Elle ne répondra donc rien!

GUSTAVE.

Tais-toi, Armand! vois dans quel état est cette pauvre fille!

ARMAND.

C'est une bonne histoire; il faut que je vous la raconte. Il y a là dedans un monsieur qui apparaît à la fin, une espèce de *Deus ex machina*, qui est un type adorable.

VARVILLE.

Monsieur!

MARGUERITE, bas, à Varville.

Si vous provoquez M. Duval vous ne me revoyez de votre vie.

ARMAND, à Varville.

Ne me parlez-vous pas, monsieur?

VARVILLE.

En effet, monsieur; vous êtes si heureux au jeu que votre veine me tente, et je comprends si bien l'emploi que vous voulez faire de votre gain, que j'ai hâte de vous voir gagner davantage et vous propose une partie.

ARMAND, le regardant en face.

Que j'accepte de grand cœur, monsieur.

VARVILLE, passant devant Armand.

Je tiens cent louis, monsieur.

ARMAND, étonné et dédaigneux.

Va pour cent louis! De quel côté, monsieur?

VARVILLE.

Du côté que vous ne prendrez pas.

ARMAND.

Cent louis à gauche.

VARVILLE.

Cent louis à droite.

GASTON.

A droite, quatre; à gauche, neuf. Armand a gagné!

VARVILLE.

Deux cents louis, alors.

ARMAND.

Va pour deux cents louis; mais prenez garde, monsieur, si le proverbe dit : « Malheureux en amour, heureux au jeu, » il dit aussi : « Heureux en amour, malheureux au jeu. »

GASTON.

Six! huit! c'est encore Armand qui gagne.

OLYMPE.

Allons! c'est le baron qui payera la campagne de M. Duval.

MARGUERITE, à Olympe.

Mon Dieu, que va-t-il se passer?

OLYMPE, pour faire diversion.

Allons, messieurs; à table, le souper est servi.

ARMAND.

Continuons-nous la partie, monsieur?

VARVILLE.

Non; pas en ce moment.

ARMAND.

Je vous dois une revanche; je vous la promets au jeu que vous choisirez.

VARVILLE.

Soyez tranquille, monsieur, je profiterai de votre bonne volonté!

OLYMPE, prenant le bras d'Armand.

Tu as une rude veine, toi.

ARMAND.

Ah! tu me tutoies quand je gagne.

VARVILLE.

Venez-vous, Marguerite?

MARGUERITE.

Pas encore, j'ai quelques mots à dire à Prudence.

VARVILLE.

Si, dans dix minutes, vous n'êtes pas venue nous rejoindre, je reviens vous chercher ici, Marguerite, je vous en préviens.

MARGUERITE.

C'est bien, allez!

SCÈNE V

PRUDENCE, MARGUERITE.

MARGUERITE.

Allez trouver Armand, et, au nom de ce qu'il a de plus sacré, priez-le de venir m'entendre; il faut que je lui parle.

PRUDENCE.

Et s'il refuse?

MARGUERITE.

Il ne refusera pas. Il me déteste trop pour ne pas saisir l'occasion de me le dire. Allez!

SCÈNE VI

MARGUERITE, seule.

Tâchons d'être calme; il faut qu'il continue de croire ce qu'il croit. Aurai-je la force de tenir la promesse que j'ai faite à son père? Mon Dieu! faites qu'il me méprise et me haïsse, puisque c'est le seul moyen d'empêcher un malheur... Le voici!

SCÈNE VII

MARGUERITE, ARMAND.

ARMAND.

Vous m'avez fait demander, madame?

MARGUERITE.

Oui, Armand, j'ai à vous parler.

ARMAND.

Parlez, je vous écoute. Vous allez vous disculper?

MARGUERITE.

Non, Armand, il ne sera pas question de cela. Je vous supplierai même de ne plus revenir sur le passé.

ARMAND.

Vous avez raison; il y a trop de honte pour vous.

MARGUERITE.

Ne m'accablez pas, Armand. Écoutez-moi sans haine, sans colère, sans mépris! Voyons, Armand, donnez-moi votre main.

ARMAND.

Jamais, madame! Si c'est là tout ce que vous avez à me dire...

Il fait mine de se retirer.

MARGUERITE.

Qui aurait cru que vous repousseriez un jour la main que je vous tendrais? Mais ce n'est pas de cela qu'il s'agit, Armand, il faut que vous repartiez.

ARMAND.

Que je reparte?

ACTE QUATRIÈME.

MARGUERITE.

Oui! que vous retourniez auprès de votre père, et cela tout de suite.

ARMAND.

Et pourquoi, madame?

MARGUERITE.

Parce que M. de Varville va vous provoquer, et que je ne veux pas qu'il arrive un malheur pour moi. Je veux être seule à souffrir.

ARMAND.

Ainsi vous me conseillez de fuir une provocation! Vous me conseillez une lâcheté! Quel autre conseil, en effet, pourrait donner une femme comme vous?

MARGUERITE.

Armand, je vous jure que, depuis un mois, j'ai tant souffert, que c'est à peine si j'ai la force de le dire; je sens bien le mal qui augmente et me brûle. Au nom de notre amour passé, au nom de ce que je souffrirai encore, Armand, au nom de votre mère et de votre sœur, fuyez-moi, retournez auprès de votre père et oubliez jusqu'à mon nom, si vous pouvez.

ARMAND.

Je comprends, madame : vous tremblez pour votre amant qui représente votre fortune. Je puis vous ruiner d'un coup de pistolet ou d'un coup d'épée. Ce serait là, en effet, un grand malheur.

MARGUERITE.

Vous pouvez être tué, Armand, voilà le malheur véritable!

ARMAND.

Que vous importe que je vive ou que je meure! Quand vous m'avez écrit : « Armand, oubliez-moi, je suis la maîtresse d'un autre! » vous êtes-vous souciée de ma vie?

Si je ne suis pas mort, après cette lettre, c'est qu'il me restait à me venger. Ah! vous avez cru que cela se passerait ainsi, que vous me briseriez le cœur, et que je ne m'en prendrais ni à vous ni à votre complice? Non, madame, non. Je suis revenu à Paris, c'est entre M. de Varville et moi une question de sang! Dussiez-vous en mourir aussi, je le tuerai! je vous le jure.

MARGUERITE.

M. de Varville est innocent de tout ce qui se passe.

ARMAND.

Vous l'aimez, madame! c'est assez pour que je le haïsse.

MARGUERITE.

Vous savez bien que je n'aime pas, que je ne puis aimer cet homme!

ARMAND.

Alors, pourquoi vous êtes-vous donnée à lui?

MARGUERITE.

Ne me le demandez pas, Armand! je ne puis vous le dire.

ARMAND.

Je vais vous le dire, moi. Vous vous êtes donnée à lui, parce que vous êtes une fille sans cœur et sans loyauté, parce que votre amour appartient à qui le paye, et que vous avez fait une marchandise de votre cœur; parce qu'en vous trouvant en face du sacrifice que vous alliez me faire, le courage vous a manqué, et que vos instincts ont repris le dessus; parce qu'enfin cet homme qui vous dévouait sa vie, qui vous livrait son honneur, ne valait pas pour vous les chevaux de votre voiture et les diamants de votre cou.

MARGUERITE.

Eh bien, oui, j'ai fait tout cela. Oui, je suis une infâme et misérable créature, qui ne t'aimait pas; je t'ai trompé. Mais plus je suis infâme, moins tu dois te souvenir de moi, moins tu dois exposer pour moi ta vie et la vie de ceux qui t'aiment. Armand, à genoux, je t'en supplie, pars, quitte Paris et ne regarde pas en arrière!

ARMAND.

Je le veux bien, mais à une condition.

MARGUERITE.

Quelle qu'elle soit, je l'accepte.

ARMAND.

Tu partiras avec moi.

MARGUERITE, reculant.

Jamais!

ARMAND.

Jamais!

MARGUERITE.

Oh! mon Dieu! donnez-moi le courage.

ARMAND, courant à la porte et revenant.

Écoute, Marguerite; je suis fou, j'ai la fièvre, mon sang brûle, mon cerveau bout, je suis dans cet état de passion où l'homme est capable de tout, même d'une infamie. J'ai cru un moment que c'était la haine qui me poussait vers toi; c'était l'amour, amour invincible, irritant, haineux, augmenté de remords, de mépris et de honte, car je me méprise de le ressentir encore, après ce qui s'est passé. Eh bien, dis-moi un mot de repentir, rejette ta faute sur le hasard, sur la fatalité, sur ta faiblesse, et j'oublie tout. Que m'importe cet homme? Je ne le hais que si tu l'aimes. Dis-moi seulement que tu m'aimes encore, je te pardonnerai, Marguerite, nous fuirons Paris, c'est-à-dire le passé, nous irons au bout de la terre s'il le faut, jusqu'à ce que nous ne rencontrions plus un visage humain, et que nous soyons seuls dans le monde avec notre amour.

MARGUERITE, épuisée.

Je donnerais ma vie pour une heure du bonheur que tu me proposes, mais ce bonheur est impossible.

ARMAND.

Encore!

MARGUERITE.

Un abîme nous sépare; nous serions trop malheureux ensemble. Nous ne pouvons plus nous aimer; pars, oublie-moi, il le faut, je l'ai juré.

ARMAND.

A qui?

MARGUERITE.

A qui avait le droit de demander ce serment.

ARMAND, dont la colère va croissant.

A M. de Varville, n'est-ce pas?

MARGUERITE.

Oui.

ARMAND, saisissant le bras de Marguerite.

A M. de Varville que vous aimez; dites-moi que vous l'aimez, et je pars.

MARGUERITE.

Eh bien, oui, j'aime M. de Varville.

ARMAND la jette à terre et lève les deux mains sur elle, puis il se précipite vers la porte, et, voyant les invités qui sont dans l'autre salon, il crie.

Entrez tous!

MARGUERITE.

Que faites-vous?

ARMAND.

Vous voyez cette femme?

TOUS.

Marguerite Gautier!...

ACTE QUATRIÈME.

ARMAND.

Oui! Marguerite Gautier. Savez-vous ce qu'elle a fait? Elle a vendu tout ce qu'elle possédait pour vivre avec moi, tant elle m'aimait. Cela est beau, n'est-ce pas? Savez-vous ce que j'ai fait, moi? Je me suis conduit comme un misérable. J'ai accepté le sacrifice sans lui rien donner en échange. Mais il n'est pas trop tard, je me repens et je reviens pour réparer tout cela. Vous êtes tous témoins que je ne dois plus rien à cette femme.

Il lui jette des billets de banque.

MARGUERITE, poussant un cri et tombant à la renverse.

Ah!

VARVILLE, à Armand avec mépris, en lui jetant ses gants au visage.

Décidément, monsieur, vous êtes un lâche!

On se précipite entre eux.

ACTE CINQUIÈME

Chambre à coucher de Marguerite. — Lit au fond ; rideaux à moitié fermés. — Cheminée à droite ; devant la cheminée, un canapé sur lequel est étendu Gaston. — Pas d'autre lumière qu'une veilleuse.

SCÈNE PREMIÈRE

MARGUERITE, couchée et endormie; GASTON.

GASTON, relevant la tête et écoutant.

Je me suis assoupi un instant... Pourvu qu'elle n'ait pas eu besoin de moi pendant ce temps-là! Non, elle dort... Quelle heure est-il? Sept heures... Il ne fait pas encore jour... Je vais rallumer le feu.

Il tisonne.

MARGUERITE, s'éveillant.

Nanine, donne-moi à boire.

GASTON.

Voilà, chère enfant.

MARGUERITE, soulevant la tête.

Qui donc est là?

GASTON, préparant une tasse de tisane.

C'est moi, Gaston.

MARGUERITE.

Comment vous trouvez-vous dans ma chambre?

GASTON, lui donnant la tasse.

Bois d'abord, tu le sauras après. — Est-ce assez sucré?

MARGUERITE.

Oui.

GASTON.

J'étais né pour être garde-malade.

MARGUERITE.

Où est donc Nanine?

GASTON.

Elle dort. Quand je suis venu sur les onze heures du soir, pour savoir de tes nouvelles, la pauvre fille tombait de fatigue; moi, au contraire, j'étais tout éveillé. Tu dormais déjà... Je lui ai dit d'aller se coucher. Je me suis mis là, sur le canapé, près du feu, et j'ai fort bien passé la nuit. Cela me faisait du bien, de t'entendre dormir; il me semblait que je dormais moi-même. Comment te sens-tu ce matin?

MARGUERITE.

Bien, mon brave Gaston; mais à quoi bon vous fatiguer ainsi?...

GASTON.

Je passe assez de nuits au bal! quand j'en passerais quelques-unes à veiller une malade! — Et puis j'avais quelque chose à te dire.

MARGUERITE.

Que voulez-vous me dire?

GASTON.

Tu es gênée?

MARGUERITE.

Comment gênée?

GASTON.

Oui, tu as besoin d'argent. Quand je suis venu hier, j'ai vu un huissier dans le salon. Je l'ai mis à la porte, en le payant. Mais ce n'est pas tout; il n'y a pas d'argent ici, et il faut qu'il y en ait. Moi, je n'en ai pas beaucoup. J'ai perdu pas mal au jeu, et j'ai fait un tas d'emplettes inutiles pour le premier jour de l'année. (Il l'embrasse.) Et

10.

je te réponds que je te la souhaite bonne et heureuse... Mais enfin voilà toujours vingt-cinq louis que je vais mettre dans le tiroir là-bas. Quand il n'y en aura plus, il y en aura encore.

MARGUERITE, émue.

Quel cœur! Et dire que c'est vous, un écervelé, comme on vous appelle, vous qui n'avez jamais été que mon ami, qui me veillez et prenez soin de moi...

GASTON.

C'est toujours comme ça... Maintenant, sais-tu ce que nous allons faire?

MARGUERITE.

Dites.

GASTON.

Il fait un temps superbe! Tu as dormi huit bonnes heures; tu vas dormir encore un peu. De une heure à trois heures, il fera un beau soleil; je viendrai te prendre; tu t'envelopperas bien; nous irons nous promener en voiture; et qui dormira bien la nuit prochaine? ce sera Marguerite. Jusque-là, je vais aller voir ma mère, qui va me recevoir Dieu sait comment; il y a plus de quinze jours que je ne l'ai vue! Je déjeune avec elle, et à une heure je suis ici. Cela te va-t-il?

MARGUERITE.

Je tâcherai d'avoir la force...

GASTON.

Tu l'auras, tu l'auras! (Nanine entre.) Entrez, Nanine, entre! Marguerite est réveillée.

SCÈNE II

Les Mêmes, NANINE.

MARGUERITE.

Tu étais donc bien fatiguée, ma pauvre Nanine?

ACTE CINQUIÈME.

NANINE.

Un peu, madame.

MARGUERITE.

Ouvre la fenêtre et donne un peu de jour. Je veux me lever.

NANINE, ouvrant la fenêtre et regardant dans la rue.

Madame, voici le docteur.

MARGUERITE.

Bon docteur! sa première visite est toujours pour moi. — Gaston, ouvrez la porte en vous en allant. — Nanine, aide-moi à me lever.

NANINE.

Mais, madame...

MARGUERITE.

Je le veux.

GASTON.

A tantôt.

Il sort.

MARGUERITE.

A tantôt.

Elle se lève et retombe; enfin, soulevée par Nanine, elle marche vers le canapé, le docteur entre à temps pour l'aider à s'y asseoir.

SCÈNE III

MARGUERITE, NANINE, LE DOCTEUR.

MARGUERITE.

Bonjour, mon cher docteur; que vous êtes aimable de penser à moi dès le matin! — Nanine, va voir s'il y a des lettres.

LE DOCTEUR.

Donnez-moi votre main. (Il la prend.) Comment vous sentez-vous?

MARGUERITE.

Mal et mieux! Mal de corps, mieux d'esprit. Hier au soir j'ai eu tellement peur de mourir, que j'ai envoyé chercher un prêtre. J'étais triste, désespérée, j'avais peur de la mort; cet homme est entré, il a causé une heure avec moi, et désespoir, terreur, remords, il a tout emporté avec lui. Alors, je me suis endormie, et je viens de me réveiller.

LE DOCTEUR.

Tout va bien, madame, et je vous promets une entière guérison pour les premiers jours du printemps.

MARGUERITE.

Merci, docteur... C'est votre devoir de me parler ainsi. Quand Dieu a dit que le mensonge serait un péché, il a fait une exception pour les médecins, et il leur a permis de mentir autant de fois par jour qu'ils verraient de malades. (A Nanine, qui rentre.) Qu'est-ce que tu apportes là?

NANINE.

Ce sont des cadeaux, madame.

MARGUERITE.

Ah! oui, c'est aujourd'hui le 1er janvier!... Que de choses depuis l'année dernière! Il y a un an, à cette heure, nous étions à table, nous chantions, nous donnions à l'année qui naissait le même sourire que nous venions de donner à l'année morte. Où est le temps, mon bon docteur, où nous riions encore? (Ouvrant les paquets.) Une bague avec la carte de Saint-Gaudens. — Brave cœur! Un bracelet, avec la carte du comte de Giray, qui m'envoie cela de Londres. — Quel cri il pousserait s'il me voyait dans l'état où je suis!... et puis des bonbons... Allons, les hommes ne sont pas aussi oublieux que je le croyais! Vous avez une petite nièce, docteur!

LE DOCTEUR.

Oui, madame.

ACTE CINQUIÈME.

MARGUERITE.

Portez-lui tous ces bonbons, à cette chère enfant; il y a longtemps que je n'en mange plus, moi! (A Nanine.) Voilà tout ce que tu as?

NANINE.

J'ai une lettre.

MARGUERITE.

Qui peut m'écrire? (Prenant la lettre et l'ouvrant.) Descends ce paquet dans la voiture du docteur. (Lisant.) « Ma bonne Marguerite, je suis allée vingt fois pour te voir, et je n'ai jamais été reçue; cependant, je ne veux pas que tu manques au fait le plus heureux de ma vie; je me marie le 1er janvier : c'est le présent de nouvelle année que Gustave me gardait; j'espère que tu ne seras pas la dernière à assister à la cérémonie, cérémonie bien simple, bien humble, et qui aura lieu à neuf heures du matin, dans la chapelle de Sainte-Thérèse, à l'église de la Madeleine. — Je t'embrasse de toute la force d'un cœur heureux. NICHETTE. » Il y aura donc du bonheur pour tout le monde, excepté pour moi! Allons, je suis une ingrate. — Docteur, fermez cette fenêtre, j'ai froid, et donnez-moi de quoi écrire.

Elle laisse tomber sa tête dans ses mains; le docteur prend l'encrier sur la cheminée et donne le buvard à Marguerite.

NANINE, bas, au docteur, quand il s'est éloigné.

Eh bien, docteur?...

LE DOCTEUR, secouant la tête.

Elle est bien mal!

MARGUERITE, à part.

Ils croient que je ne les entends pas... (Haut.) Docteur, rendez-moi le service, en vous en allant, de déposer cette lettre à l'église où se marie Nichette, et recommandez qu'on ne la lui remette qu'après la cérémonie. (Elle écrit, plie la lettre et la cachette.) Tenez, et merci. (Elle lui serre la main.) N'oubliez pas, et revenez tantôt si vous pouvez...

Le docteur sort.

SCÈNE IV

MARGUERITE, NANINE.

MARGUERITE.

Maintenant, mets un peu d'ordre dans cette chambre. (On sonne.) On a sonné, va ouvrir.

Nanine sort.

NANINE, rentrant.

C'est madame Duvernoy qui voudrait voir madame.

MARGUERITE.

Qu'elle entre !

SCÈNE V

LES MÊMES, PRUDENCE.

PRUDENCE.

Eh bien, ma chère Marguerite, comment allez-vous, ce matin ?

MARGUERITE.

Mieux, ma chère Prudence, je vous remercie.

PRUDENCE.

Renvoyez donc Nanine un instant ; j'ai à vous parler, à vous seule.

MARGUERITE.

Nanine, va ranger de l'autre côté ; je t'appellerai quand j'aurai besoin de toi...

Nanine sort.

PRUDENCE.

J'ai un service à vous demander, ma chère Marguerite.

MARGUERITE.

Dites.

PRUDENCE.

Êtes-vous en fonds?...

MARGUERITE.

Vous savez que je suis gênée depuis quelque temps; mais, enfin, dites toujours.

PRUDENCE.

C'est aujourd'hui le premier de l'an; j'ai des cadeaux à faire, il me faudrait absolument deux cents francs; pouvez vous me les prêter jusqu'à la fin du mois?

MARGUERITE, levant les yeux au ciel.

La fin du mois!

PRUDENCE.

Si cela vous gêne...

MARGUERITE.

J'avais un peu besoin de l'argent qui reste là...

PRUDENCE.

Alors, n'en parlons plus.

MARGUERITE.

Qu'importe! ouvrez ce tiroir...

PRUDENCE.

Lequel? (Elle ouvre plusieurs tiroirs) Ah! celui du milieu.

MARGUERITE.

Combien y a-t-il?

PRUDENCE.

Cinq cents francs.

MARGUERITE.

Eh bien, prenez les deux cents francs dont vous avez besoin.

PRUDENCE.

Et vous aurez assez du reste?

MARGUERITE.

J'ai ce qu'il me faut; ne vous inquiétez pas de moi.

PRUDENCE, prenant l'argent.

Vous me rendez un véritable service.

MARGUERITE.

Tant mieux, ma chère Prudence!

PRUDENCE.

Je vous laisse; je reviendrai vous voir. Vous avez meilleure mine.

MARGUERITE.

En effet, je vais mieux.

PRUDENCE.

Les beaux jours vont venir vite, l'air de la campagne achèvera votre guérison.

MARGUERITE.

C'est cela.

PRUDENCE, sortant.

Merci encore une fois!

MARGUERITE.

Renvoyez-moi Nanine.

PRUDENCE.

Oui.

Elle sort.

NANINE, rentrant.

Elle est encore venue vous demander de l'argent?

MARGUERITE.

Oui.

NANINE.

Et vous le lui avez donné?...

MARGUERITE.

C'est si peu de chose que l'argent, et elle en avait un

si grand besoin, disait-elle. Il nous en faut cependant; il y a des étrennes à donner. Prends ce bracelet qu'on vient de m'envoyer, va le vendre et reviens vite.

NANINE.

Mais pendant ce temps...

MARGUERITE.

Je puis rester seule, je n'aurai besoin de rien; d'ailleurs, tu ne seras pas longtemps, tu connais le chemin du marchand; il m'a assez acheté depuis trois mois.

Nanine sort.

SCÈNE VI

MARGUERITE, lisant une lettre qu'elle prend dans son sein.

« Madame, j'ai appris le duel d'Armand et de M. de Varville, non par mon fils, car il est parti sans même venir m'embrasser. Le croiriez-vous, madame? je vous accusais de ce duel et de ce départ. Grâce à Dieu, M. de Varville est déjà hors de danger, et je sais tout. Vous avez tenu votre serment au delà même de vos forces, et toutes ces secousses ont ébranlé votre santé. J'écris toute la vérité à Armand. Il est loin, mais il reviendra vous demander non seulement son pardon, mais le mien, car j'ai été forcé de vous faire du mal et je veux le réparer. Soignez-vous bien, espérez; votre courage et votre abnégation méritent un meilleur avenir; vous l'aurez, c'est moi qui vous le promets. En attendant, recevez l'assurance de mes sentiments de sympathie, d'estime et de dévouement. GEORGES DUVAL. — 15 novembre. » Voilà six semaines que j'ai reçu cette lettre et que je la relis sans cesse pour me rendre un peu de courage. Si je recevais seulement un mot d'Armand, si je pouvais atteindre au printemps! (Elle se lève et se regarde dans la glace.) Comme je suis changée! Cependant, le docteur m'a promis de me guérir. J'aurai patience. Mais, tout à l'heure, avec Nanine ne me condamnait-il pas? Je l'ai entendu, il disait que j'étais bien mal. Bien mal! c'est encore de l'espoir, c'est encore quelques mois à vivre, et, si, pendant ce temps, Armand revenait, je serais sauvée. Le premier jour de l'année, c'est bien le moins qu'on espère. D'ailleurs, j'ai toute ma raison. Si j'étais en danger réel, Gaston n'aurait pas le courage de rire à mon chevet, comme il faisait tout à l'heure. Le médecin ne me quitterait pas. (A la fenêtre.) Quelle joie dans les familles! Oh! le bel enfant, qui rit et gambade en tenant ses jouets, je voudrais embrasser cet enfant.

SCÈNE VII

NANINE, MARGUERITE.

NANINE, venant à Marguerite, après avoir déposé sur la cheminée l'argent qu'elle apporte.

Madame...

MARGUERITE.

Qu'as-tu, Nanine?

NANINE.

Vous vous sentez mieux aujourd'hui, n'est-ce pas?

MARGUERITE.

Oui; pourquoi?

NANINE.

Promettez-moi d'être calme.

MARGUERITE.

Qu'arrive-t-il?

NANINE.

J'ai voulu vous prévenir... une joie trop brusque est si difficile à porter!

MARGUERITE.

Une joie, dis-tu?

NANINE.

Oui, madame.

MARGUERITE.

Armand! Tu as vu Armand?... Armand vient me voir!... (Nanine fait signe que oui. — Courant à la porte.) Armand! (Il paraît pâle; elle se jette à son cou, elle se cramponne à lui.) Oh! ce n'est pas toi, il est impossible que Dieu soit si bon!

SCÈNE VIII

MARGUERITE, ARMAND.

ARMAND.

C'est moi, Marguerite, moi, si repentant, si inquiet, si coupable, que je n'osais franchir le seuil de cette porte. Si je n'eusse rencontré Nanine, je serais resté dans la rue à prier et à pleurer. Marguerite, ne me maudis pas! Mon père m'a tout écrit! j'étais bien loin de toi, je ne savais où aller pour fuir mon amour et mes remords... Je suis parti comme un fou, voyageant nuit et jour, sans repos, sans trêve, sans sommeil, poursuivi de pressentiments sinistres, voyant de loin la maison tendue de noir. Oh! si je ne t'avais pas trouvée, je serais mort, car c'est moi qui t'aurais tuée! Je n'ai pas encore vu mon père. Marguerite, dis-moi que tu nous pardonnes à tous deux. Ah! que c'est bon, de te revoir!

MARGUERITE.

Te pardonner, mon ami? Moi seule étais coupable! Mais, pouvais-je faire autrement? Je voulais ton bonheur, même aux dépens du mien. Mais maintenant, ton père ne nous séparera plus, n'est-ce pas? Ce n'est plus ta Marguerite d'autrefois que tu retrouves; cependant, je suis jeune encore, je redeviendrai belle, puisque je suis heureuse. Tu oublieras tout. Nous commencerons à vivre à partir d'aujourd'hui.

ARMAND.

Je ne te quitte plus. Écoute, Marguerite, nous allons à l'instant même quitter cette maison. Nous ne reverrons jamais Paris. Mon père sait qui tu es. Il t'aimera comme le bon génie de son fils. Ma sœur est mariée. L'avenir est à nous.

MARGUERITE.

Oh! parle-moi! parle-moi! Je sens mon âme qui revient avec tes paroles, la santé qui renaît sous ton souffle. Je le disais ce matin, qu'une seule chose pouvait me sauver. Je ne l'espérais plus, et te voilà! Nous n'allons pas perdre de temps, va, et, puisque la vie passe devant moi, je vais l'arrêter au passage. Tu ne sais pas? Nichette se marie. Elle épouse Gustave ce matin. Nous la verrons. Cela nous fera du bien d'entrer dans une église, de prier Dieu et d'assister au bonheur des autres. Quelle surprise la Providence me gardait pour le premier jour de l'année! Mais dis-moi donc encore que tu m'aimes!

ARMAND.

Oui, je t'aime, Marguerite, toute ma vie est à toi.

MARGUERITE, à Nanine qui est rentrée.

Nanine, donne-moi tout ce qu'il faut pour sortir.

ARMAND.

Bonne Nanine! Vous avez eu bien soin d'elle; merci!

MARGUERITE.

Tous les jours, nous parlions de toi toutes les deux; car personne n'osait plus prononcer ton nom. C'est elle qui me consolait, qui me disait que nous nous reverrions! Elle ne mentait pas. Tu as vu de beaux pays. Tu m'y conduiras.

Elle chancelle.

ARMAND.

Qu'as-tu, Marguerite? Tu pâlis!...

MARGUERITE, avec effort.

Rien, mon ami, rien! Tu comprends que le bonheur ne

rentre pas aussi brusquement dans un cœur désolé depuis longtemps, sans l'oppresser un peu.

Elle s'assied et rejette sa tête en arrière.

ARMAND.

Marguerite, parle-moi! Marguerite, je t'en supplie!

MARGUERITE, revenant à elle.

Ne crains rien, mon ami; tu sais, j'ai toujours été sujette à ces faiblesses instantanées. Mais elles passent vite; regarde, je souris, je suis forte, va! C'est l'étonnement de vivre qui m'oppresse!

ARMAND, lui prenant la main.

Tu trembles!

MARGUERITE.

Ce n'est rien! — Voyons, Nanine, donne-moi donc un châle; un chapeau...

ARMAND, avec effroi.

Mon Dieu! mon Dieu!

MARGUERITE, ôtant son châle avec colère, après avoir essayé de marcher.

Je ne peux pas!

Elle tombe sur le canapé.

ARMAND.

Nanine, courez chercher le médecin!

MARGUERITE.

Oui, oui; dis-lui qu'Armand est revenu, que je veux vivre, qu'il faut que je vive... (Nanine sort.) Mais si ce retour ne m'a pas sauvée, rien ne me sauvera. Tôt ou tard, la créature humaine doit mourir de ce qui l'a fait vivre. J'ai vécu de l'amour, j'en meurs.

ARMAND.

Tais-toi, Marguerite; tu vivras, il le faut!

MARGUERITE.

Assieds-toi près de moi, le plus près possible, mon Armand, et écoute-moi bien. J'ai eu tout à l'heure un moment de colère contre la mort ; je m'en repens ; elle est nécessaire, et je l'aime, puisqu'elle t'a attendu pour me frapper. Si ma mort n'eût été certaine, ton père ne t'eût pas écrit de revenir...

ARMAND.

Écoute, Marguerite, ne me parle plus ainsi, tu me rendrais fou. Ne me dis plus que tu vas mourir, dis-moi que tu ne le crois pas, que cela ne peut être, que tu ne le veux pas !

MARGUERITE.

Quand je ne le voudrais pas, mon ami, il faudrait bien que je cédasse, puisque Dieu le veut. Si j'étais une sainte fille, si tout était chaste en moi, peut-être pleurerais-je à l'idée de quitter un monde où tu restes, parce que l'avenir serait plein de promesses, et que tout mon passé m'y donnerait droit. Moi morte, tout ce que tu garderas de moi sera pur ; moi vivante, il y aura toujours des taches sur mon amour... Crois-moi, Dieu fait bien ce qu'il fait...

ARMAND, se levant.

Ah ! j'étouffe.

MARGUERITE, le retenant.

Comment ! c'est moi qui suis forcée de te donner du courage ? Voyons, obéis-moi. Ouvre ce tiroir, prends-y un médaillon... c'est mon portrait, du temps que j'étais jolie ! Je l'avais fait faire pour toi ; garde-le, il aidera ton souvenir plus tard. Mais, si, un jour, une belle jeune fille t'aime et que tu l'épouses, comme cela doit être, comme je veux que cela soit, et qu'elle trouve ce portrait, dis-lui que c'est celui d'une amie qui, si Dieu lui permet de se tenir dans le coin le plus obscur du ciel, prie Dieu tous les jours pour elle et pour toi. Si elle est jalouse du passé, comme nous le sommes souvent, nous autres femmes, si elle te demande le sacrifice de ce portrait, fais-le-lui sans crainte, sans remords; ce sera justice, et je te pardonne d'avance. — La femme qui aime souffre trop quand elle ne se sent pas aimée... Entends-tu, mon Armand, tu as bien compris?

SCÈNE IX

Les Mêmes, NANINE, puis NICHETTE, GUSTAVE et GASTON.

Nichette entre avec effroi et devient plus hardie, à mesure qu'elle voit Marguerite lui sourire et Armand à ses pieds.

NICHETTE.

Ma bonne Marguerite, tu m'avais écrit que tu étais mourante, et je te retrouve souriante et levée.

ARMAND, bas.

Oh! Gustave, je suis bien malheureux!

MARGUERITE.

Je suis mourante, mais je suis heureuse aussi, et mon bonheur cache ma mort. — Vous voilà donc mariés! — Quelle chose étrange que cette première vie, et que va donc être la seconde?... Vous serez encore plus heureux qu'auparavant. — Parlez de moi quelquefois, n'est-ce pas? Armand, donne-moi ta main... Je t'assure que ce n'est pas difficile de mourir. (Gaston entre.) Voilà Gaston qui vient me chercher... Je suis aise de vous voir encore, mon bon Gaston. Le bonheur est ingrat : je vous avais oublié... (A Armand.) Il a été bien bon pour moi... Ah! c'est étrange.

Elle se lève.

ARMAND.

Quoi donc?...

MARGUERITE.

Je ne souffre plus. On dirait que la vie rentre en moi...

j'éprouve un bien-être que je n'ai jamais éprouvé... Mais je vais vivre !... Ah ! que je me sens bien !

Elle s'assied et paraît s'assoupir.

GASTON.

Elle dort !

ARMAND, avec inquiétude, puis avec terreur.

Marguerite ! Marguerite ! Marguerite ! (Un grand cri. — Il est forcé de faire un effort pour arracher sa main de celle de Marguerite.) Ah ! (Il recule épouvanté.) Morte ! (Courant à Gustave.) Mon Dieu ! mon Dieu ! que vais-je devenir ?...

GUSTAVE, à Armand.

Elle t'aimait bien, la pauvre fille !

NICHETTE, qui s'est agenouillée.

Dors en paix, Marguerite ! il te sera beaucoup pardonné, parce que tu as beaucoup aimé !

FIN DE LA DAME AUX CAMÉLIAS.

DIANE DE LYS

DRAME EN CINQ ACTES

Représenté pour la première fois, à Paris,
sur le théâtre du Gymnase-Dramatique, le 15 novembre 1853.

A

MADAME ROSE CHÉRI

HOMMAGE DE L'AUTEUR RECONNAISSANT

A. DUMAS FILS.

SAINT-CLOUD

I

Hier, nous sommes partis au fond d'une voiture
Enlacés l'un à l'autre, ainsi que deux frileux,
Emportant, à travers une sombre nature,
Le printemps éternel qui suit les amoureux.

Nous avions confié le sort de la journée
Au cocher, qui devait nous mener au hasard,
Où bon lui semblerait, et notre destinée
Reposait dans ses mains à compter du départ.

Cet homme pour Saint-Cloud avait des préférences !
Eh bien, va pour Saint-Cloud, c'est un charmant pays.
D'ailleurs, quand nous mêlons nos douces confidences,
Peu m'importe l'endroit, je suis bien où je suis.

A la grille du parc il nous fit donc descendre.
Le parc était désert, triste et silencieux ;
Le vent roulait au ciel des nuages de cendre,
Les arbres étaient noirs et les chemins boueux.

Nous nous mîmes à rire. En vérité, madame,
C'était risible à voir ; mais on ne voyait pas,
Et j'en suis enchanté, la belle et noble dame
Qui relevait sa robe et laissait voir ses bas.

Vous aviez l'embarras, embarras plein de grâce,
Des femmes comme il faut qui marchent, n'ayant pas
L'habitude d'aller à pied, et votre race
Aurait pu se prouver rien que par vos faux pas.

Vous teniez d'une main votre robe de soie,
Relevée en deux plis par devant ; vos jupons,
Dentelés et brodés, se donnaient cette joie
De rire avec la boue en battant vos talons.

Vos pieds, à chaque instant, s'enfonçaient dans la terre,
Comme si cette terre eût voulu vous garder.
Pour les ravoir après, c'était toute une affaire,
Et vous n'aviez pas trop de moi pour vous aider.

La belle promenade ! et l'agréable chose
Que l'amour dans les bois, par un temps pluvieux !
La bise vous faisait un petit nez tout rose,
Empourprait votre joue et mouillait vos grands yeux.

Eh bien, c'était charmant plus qu'en la saison verte.
Le parc était à nous, à nous seuls, à nous deux ;
Pas un visage humain sur la route déserte ;
Pas d'importun témoin qui nous cherchât des yeux.

Nous avons traversé les longues avenues,
Que terminait toujours le même horizon gris,
Sans même regarder les Déesses connues,
Posant, en marbre blanc, sous les arbres maigris.

Nous sommes arrivés près d'un bassin où rôde
Un cygne encor plus blanc que le lait, et nageant
Silencieusement ; et, comme une émeraude,
L'eau verte reflétait le bel oiseau d'argent.

Il vint nous demander quelque chose, une miette
De pain ; et, pour nous plaire, il tordait son beau cou.
Vous lui dites alors : « Pauvre petite bête,
Je ne le savais pas, et je n'ai rien du tout. »

Si bien qu'il nous quitta, nous méprisant sans doute,
Et s'en alla, rayant le miroir du bassin,

A côté du jet d'eau, qui, tombant goutte à goutte,
Faisait, à lui tout seul, tout le bruit du jardin.

Nous restâmes alors appuyés l'un sur l'autre,
Regardant le beau cygne, écoutant le jet d'eau.
La tristesse du bois faisait cadre à la nôtre ;
Et le soir commença d'étendre son rideau.

Dans ma poche je pris une clef de ma chambre,
Et, sur un piédestal, plein de mots au crayon,
A mon tour j'incrustai ces mots : *Trente décembre;*
Puis auprès de ces mots je gravai votre nom.

Maintenant, quand l'été va rire dans les arbres,
Quand les gais promeneurs repeupleront le bois,
Quand les feuilles auront leurs reflets sur les marbres,
Quand le parc sera plein de lumière et de voix ;

A la saison des fleurs, enfin, j'irai, madame,
Revoir le piédestal portant le nom tracé,
Ce doux nom dans lequel j'emprisonne mon âme,
Et que le vent d'hier a peut-être effacé.

Qui sait où vous serez alors, ma voyageuse ?
Car, moi, je serai seul ; car vous m'aurez quitté ;
Car vous aurez repris votre route joyeuse,
En me laissant l'hiver au milieu de l'été.

Car l'hiver, ce n'est pas la bise et la froidure,
Et les chemins déserts qu'hier nous avons vus ;
C'est le cœur sans rayons, c'est l'âme sans verdure ;
C'est ce que je serai quand vous n'y serez plus.

II

Un an s'est accompli depuis cette journée
Où nous fûmes au bois nous promener tous deux.
Hélas ! j'avais prévu la triste destinée
Qui devait succéder à quelques jours heureux.

SAINT-CLOUD.

Notre amour ne vit pas la saison près de naître !
A peine un doux rayon de soleil luisait-il,
Que l'on nous séparait ; et, pour toujours peut-être,
A commencé le double et douloureux exil.

Moi, j'ai vu ce printemps sur la terre lointaine,
Sans parents, sans amis, sans espoir, sans amour,
Les yeux toujours fixés sur la route prochaine
Par où tu m'avais dit que tu viendrais un jour.

Que de fois mon regard a sondé cette route
Qui se perdait parmi des forêts de sapins,
Moins obscurs, moins épais, moins tristes que le doute
Qui m'escortait depuis un mois sur les chemins !

A quoi bon ce soleil qui fleurissait les branches,
Réchauffait la nature et les champs assoupis ?
Marguerites, à quoi servaient vos têtes blanches,
Plus hautes en avril que les jeunes épis ?

A quoi bon les senteurs de la colline grasse ?
A quoi bon les oiseaux égrenant leurs chansons ?
Que me faisaient, à moi, le cœur pris sous la glace,
La chaleur de la terre et les nids des buissons ?

Qu'à jamais le soleil se voile, s'il éclaire
En vain le long chemin au bout duquel j'attends
S'il ne ramène pas ce que mon âme espère,
Il n'est pas le soleil, il n'est pas le printemps !

Marguerites, tombez et mourez dans la plaine,
Perdez vos doux parfums et vos fraîches couleurs.
Si celle que j'attends n'aspire votre haleine,
Vous n'êtes pas l'été, vous n'êtes pas les fleurs !

Oh ! je préfère à vous l'hiver morose et sombre,
Avec ses arbres noirs et ses sentiers déserts,
Avec son œil éteint qui s'entr'ouvre dans l'ombre,
Et qui, sans nous toucher, expire dans les airs.

C'est là le vrai soleil des âmes désolées :
Rendez-moi donc l'hiver, nous nous connaissons bien,

Ma tristesse est la sœur de ses sombres allées,
Et le feu de mon cœur est froid comme le sien.

C'est ainsi que, dès l'aube, assis à ma fenêtre,
Je parlais, maudissant et le soleil et Dieu;
Puis le jour commençait, j'espérais une lettre
Qui m'eût fait pardonner au ciel d'être si bleu.

Et le jour s'enfuyait comme avait fui la veille.
Rien! — Pas un mot de vous! — L'horizon bien fermé
Ne laissait même pas venir à mon oreille
L'écho doux et lointain de votre nom aimé.

Un morceau de papier, c'est pourtant peu de chose;
Quatre lignes dessus, ce n'est pourtant pas long.
Si l'on ne veut écrire, on peut prendre une rose
Éclose le matin dans un pli du vallon;

On la peut effeuiller au fond d'une enveloppe,
La jeter à la poste, et l'exilé, venu
Du fond de son pays jusqu'au bout de l'Europe,
Peut sourire en voyant que l'on s'est souvenu.

Que de fois vous avez oublié de le faire!
Et, chaque jour, c'était un désespoir nouveau.
Mon cœur se desséchait, comme ces fruits qu'on serre
A la fin de l'été, dans l'ombre d'un caveau.

Si l'on pressait ce cœur aujourd'hui, c'est à peine
S'il en pourrait jaillir une goutte de sang.
Il n'y reste plus rien : c'était la coupe pleine
Qu'un enfant maladroit fait tomber en passant.

Nous voici revenus à la fin de l'année,
Et le Temps patient, qui ne s'arrête à rien,
Nous rend le même mois et la même journée
Où vous parliez d'amour, votre front près du mien.

C'est le même ciel gris : les routes sont désertes;
Le givre de nouveau gerce les étangs bleus.
Les arbres ont usé leurs belles robes vertes,
Le cygne rôde encor triste et silencieux.

Voilà votre doux nom que ma main vient d'écrire ;
Il est là qui sourit, dans le marbre incrusté !
Allons ! j'ai fait un rêve, et j'étais en délire ;
Allons ! j'étais un fou ! Tu ne m'as pas quitté.

La voiture là-bas nous attend à la grille ;
Partons ! Et, s'il fait beau, nous reviendrons demain.
Baisse ce voile noir sur ton regard qui brille ;
Prends garde de glisser, et donne-moi la main ;

Car il a plu. La pluie a détrempé les terres.
Approche donc ! — Hélas ! Mes sens sont égarés !
Les feuilles que je foule, aux chemins solitaires,
Sont celles du printemps qui nous a séparés.

Non, non, tu n'es plus là, toi que j'appelle et j'aime,
J'ai pris le souvenir pour la réalité ;
Et, tout à cet amour, encor, toujours le même,
J'ai vécu deux hivers de suite sans été.

Car l'été, ce n'est pas cette saison qui dure
Six mois, et que Novembre éteint d'un pied transi,
C'est du cœur rayonnant l'éternelle verdure ;
C'est ce que je serai quand tu seras ici.

1849-1850.

J'avais vingt-cinq ans lorsque j'écrivis ces vers. Ils ne sont ni bons ni mauvais, ils sont jeunes, et je ne les, cite que parce qu'ils furent le point de départ du drame qu'on va lire. Comme la *Dame aux Camélias*, cette pièce est le contre-cri d'une émotion personnelle à laquelle l'Art est venu donner un développement et une conclusion logiques qui lui ont manqué heureusement sur la terre. Ainsi est-il de beaucoup d'œuvres de l'esprit, quant à leur origine. Ajoutons bien vite que, dans ce travail opéré sur le vif, la supposition et l'imagination du poète entrent pour la plus grosse somme. Son œuvre est née souvent d'un détail des plus vulgaires, commun à tous, et qui n'a pris son importance que par l'âme particulière à laquelle il s'est heurté. Mille autres hommes ont passé par la même épreuve que le poète ; mais, n'étant pas disposés à vibrer comme lui, ils n'en ont tiré ni une émotion pour eux-mêmes, ni une leçon pour les autres. C'est dans cette identité des premiers événements que les autres se retrouvent plus tard et c'est pour cela qu'ils proclament le poète moraliste et voyant. D'autre part, la douleur et le chagrin ont tué nombre de gens à qui il ne manquait, pour les vaincre, que la faculté d'engendrer un livre ou une comédie. Qui se répand se calme. Du reste, le procédé paraît tout simple à l'examen chimique. La passion, en traversant l'âme du poète, y dépose les particules vivaces qui doivent servir plus tard à l'enfantement de l'œuvre, et, quand le cœur a fini, le cerveau commence. Il saisit alors le germe et le développe à la chaleur du grand foyer, et, transformée, épurée, équilibrée, il rejette sa sensation à la foule, en lui disant : « A ton tour de souffrir. » Aussitôt tous ceux qui ont aimé, qui ont pleuré, qui ont souffert du même mal, accourent et communient dans l'œuvre qui les contient. De cet homme qui fut lui, le poète a formé un homme qui est nous, en généralisant son drame personnel, en le rattachant aux causes universelles, en y associant l'humanité tout entière ; et, quand il nous a bien apitoyés sur sa douleur qui fut la nôtre, il en est guéri pour jamais, parce qu'il l'a divisée à l'infini. C'est ainsi que Shakspeare et Molière ont *utilisé* leurs amours, leurs passions, leurs jalousies, leurs désespoirs, et jusqu'à leurs ridicules.

Mais, conséquence naturelle, le cœur et le cerveau contractent bientôt l'habitude, et peu à peu le besoin de ces fortes secousses qui étreignent l'un et développent l'autre, celui-ci au détriment de celui-là. On s'endurcit donc peu à peu au choc incessant des passions, à ce va-et-vient d'impressions que l'âme reçoit et qu'elle expédie immédiatement à l'esprit comme un bagage ou un aliment, et les agitations que le poète a subies malgré lui jadis, sous lesquelles il a crié, il les appelle à cette heure, il les cherche avec préméditation, il s'y jette avec une naïveté apparente, pour les explorer en détail, armé d'une lampe de sûreté comme un mineur qui veut découvrir un nouveau filon sans risquer sa vie. Il doit y avoir encore quelque chose au fond de ce sentiment, de cette passion qu'il n'a pas, selon lui, suffisamment rendus la première fois. Il y revient, il les retourne, il les gratte, il fait contracter le nerf, il envenime la plaie pour bien savoir ce que c'est que la douleur; il étreint son cœur et quelquefois le cœur de ceux qui l'aiment, pour s'assurer que la dernière goutte de sang est aussi rouge et aussi chaude que la première. Le cas échéant, il s'arrachera un morceau du cœur à lui ou aux autres, pour le jeter au cerveau de plus en plus avide et toujours prêt. Ces hommes seraient des monstres s'ils avaient la conscience de ce qu'ils font, s'ils n'obéissaient pas à une puissance mystérieuse dont ils ne sont pas les maîtres, si le Génie enfin n'était pas l'excuse divine.

Cependant, quand ils ne sont pas morts dans cette lutte, car c'en est une, l'âge arrive, et avec lui des transformations et des curiosités d'un autre ordre. Alors, l'observation désintéressée, froide, gaie, railleuse, impersonnelle, implacable, succède aux troubles naturels ou cherchés. Ce qui le faisait pleurer, ce poète, le fait rêver; ce qui le faisait rêver, le fait sourire; ce qui le faisait sourire, le fait rire aux éclats; il parcourt ainsi toute la gamme de l'art, et c'est ainsi qu'il peut être sentimental avec Roméo, jaloux avec le More, sombre avec Hamlet, misanthrope avec Timon, railleur avec Falstaff. Tous ceux qui sont de la même race, ne fussent-ils pas de la même force, procèdent de la même manière à des degrés différents. Enfin, un jour, je parle des robustes, ces hommes n'ont plus qu'à regarder en eux-mêmes pour voir s'agiter l'homme tout entier, avec ses illusions, ses passions, ses vices, ses folies de toute sorte, et, comme ils n'ont plus rien à apprendre, de guerre lasse, ils s'assoient pour ainsi dire en dehors de la vie, et regrettent, en se méprisant et en regardant passer la foule, de n'avoir pas vécu comme elle.

Vous vous expliquez maintenant l'indifférence, l'ingratitude presque inévitables de ceux et surtout de celles dont l'existence a été volontairement ou forcément attachée à l'existence de ces hommes. Comme ceux-là font partie nécessairement de la race commune, et comme il faut être presque l'égal d'un grand homme pour se dévouer à lui avec tous les sacrifices et tous les silences du dévouement, ils ne comprennent rien à cette puissante organisation, dont l'ombre les efface et dont le rayonnement les aveugle. Ils perdent patience, ils se découragent, ils sont humiliés de venir toujours après, de n'être personne et de ne pouvoir lui procurer toutes les sensations qu'il cherche ni concentrer sur eux toutes celles qu'il pourrait donner. Alors, ils se détachent, ils quittent l'orbite de l'astre et s'en vont demander à leurs semblables, à ceux de leur taille, les sentiments étroits et les jouissances vulgaires qui sont l'air vital des âmes moyennes.

De là ces catastrophes, ces séparations, ces adultères et ces grands cris de douleur poussés par les poètes dans une grande œuvre qui les immortalise en même temps que, par un sous-entendu avec la foule, elle flétrit à tout jamais l'indigne créature qui les a torturés. Et la Béjart rit sous Agnès et sous Célimène, et Molière pleure dans Arnolphe et dans Alceste. La coquine! le malheureux! Et la postérité déshonore éternellement la femme et pleure éternellement sur l'homme!

Eh bien, la postérité a tort.

Cet homme n'est pas à plaindre. Il a enfanté dans les conditions de l'enfantement, avec des cris. De sa douleur a jailli un chef-d'œuvre? Qui n'accepterait le marché? Et, d'ailleurs, quand on veut être au-dessus de l'humanité, ce n'est pas pour que le premier venu puisse vous suivre. Et faut-il tout vous dire? Cet homme n'a même pas souffert, dans la vraie acception du mot. Quand on souffre véritablement, — on se tait; — quand on souffre trop, — on se tue; mais celui qui peut donner une forme littéraire à sa douleur, qui peut la soumettre à un rythme harmonieux, qui la discute rationnellement, qui la rature, qui la nuance, qui la ponctue, qui lui adjoint la satire, l'observation, la gaieté pour la mettre en équilibre, qui la fait interpréter pas des comédiens, imprimer par un éditeur, vendre par un libraire et lire par tout le monde, celui-là n'a pas souffert. Il a bien vu ce qu'il a senti, et il a bien traduit ce qu'il a vu. Ne le jugeons ni selon nos petites douleurs, ni selon nos petites joies dont il ne s'est pas contenté. Il plane dans un monde à part et n'a de commun avec nous que ce qu'il a su nous prendre. Ne le plaignons pas, admirons-le; c'est tout ce qu'il demande et tout ce qu'il mérite.

. . . .

Le drame de *Diane de Lys* a été écrit en 1852, interdit pendant huit mois, et rendu l'année suivante. Pourquoi a-t-il été interdit? Pourquoi a-t-il été rendu? Mystère. Il a couru à ce sujet une foule de versions que j'ai laissées courir parce qu'elles ne pouvaient que servir à l'auteur en le posant en victime. On disait que MM. les censeurs prenaient ainsi leur revanche de *la Dame aux Camélias*. — Parfait! — Que M. de Persigny voulait me punir d'avoir décliné l'honneur d'écrire la cantate du 15 août précédent. — Bravo! — Qu'un ambassadeur étranger avait demandé cette mesure, ce drame étant l'histoire d'une grande dame de son pays. Voyez-vous cet ambassadeur réclamant pour les grandes dames de son pays la spécialité de l'adultère, et obtenant d'un grand pays comme la France la suppression d'un ouvrage qu'il ne connaît pas. Tout cela était excellent, et se termina ainsi: la pièce fut rendue sans autres changements *que ceux que je croirais devoir faire. (Much ado about nothing.)*

C'est à propos de *Diane de Lys* que j'ai fait connaissance avec le directeur du Gymnase, par l'intermédiaire d'un ami commun. Je trouvai dans Montigny un homme si intelligent, si loyal et si bon, que je contractai aussitôt amitié avec lui, comme lui avec moi, j'espère pour les mêmes raisons; je m'en suis, depuis lors, tenu à son théâtre, et je n'ai eu qu'à m'en louer. Je réponds ainsi d'un mot à ces observations qui m'ont été adressées souvent : « Pourquoi n'écrivez-vous pas pour telle ou telle scène? Il faut changer de public, etc., etc. » Le public est le même partout et j'ai écrit pour le Gymnase comme j'aurais écrit pour le premier théâtre du monde, le désir que j'avais de réussir étant là ce qu'il eût été ailleurs, et puis il n'y a pas de petites scènes et de grandes scènes, il y a des pièces bonnes, ou médiocres, ou mauvaises. Elles restent partout ce qu'elles sont; le monument ne leur ajoute et ne leur retranche rien.

Le rôle de Diane de Lys fut créé par cette admirable madame Montigny, dont l'avenir conservera la mémoire dans deux noms toujours frais, toujours jeunes, toujours purs : Rose Chéri, car la postérité se plaît à retrancher du nom de ceux qu'elle choisit tout ce qui peut les matérialiser, tout ce qui rappellerait leur existence mortelle, tout ce qui, en les alourdissant, les empêcherait, pour ainsi dire, de flotter dans les éternelles transparences. De la jeune fille irréprochable, de l'épouse dévouée, de la mère sublime jusqu'à en mourir, on ne dira peut-être pas tout ce qui devrait être dit; mais de l'ensemble harmonieux qui fut cette personne exceptionnelle résultera un être légendaire, Rose Chéri, qui sera comme la patronne de la corporation des comédiens. Nous-même qui avons connu, estimé, admiré, aimé cette femme d'un mérite si rare, nous ne savons déjà plus comment parler d'elle, et nous demandons en vain à notre langue de restituer son image et de fixer son souvenir. S'il nous était permis de composer son épitaphe définitive, nous nous contenterions de paraphraser celle de Lucrèce, et nous graverions sur sa tombe :

« Elle fut grande artiste et fila de la laine. »

Février 1868.

PERSONNAGES

                                         Acteurs
                           qui ont créé les rôles.

PAUL AUBRY	MM. BRESSANT.
LE COMTE DE LYS	LAFONTAINE.
MAXIMILIEN	DUPUIS.
TAUPIN	LESUEUR.
LE DUC	ARMAND.
DE BOURSAC	T. BLONDEL.
UN DOMESTIQUE	LOUIS.
DIANE	Mmes ROSE CHÉRI.
MARCELINE	FIGEAC.
LA MARQUISE	LEMERLE.
MADAME DE LUSSIEU	MÉLANIE.
JULIETTE	JUDITH FEREYRA.
AURORE	BODIN.
JENNY	RAMELLI.
UNE FILLE D'HÔTEL	JOSÉPHINE.

La scène est à Paris, aux premier, deuxième, troisième et cinquième actes; à Lyon, au quatrième acte.

DIANE DE LYS

ACTE PREMIER

Un atelier de peintre. — A gauche, vitres et grands rideaux. — Au fond, à gauche, porte ; à droite, escalier intérieur en bois conduisant à une chambre ; tableaux sur leurs chevalets, la Vénus de Milo, poêle, piano, divan, bahut de chêne, grande horloge au-dessus du piano, estrade pour les modèles, étoffes, tentures, panoplies.

SCÈNE PREMIÈRE

PAUL, à son chevalet, AURORE, posant en robe Louis XV sur l'estrade, TAUPIN, couché sur un divan et lisant un journal.

PAUL, à Aurore.

Le bras plus arrondi, bien ; tu es fatiguée ?

AURORE.

Un peu...

PAUL.

Encore un moment.

TAUPIN.

Où est le tabac ?

PAUL.

Sur le piano.

TAUPIN se lève, fait une cigarette, l'allume, se recouche sur le divan ;
il lit le journal.

« Nouvelles diverses... » (A Paul.) Est-ce que vous lisez autre chose que les nouvelles diverses dans un journal?

PAUL.

Jamais!

TAUPIN.

Il y en a quelquefois de bonnes... (Il lit.) « Avant-hier, une jeune fille s'est précipitée du Pont-Royal dans la Seine; quand on l'a retirée, le lendemain, ce n'était plus qu'un cadavre! » Quelle jolie rédaction! « On attribue ce suicide à une peine d'amour. Ce qui le fait croire, c'est une lettre trouvée sur elle et adressée à un jeune homme qu'elle aimait et qui l'avait abandonnée pour se marier. »

AURORE.

Comment! elle n'avait pas prévu ça?

PAUL.

C'était peut-être son premier amant.

TAUPIN.

Quel est l'homme qui peut dire qu'il a été le premier amant d'une femme?

PAUL.

Le dernier à qui elle le dit. (A Aurore.) Tiens-toi plus droite.

TAUPIN.

Enfin il vaut mieux qu'elle en ait fini de cette façon. Si elle avait survécu au mal qu'on lui faisait, elle s'en serait vengée plus tard sur quelque autre homme qui ne lui aurait fait que du bien.

AURORE.

Vous arrangez bien les femmes, vous!

PAUL, à Taupin.

Vous ne travaillez donc pas aujourd'hui?

ACTE PREMIER.

TAUPIN.

Non, je me suis donné congé jusqu'à demain. J'ai achevé ma statue hier.

PAUL.

Qu'est-ce qu'elle représente ? Est-elle bien venue ?

TAUPIN.

Ma foi, non.

PAUL.

De la modestie !

TAUPIN.

Du découragement, tout au plus. Je trouve notre métier si bête ! Vous me demandez ce qu'elle représente, ma statue ? Elle représente une Vénus ! puisque nous sommes condamnés à Vénus, nous autres sculpteurs : Vénus de Médicis, Vénus accroupie, Vénus Callypige, Vénus pudique, Vénus Anadyomène : toujours Vénus. Tant que nous n'avons pas fait de Vénus, on dit que nous ne savons rien faire. Dès que nous avons fait une femme nue, on dit que c'est une Vénus, et, dès que notre Vénus est faite, on dit qu'elle ne vaut pas la Vénus de Milo,... une femme qui a la tête trop petite, la gorge trop bas, le cou trop fort, les jambes trop longues et pas de bras. — Ah ! quel métier absurde ! Et puis, à quoi bon ?... Quand on y songe, est-il rien de plus ridicule que notre métier d'homme ? Se lever, s'habiller, travailler, avoir besoin d'argent, boire, manger — quelquefois, — dormir — pas toujours ; tout cela, pendant un certain nombre d'années, avec accompagnement de misères, de déceptions, de douleurs, de regrets, de souvenirs, de remords, pour en arriver à quoi ? à être enfermé comme un jeu de dominos, dans une boîte de bois blanc, si l'on est pauvre, de bois de chêne, si l'on est riche, et à faire là dedans la plus piteuse grimace que l'on puisse imaginer... C'est insensé, je le déclare, et l'état d'homme est le plus méprisable de tous les états.

Il se lève.

AURORE.

Taupin est dans son jour de misanthropie. Ayez vingt-cinq ans, Taupin; aimez une belle fille, et vous trouverez la vie superbe.

TAUPIN.

L'amour? Merci, j'en ai assez. Voilà une chose que je comprends qu'on désire, que je comprends qu'on regrette, mais que je ne comprends pas qu'on fasse.

AURORE.

Dites donc, Taupin, il y a des femmes dans la maison. Si vous n'aimez plus l'amour, n'en dégoûtez pas les autres.

TAUPIN se met nonchalamment au piano et joue quelques mesures.

Qu'est-ce que c'est que cette chanson manuscrite que vous avez là?

PAUL.

C'est un vieil air arrangé...

TAUPIN.

Quand on pense qu'il y a des gens qui composent de la musique... Voilà encore une drôle de chose.

PAUL.

Taupin, Taupin, vous devenez navrant, mon bon ami. (A Aurore.) La tête un peu plus en arrière... Bien!

TAUPIN fredonne en s'accompagnant.

> Je suis pris par une femme,
> Cheveux blonds et teint de lait;
> Aussi fait-elle à mon âme
> Autant de mal qu'il lui plaît.
> Valentin! — Monsieur!...

(Parlé.) Qu'est-ce que ça signifie?

AURORE.

C'est la chanson de *Valentin*

ACTE PREMIER.

TAUPIN.

Qu'est-ce que c'est que la chanson de *Valentin?*

AURORE.

C'est une chanson que nous chantions tous les soirs à la campagne cet été, ce qui amusait bien les voisins, je vous en réponds.

TAUPIN.

De qui est-elle?

PAUL.

D'un pauvre garçon qui était avec nous et qui est mort depuis, si bien que la chanson est gaie et que le souvenir est triste. Il avait du talent!

AURORE.

Chante-lui donc ça, il n'en sortira jamais.

PAUL se met au piano et chante.

Je suis pris par une femme,
Cheveux blonds et teint de lait;
Aussi fait-elle à mon âme
Autant de mal qu'il lui plaît :
 Valentin !

AURORE.

Monsieur!

PAUL.

Verse, verse, verse, verse,
Verse nous du vin tout plein.
 Ah! ah! Valentin!
Verse-nous du vin tout plein.

C'est dans le vin que j'oublie,
Ma folie et ma raison;
Lise n'est pas si jolie
Que le vieux bourgogne est **bon.**
 Valentin !

AURORE.

Monsieur! etc.

Et, quand j'ai bu ma bouteille,
Je ris de Lise à mon tour!
Je la trouve laide et vieille,
Je me fiche de l'amour.
Valentin!

AURORE.

Monsieur! etc.

TAUPIN.

Elle n'est pas mal, sa chanson.

PAUL.

Dites donc, mon petit Taupin, voulez-vous me rendre un service, pour ma peine?

TAUPIN.

Parbleu!

PAUL.

Cet imbécile de père Léopold devait venir chercher ce tableau aujourd'hui et m'apporter de l'argent, mais il paraît qu'il l'a oublié.

TAUPIN.

Il ne l'a pas oublié; seulement, en vous faisant attendre jusqu'à demain, il espère l'acheter meilleur marché.

PAUL.

C'est possible! Voulez-vous ouvrir le tiroir de la commode, là-haut dans ma chambre?

TAUPIN.

Après?

PAUL.

Vous y trouverez deux cent cinquante francs.

AURORE.

Comment! tu as deux cent cinquante francs, toi?

PAUL.

Oh! ne t'y fie pas, cela ne m'arrive pas souvent... (A Taupin.) Vous en prendrez cent cinquante et vous aurez

ACTE PREMIER. 211

la bonté de les expédier à ma mère, par la poste qui est à côté d'ici.

TAUPIN.

Y a-t-il une lettre d'envoi?

PAUL.

Non. J'avais d'abord commencé une lettre, mais il faut que l'argent parte, c'est le plus pressé.

TAUPIN.

J'y cours.

PAUL.

Revenez ici, nous dînerons ensemble.

TAUPIN.

C'est dit.

Il monte l'escalier et entre dans la chambre.

PAUL, allant à Aurore.

Le bras un peu plus haut, là!.. Je te demande pardon de te faire poser si longtemps; mais je veux finir aujourd'hui.

AURORE.

Oh! je ne suis pas fatiguée.

TAUPIN, reparaissant au haut de l'escalier.

Je descends par l'escalier de votre chambre.

PAUL.

Oui, oui!...

SCÈNE II

PAUL, AURORE.

AURORE.

Ce pauvre Taupin,... il a l'air tout triste.

Fredonnant.

Je suis pris par une femme,
Cheveux bonds et teint de lait.

Qui est-ce qui a fait ces vers-là?

PAUL.

Je te l'ai dit, c'est Hippolyte.

AURORE.

Il aime donc les blondes?

PAUL.

Il les aimait.

AURORE.

Comment peut-on aimer les blondes! Tu n'aimes que les brunes, toi?

PAUL.

Oui.

AURORE.

Comme tu me dis ça.

PAUL.

Je ne sais pas le dire autrement.

AURORE.

J'ai un peu mal à la tête, moi.

PAUL.

Tu as faim?

AURORE.

Me mèneras-tu dîner?

PAUL.

Si tu veux.

AURORE.

Oui, je veux. Au fait, non, je dînerai chez Julie.

PAUL.

Il y a de la suite dans tes idées.

AURORE.

Est-ce fini?

PAUL.

Tu es libre.

ACTE PREMIER.

AURORE venant.

C'est très ressemblant !

PAUL.

Tu es satisfaite ?

AURORE.

Oui,... seulement, à ta place, je mettrais un peu plus d'épaule dans la lumière.

PAUL.

Elle a pourtant raison.

Il redonne quelques touches.

AURORE.

Tu vois que je suis artiste aussi, moi. Ah çà ! où donc le père Mahulot a-t-il mis mes affaires ?

PAUL.

Là-bas, dans le bahut.

AURORE, après avoir cherché.

Voilà.

PAUL.

Au fait, je voudrais bien savoir pourquoi tu as apporté tes affaires ici.

AURORE.

Afin, quand j'aurai posé longtemps, d'avoir au moins de quoi changer, si je ne veux pas rentrer chez moi.

PAUL.

C'est assez juste.

AURORE.

Où est donc ma robe ?

PAUL.

Sur le fauteuil.

AURORE.

Merci !... (Elle a ôté sa robe Louis XV.) On frappe.

PAUL.

Entrez !

AURORE.

Eh bien, et moi?

PAUL, faisant sa palette.

De la pudeur, Aurore?... Je ne vous reconnais plus.

MAXIMILIEN, qui ne voit qu'Aurore.

Pardon, madame! M. Paul Aubry?

AURORE, se cachant derrière sa robe, qu'elle n'a pas eu le temps de remettre.

Il est là, monsieur.

MAXIMILIEN.

Merci!

PAUL.

Maximilien! Je te croyais parti.

MAXIMILIEN.

Je ne serais pas parti sans être venu te revoir,... tu sais bien...

PAUL.

Oui, oui. (A Aurore.) Chère enfant, j'ai à causer avec monsieur, et puis il faut que je m'habille. Voici ce que tu vas faire; tu vas aller chez ton amie.

AURORE.

Chez Julie?

PAUL.

J'irai t'y rejoindre ce soir.

AURORE.

Nous jouerons au loto, en attendant.

PAUL.

Joue au loto, c'est un jeu sain.

AURORE.

Ou bien nous irons au spectacle.

PAUL.

C'est encore une idée... Vous direz à la portière où vous allez, j'irai peut-être vous rejoindre.

AURORE.

Tâche. A tantôt, alors.

PAUL.

A tantôt.

AURORE, à Maximilien.

Adieu, monsieur.

MAXIMILIEN, saluant.

Mademoiselle !...

Aurore sort.

SCÈNE III

PAUL, MAXIMILIEN.

PAUL.

Je suis tout à toi.

MAXIMILIEN.

Elle est gentille, cette petite femme.

PAUL.

Tu remarques donc toujours les femmes, toi ?

MAXIMILIEN.

Toujours ! C'est la maîtresse de la maison ?

PAUL.

Tu es donc toujours curieux ?

MAXIMILIEN.

Habitude d'ambassade.

PAUL.

A propos d'ambassade, où vas-tu maintenant ?

MAXIMILIEN.

Je crois que je vais être premier secrétaire.

PAUL.

Où ?

MAXIMILIEN.

A Berlin.

PAUL.

Tu ne perds pas de temps.

MAXIMILIEN.

Je le crois bien ! Je suis arrivé d'Amsterdam, il y a quinze jours.

PAUL.

Gagnes-tu au change ?

MAXIMILIEN.

Évidemment : la Prusse vaut mieux que la Hollande ; il y a toujours moins de Hollandais.

PAUL.

Oui, mais il y a plus de Prussiens.

MAXIMILIEN.

C'est vrai ! je n'avais pas songé à ça.

PAUL.

Reviens à ce qui t'amène.

MAXIMILIEN.

Je parie que tu l'as oublié...

PAUL.

Moi ! je n'oublie rien. Veux-tu que je te rapporte tes propres paroles ?

MAXIMILIEN.

Rapporte.

PAUL.

Tu m'as dit : « Mon cher Paul, j'aurai un service à te demander prochainement. » Je t'ai dit : « Quand tu voudras ! » et tu m'as dit : « Eh bien, je reviendrai. » Cependant, comme ce n'était pas tout à fait une explication que tu me donnais là et que je tenais à savoir quel genre de service je pourrais te rendre, je te l'ai demandé ; à quoi tu m'as répondu qu'il s'agissait tout bonnement de te prêter mon atelier pendant une heure le soir, et que tu viendrais me prévenir de l'heure.

MAXIMILIEN.

Et tu as supposé?

PAUL.

Que tu veux commencer la peinture.

MAXIMILIEN.

Le soir?

PAUL.

Ou bien que tu as à causer avec quelqu'un qui ne peut ni venir chez toi ni te recevoir chez...

MAXIMILIEN.

Chez elle. Eh bien, l'heure est venue et tu n'as plus qu'à sortir en laissant ta clef sur la porte.

PAUL.

Voilà! tout est prévu.

MAXIMILIEN.

Habitude d'ambassade! Seulement...

PAUL.

Oh! il y a un adverbe!

MAXIMILIEN.

Supposons que la conférence se prolonge, comment rentreras-tu?

PAUL.

J'ai un escalier extérieur qui conduit à ma chambre.

MAXIMILIEN.

A merveille! Mais, si le hasard faisait que tu te rencontrasses dans le jardin avec cette personne?

PAUL.

Je n'aurais pas l'air de la voir, bien entendu.

MAXIMILIEN.

Tu es un amour !

PAUL.

Crois-tu ?

MAXIMILIEN.

J'en suis sûr... Dis donc.

PAUL.

Quoi ?

MAXIMILIEN.

Cette jeune femme...

PAUL.

Quelle jeune femme ?

MAXIMILIEN.

Qui sort de chez toi.

PAUL.

Eh bien ?

MAXIMILIEN.

Elle ne viendra pas ce soir ?

PAUL.

Non.

MAXIMILIEN.

C'est que, tu comprends, si elle se trouvait avec l'autre.

PAUL.

Cela ferait une belle affaire, parce que, probablement, cette autre n'est pas une grisette comme Aurore ?

MAXIMILIEN.

On l'appelle Aurore ?

PAUL.

Oui.

MAXIMILIEN.

C'est un nom charmant.

PAUL.

Tu es bien bon. D'ici à l'heure de ton rendez-vous, que fais-tu?

MAXIMILIEN.

Je cours dire à mon oncle, qui m'attend pour dîner, qu'il ne compte pas sur moi. Il faut des procédés, j'hérite de lui.

PAUL.

Sans cela, nous aurions dîné ensemble.

MAXIMILIEN.

Un autre jour. Ah! je pense encore à une chose.

PAUL.

Laquelle?

MAXIMILIEN.

Dans le cas où j'aurais besoin une seconde fois de ton atelier?

PAUL.

A la même heure?

MAXIMILIEN.

Probablement.

PAUL.

Il serait toujours à ta disposition.

MAXIMILIEN.

C'est que la personne en question ne pourra peut-être rester que quelques instants ce soir... Elle ne pourra peut-être même pas venir.

PAUL.

Tu ne l'as donc pas vue?

MAXIMILIEN.

Mais non, je ne l'ai pas vue, puisque c'est pour la voir que je viendrai.

PAUL.

Tu lui as écrit?

MAXIMILIEN.

Oui.

PAUL.

Et elle t'a fait dire...?

MAXIMILIEN.

Elle ne m'a pas répondu.

PAUL.

Tu appelles ça un rendez-vous, toi?

MAXIMILIEN.

Elle viendra.

PAUL.

Tu as donc beaucoup d'influence sur elle?

MAXIMILIEN.

Je suis dans une situation toute particulière vis-à-vis de cette femme. J'ai dû l'épouser autrefois. C'est toute une histoire! On m'a fait partir; on l'a mariée en mon absence; il faut absolument que je la revoie.

PAUL.

Et, pour cela, tu lui écris tout bonnement de venir chez moi?

MAXIMILIEN.

Oui, à huit heures.

PAUL.

Et tu crois qu'elle viendra?

MAXIMILIEN.

Je lui ai écrit qu'il s'agit de choses de la plus grande importance, et, comme je sais qu'elle est curieuse...

PAUL.

Et c'est une femme mariée?

MAXIMILIEN.

Mariée.

PAUL.

Du monde?

MAXIMILIEN.

Du plus grand monde.

PAUL.

Et tu l'aimes?

MAXIMILIEN.

Je le saurai demain. Là-dessus, je te quitte; mon oncle doit s'impatienter : s'il allait me déshériter pour occuper le temps. Adieu!

PAUL.

Au revoir, ingrat! Donne les ordres toi-même au père Mahulot.

MAXIMILIEN.

Qu'est-ce que c'est que le père Mahulot?

PAUL.

C'est mon portier.

MAXIMILIEN.

Et s'il ne me croit pas le droit de lui donner des ordres?

PAUL.

Donne-lui vingt francs, il te croira. D'ailleurs, en sortant, je le préviendrai.

Au moment où Maximilien sort, Taupin paraît.

MAXIMILIEN.

Adieu! (A Taupin.) Pardon, monsieur!

TAUPIN.

Passez, monsieur, je vous prie.

Maximilien sort.

SCÈNE IV

PAUL, TAUPIN.

TAUPIN, allant à Paul et lui remettant un papier.

Voilà le reçu.

PAUL.

Merci, mon cher Taupin.

TAUPIN.

Qu'est-ce que c'est que ce monsieur?

PAUL.

C'est un camarade de collège qui venait me demander un service... Un charmant garçon, un peu fou... (Pendant ce temps, Paul a allumé la lampe.) Quel temps fait-il? chaud ou froid?

TAUPIN.

Entre les deux.

PAUL.

Me voilà bien renseigné.

TAUPIN.

Ah! ah! vous vous faites beau?

PAUL.

J'irai peut-être au théâtre, ce soir.

TAUPIN.

Quoi faire?

PAUL.

Chercher Aurore.

TAUPIN.

Vous êtes donc amoureux d'Aurore, vous?

PAUL.

Moi, pas le moins du monde.

ACTE PREMIER.

TAUPIN.

Vous êtes trop bon pour elle.

PAUL.

Vous ne l'aimez pas, cette pauvre Aurore.

TAUPIN.

Je ne l'aime ni ne la déteste. Je vous aime, vous, et j'ai peur de vous voir faire quelque folie.

PAUL.

Il n'y a pas de danger.

TAUPIN.

Ce n'est pas là une liaison digne de vous.

PAUL.

Eh! mon cher, toutes les liaisons se ressemblent; mais ce qu'il y a de mieux, c'est une belle fille rieuse et folle, sans souvenir de la veille, sans souci du lendemain courant gaiement dans les bois, son chapeau d'une main, son ombrelle de l'autre, se retournant de temps en temps avec un baiser sur les lèvres, et vous disant, six mois après, quand on la rencontre au bras d'un autre : « C'est égal, je t'aimais bien! » Voilà les véritables amours; ils naissent avec les lilas, se mangent avec les fraises et meurent avec les feuilles. Les allées des bois sont pleines de leurs nids et de leurs tombes! Seules amours possibles pour nous autres artistes, qui n'avons pas le temps d'aimer sérieusement. Que deviendraient les tableaux et les statues pendant que nous aimerions?

TAUPIN, avec mélancolie.

Oui, vous avez raison; mais il faut que cette femme vous quitte, et il arrive souvent qu'elle ne vous quitte pas. On la traite sans conséquence; la facilité qu'on croit avoir de rompre avec elle fait qu'on ne songe même pas à rompre. On aime, toutes les portes ouvertes, et l'on ne s'aperçoit pas qu'elle les ferme les unes après les autres. Elle s'empare d'un coin de votre atelier ; sa gaieté, son chant deviennent pour vous des bruits nécessaires. Avec cette habileté, qui est la force des femmes, elle surprend vos faiblesses, vos manies, vos vanités, vos côtés étroits, elle y pénètre, elle les dorlote et vous fait faire ronron, comme à un gros chat sensuel. Ajoutez ces heures de tristesse, de misère ou de découragement dont elle devient la confidente inévitable, qu'elle vous aide à traverser, et, un beau jour, sans savoir comment, sans pouvoir dire pourquoi, vous vous trouvez avoir épousé une fille que vous n'aimez pas, qui n'est en rapport ni avec votre intelligence, ni avec votre éducation. Vous pouvez écrire à vos amis : « J'ai la douleur de vous annoncer mon mariage avec mademoiselle Aurore, » ou un nom de baptême quelconque. « On se réunira à onze heures à la maison mortuaire... » Car c'est la mort de votre jeunesse, de votre énergie, de toutes les ambitions et de toutes les espérances de votre vie d'artiste. Le mariage fait, votre amour joyeux coupe ses ailes, chausse des bottines éculées, porte un tartan, habite un cinquième étage et demande crédit au boucher qui le lui refuse. Bien heureux quand le mari stupide n'apprend pas, trop tard, que cette femme le trompe depuis le jour où il l'a connue. C'est ainsi que j'ai enterré ma vie. Voilà pourquoi, ayant pu être quelque chose, je ne suis rien, voilà pourquoi je déserte sans cesse ma maison : c'est que je trouve, quand j'y rentre, une femme qui en a chassé toute poésie, toute inspiration, toute solitude, tout travail sérieux. Je ne fais rien de bon, je n'ai plus de talent, je travaille pour nourrir ma femme, et, ce travail de manœuvre achevé, je m'enfuis pour respirer la liberté des autres et m'oublier un instant. Voilà enfin ce qui me fait misanthrope, mon cher Paul, et voilà pourquoi je vous dis, à vous qui êtes jeune, qui êtes fort, qui avez tout un bel avenir devant vous : j'ai raté ma vie, ne faites pas comme moi.

PAUL.

Merci, cher ami, merci; mais, si vous m'aimez, souhaitez que les choses restent dans l'état où elles sont.

TAUPIN.

Pourquoi?

PAUL.

Pourquoi?... Parce qu'avec la nature que je me connais, un amour véritable serait un grand malheur pour moi. J'ai passé une fois à côté d'une liaison sérieuse ; j'ai eu le vertige... Dieu veuille qu'on ne m'y prenne plus!... j'ai mis la légèreté d'Aurore entre les tentations et moi. Je ne veux pas aimer; j'aimerais trop!

TAUPIN.

N'en parlons plus. Au fait, tout le monde n'est pas aussi bête que moi.

PAUL.

Et c'est bien heureux pour vous. Maintenant, allons-nous-en.

TAUPIN.

Comme vous êtes pressé!

va vers la porte.

PAUL.

Pas par là.

TAUPIN.

Parce que?

PAUL.

J'ai mes raisons.

TAUPIN.

Je vais retirer la clef.

PAUL.

Laissez-la, au contraire.

TAUPIN.

Dites donc...

PAUL.

Quoi?

TAUPIN.

On ouvre la porte d'entrée.

PAUL.

Dépêchons.

TAUPIN.

Faut-il voir qui c'est?

PAUL.

Gardez-vous-en bien!

TAUPIN.

C'est une robe?

PAUL.

Venez.

TAUPIN.

C'est même deux robes.

PAUL.

Mais venez donc, malheureux!

TAUPIN.

Par où?

PAUL.

Par ici.

<small>Ils disparaissent dans la chambre du haut.</small>

SCÈNE V

DIANE, MARCELINE.

DIANE.

Est-ce que tu n'as pas entendu parler?

MARCELINE.

Oui.

ACTE PREMIER.

DIANE.

Chut! baisse ton voile!

MARCELINE.

Pourquoi?

DIANE, cherchant des yeux autour d'elle.

Êtes-vous là?

MARCELINE.

Qui donc appelles-tu?

DIANE, bas.

Tais-toi.

MARCELINE.

Deviens-tu folle?

DIANE.

Regarde s'il y a quelqu'un.

MARCELINE.

Ah çà! où sommes-nous?

DIANE.

Je n'en sais rien. Ce doit être dans un atelier. Ah! oui, voilà des toiles. On ne voit pas très clair ici.

Elle lève la lampe.

MARCELINE.

M'expliqueras-tu...?

DIANE.

Attends un peu que je respire. Le cœur me bat.

MARCELINE.

Et à moi donc!

DIANE.

Pousse le verrou.

MARCELINE.

Comment, que je pousse le verrou?

DIANE.

Pour qu'il n'entre personne,

MARCELINE.

Il pourrait donc entrer quelqu'un?

DIANE.

On ne sait pas.

MARCELINE.

Tu m'épouvantes!

DIANE.

Qu'est-ce que ça sent?

MARCELINE.

Ça sent le tabac, Dieu me pardonne! Pour la seconde fois, veux-tu me dire ce que nous faisons?

DIANE.

Nous faisons une imprudence.

MARCELINE.

Une imprudence?

DIANE.

Oui.

MARCELINE.

As-tu perdu l'esprit?

DIANE.

J'en ai peur. Si nous nous en allions?

MARCELINE.

Je ne demande pas mieux.

DIANE.

Tant pis pour lui.

MARCELINE.

Pour qui?

DIANE.

J'ai fait tout ce que je pouvais faire.

MARCELINE.

Mais de quoi s'agit-il?

DIANE.

Si ma belle-sœur me voyait!

MARCELINE.

Tu me fais damner.

DIANE.

On voit un peu plus clair. Il est capable de s'être caché.

MARCELINE.

Qui, il?

DIANE.

Je t'ai dit que nous allions faire une visite; mais je n'ai pas voulu te dire à qui, tu ne m'aurais pas accompagnée, et j'avais bien envie de venir, et je ne pouvais pas venir seule.

MARCELINE.

Enfin?

DIANE.

Te rappelles-tu Maximilien de Ternon?

MARCELINE.

Le frère de Nathalie?

DIANE.

De Nathalie, qui était au couvent avec nous.

MARCELINE.

M. de Ternon qui a voulu t'épouser?

DIANE.

Lui-même.

MARCELINE.

Eh bien?

DIANE.

Eh bien, il m'a écrit pour me prier de venir ici ce soir.

MARCELINE.

Et tu y viens?

DIANE.

Il prétend qu'il s'agit d'une chose très grave qu'il ne peut me dire chez moi.

MARCELINE.

Oh! Diane!

DIANE.

Il y a cinq ans que je ne l'ai vu...

MARCELINE.

Et nous sommes chez lui?

DIANE.

Non... je ne serais pas allée chez lui, et je ne t'y aurais pas menée... Nous sommes...

MARCELINE.

Mais parle donc...

DIANE.

Nous sommes... chez une de ses parentes.

MARCELINE.

Qui fait de la peinture?

DIANE.

Oui.

MARCELINE.

Et chez qui ça sent le tabac?

DIANE.

Il paraît qu'elle fume.

MARCELINE.

Tu te moques de moi.

DIANE.

Pas le moins du monde.

MARCELINE.

Et où est cette parente?

DIANE.

Elle est sortie.

MARCELINE.

Et M. de Ternon?

DIANE.

Il n'est pas encore arrivé.

MARCELINE.

Eh bien, voilà une jolie situation! Je suis très mécontente de toi.

DIANE.

Écoute.

MARCELINE.

Quoi?

DIANE.

J'avais cru entendre...

MARCELINE.

Tu n'as rien entendu. Tu veux changer la conversation... Diane, je me brouille à tout jamais avec toi si tu restes une minute de plus dans cette maison. Tu es même bien heureuse que je te pardonne de m'y avoir amenée.

DIANE.

Après tout, nous ne faisons pas grand mal.

MARCELINE.

Si.

DIANE.

J'étais curieuse de voir Maximilien.

MARCELINE.

Il fallait lui écrire de venir chez toi.

DIANE.

Où lui écrire? Il ne m'a pas mis son adresse dans sa lettre, exprès, et il repart demain, dit-il.

MARCELINE.

Que tu te permettes des excentricités, cela te regarde, mais que tu m'en fasses la complice, c'est très mal.

DIANE.

Tu as raison. Je vais lui écrire, sans signer, un mot qu'il trouvera. Je lui dirai de venir chez moi; est-ce cela?

MARCELINE.

C'est encore trop.

DIANE.

Ne te fâche pas. Nous n'avions rien à faire ce soir, j'ai pensé que cela nous distrairait un peu. Je m'ennuie tant!

MARCELINE.

Je ne m'ennuie pas, moi.

DIANE.

Oh! la méchante! Qui est-ce qui le saura?

MARCELINE.

Nous le saurons, c'est assez.

DIANE.

Où y a-t-il du papier?

MARCELINE.

Est-ce que je sais?

DIANE, ouvrant un tiroir du bahut.

Dans ce tiroir, sans doute.

MARCELINE.

Voilà que tu fouilles dans les tiroirs maintenant.

DIANE, apercevant le tableau que Paul vient de finir.

Oh! le charmant tableau!... Cette femme est jolie!... Vois donc...

ACTE PREMIER

MARCELINE.

La parente de Maximilien s'appelle Paul Aubry, n'est-ce pas?

DIANE.

C'est un pseudonyme, sans doute.

MARCELINE.

Vois la signature de ce tableau.

DIANE.

Je t'assure que je croyais...

MARCELINE.

Ne mens donc pas...

DIANE.

Ne gronde donc pas. Tu es chez un homme de talent; tous les jours on visite l'atelier d'un peintre et personne n'y trouve à redire. Tu exagères tout.

MARCELINE.

Une dernière fois, veux-tu venir?

DIANE.

Me voilà !

Elle cherche du papier.

MARCELINE.

Qu'est-ce que tu fais?

DIANE.

J'ai trouvé du papier; mais il y a quelque chose d'écrit dessus.

MARCELINE.

Et tu le lis?

DIANE.

J'ai cru que c'était pour moi.

MARCELINE.

Adieu !

DIANE.

C'est une lettre que M. Paul Aubry avait commencée pour sa mère... Il a l'air de l'aimer beaucoup. Tu vois, nous sommes chez un homme qui aime sa mère, c'est une excuse... Qu'il est heureux d'avoir encore sa mère! (Mouvement de Marceline.) Me voilà! me voilà! (Elle se dispose à écrire.) Je ne peux pas écrire avec mes gants... (Elle ôte ses gants et les jette au hasard.) Trouve-moi de la cire. Il faut cacheter cette lettre... Dans ce tiroir...

MARCELINE.

Il n'y en a pas.

DIANE.

Dans l'armoire, alors ; il faut bien qu'il y en ait quelque part.

MARCELINE ouvre le bahut, il en tombe un fichu de femme, des bonnets, des gants, une paire de bottines.

Ah!

DIANE.

Qu'y a-t-il?

MARCELINE.

Voilà ce qu'il y a et ce que tu me fais faire.

DIANE.

Une collerette! Tu vois bien que nous sommes chez une femme... des gants... des bonnets... des bottines... Elle a un joli pied, M. Paul Aubry! Vois donc, c'est marqué d'un A.

MARCELINE.

Tu es insupportable.

DIANE.

Des lettres!... encore!... tout un paquet!... Ce sont des lettres de femme... Au hasard ! (Elle en tire une.) Que ce doit être amusant d'être un homme.

MARCELINE.

Va! va!

ACTE PREMIER.

DIANE.

La signature seulement... (Elle l'ouvre.) Berthe!... un joli nom!... comme on devine bien que c'est une lettre d'amour!... ces lettres-là ont un parfum que les autres n'ont pas.

MARCELINE.

Elles sentent le musc.

DIANE, lisant.

« Paul, je suis bien malheureuse! Si vous saviez combien je vous aime, vous ne me feriez pas souffrir... »

On frappe.

MARCELINE, poussant un cri.

Ah!

DIANE.

Peut-on crier ainsi!

MARCELINE.

On a frappé, j'en suis sûre, nous sommes perdues!

Elle se cache dans le fond de l'atelier, derrière les grandes toiles.

DIANE, à la porte.

Qui est là?

MAXIMILIEN, en dehors.

Moi, Maximilien.

Diane referme à la hâte le bahut en y jetant les lettres, puis elle va ouvrir la porte.

SCÈNE VI

Les Mêmes, MAXIMILIEN.

MAXIMILIEN.

Ah! comtesse!

DIANE.

Ce n'est pas malheureux!

MAXIMILIEN.

Il y a longtemps que vous êtes là?

DIANE.

Mais oui.

MAXIMILIEN, tirant sa montre.

Ce n'est pas ma faute, si je vous ai fait attendre. Mon oncle...

DIANE.

Je ne vous fais pas de reproches. Passons tout de suite aux choses importantes... Que vous arrive-t-il? (Elle regarde autour d'elle. — A part.) Cette pauvre Marceline!

Elle se met à rire.

MAXIMILIEN.

Pourquoi riez-vous?

DIANE.

Pour rien! Parlez vite.

MAXIMILIEN.

Vous me laisserez bien vous regarder un peu, vous remercier d'être venue, et vous dire combien je suis heureux de vous voir.

DIANE.

Au fait, quelle idée de me faire venir ici!

MAXIMILIEN.

J'ai tant de choses à vous dire!

DIANE.

Dites-les, il faut que je rentre de bonne heure.

MAXIMILIEN.

D'abord, vous êtes mille fois plus belle qu'autrefois.

DIANE.

Pas de choses inutiles.

MAXIMILIEN.

Ai-je assez pensé à vous depuis cinq ans!

DIANE.

Pourquoi n'êtes-vous pas venu tout bonnement me voir? Pourquoi ce rendez-vous mystérieux? M. Paul Aubry ignore mon nom, n'est-ce pas?

MAXIMILIEN.

Cela va sans dire. Du reste, c'est l'homme le moins curieux de la terre. Eh bien, comtesse, je ne suis pas allé tout bonnement vous voir, parce que je ne savais pas si je serais reçu.

DIANE.

Et pourquoi ne vous recevrait-on pas?

MAXIMILIEN.

Quand il s'est passé tant de choses dans la vie d'une femme.

DIANE.

Quelles choses?

MAXIMILIEN.

Vous êtes mariée.

DIANE.

Ah! oui... oui...

MAXIMILIEN.

C'est donc vrai?

DIANE.

Quoi?

MAXIMILIEN.

Que votre mari...

DIANE.

Que mon mari?

MAXIMILIEN.

Je vais peut-être commettre une indiscrétion.

DIANE.

Dites toujours.

MAXIMILIEN.

Quel âge a le comte?

DIANE.

Trente-six ans, je crois.

MAXIMILIEN.

Je crois est charmant.

DIANE.

Pourquoi me demandez-vous l'âge de mon mari?

MAXIMILIEN.

Savez-vous par qui j'ai appris votre séjour à Paris?

DIANE.

Non.

MAXIMILIEN.

Par une femme.

DIANE.

Quelle femme?

MAXIMILIEN.

Ah! heureusement pour vous, ce n'est pas une femme que vous connaissiez, mais elle connaît le comte et elle m'a dit...

DIANE.

Qu'il était plus souvent chez d'autres femmes que chez la sienne, c'est vrai. — Voilà pourquoi vous n'aviez pas besoin de vous gêner pour me rendre visite. Et voilà même pourquoi j'ai pu venir ici. Je n'ai pas vu mon mari depuis deux jours.

MAXIMILIEN.

Il est en voyage?

DIANE.

Oui, à Paris. Tenez, je suis contente de vous revoir... Vous arrivez bien. — Je m'ennuie à périr.

ACTE PREMIER.

MAXIMILIEN.

Autant qu'au couvent?

DIANE.

Bien davantage. C'était le bon temps, alors.

MAXIMILIEN.

Vous le regrettez?

DIANE.

Je le crois bien.

MAXIMILIEN.

Il peut revenir.

DIANE.

Vous vous le rappelez?

MAXIMILIEN.

Si je me le rappelle!

DIANE.

Avez-vous toujours mes lettres?

MAXIMILIEN.

En doutez-vous?

DIANE.

Vous me les apporterez.

MAXIMILIEN.

Vous voulez que je vous les rende?

DIANE.

Non. Mais je voudrais les lire. Elles doivent être amusantes. Des lettres de pensionnaire! J'ai toujours les vôtres.

MAXIMILIEN.

Vraiment?

DIANE.

Oui; je les ai même souvent relues.

MAXIMILIEN.

C'est bien, cela.

DIANE.

Il y en a de charmantes. Vous aviez dix-huit ans; moi, j'en avais dix-sept. Heureux âge! belles années! Nous jouions à l'amour comme des enfants que nous étions... Vous m'écriviez que vous vous tueriez si vous ne deveniez pas mon mari; je vous écrivais, moi, que je mourrais si je ne devenais pas votre femme, et nous voilà bien vivants en face l'un de l'autre.

MAXIMILIEN.

Et moi, je vous aime toujours.

DIANE.

Toujours?

MAXIMILIEN.

Comme autrefois.

DIANE, riant.

Grand enfant!... Parlons de vous... Voyons... quelles sont ces choses de grande importance que vous avez à me dire?

MAXIMILIEN.

Mais c'est cela, ce que je vous dis... Je voulais vous reparler du passé; Diane, soyez franche...

DIANE.

Je le suis toujours.

MAXIMILIEN.

Pourquoi avez-vous épousé le comte, après tous les serments que j'avais reçus de vous?

DIANE.

Est-ce qu'on a une volonté à dix-sept ans? Mon père et ma mère ont voulu, j'ai obéi. Mais je vous assure que j'ai bien pleuré.

ACTE PREMIER.

MAXIMILIEN.

Ainsi vous n'aimiez pas le comte?

DIANE.

Je ne dis pas cela. Seulement, on a marié ma fortune avec son nom et l'on ne s'est pas trop occupé des deux cœurs.

MAXIMILIEN.

Et depuis?

DIANE.

Depuis, le comte a continué sa vie de garçon.

MAXIMILIEN.

Et vous?

DIANE.

Et moi, j'ai continué ma vie de jeune fille.

MAXIMILIEN.

Voilà tout?

DIANE.

C'est bien assez.

MAXIMILIEN.

Ainsi?...

DIANE.

Quoi?

MAXIMILIEN.

Vous n'êtes pas toujours heureuse?

DIANE.

Tant s'en faut.

MAXIMILIEN.

Il vous reste alors à essayer de l'être.

DIANE.

Comment?

MAXIMILIEN.

Un amour véritable.

DIANE.

Ah! vous me conseillez de combattre un ennui par un danger... Merci!... Et pour qui... cet amour véritable?

MAXIMILIEN.

Pour moi, qui vous aime plus que jamais.

DIANE.

Sérieusement?

MAXIMILIEN.

Sérieusement. (Diane rit.) Vous riez...

DIANE.

Oui, je ne peux pas m'empêcher de rire en vous entendant dire que vous aimez.

MAXIMILIEN.

Ce n'est pourtant pas bien risible.

DIANE.

Vous vous retrouvez avec moi, vous vous croyez forcé de me faire la cour, je vous en remercie, mais ce n'est pas sérieux, avouez-le...

MAXIMILIEN.

Pourquoi pas?

DIANE.

De l'amour entre nous maintenant, est-ce que c'est possible?

MAXIMILIEN.

Mais...

DIANE.

Mais vous deviez mourir si vous ne m'épousiez pas, vous ne m'avez pas épousée et vous vivez encore! Mourez d'abord, nous verrons après.

ACTE PREMIER.

MAXIMILIEN.

Diane !

DIANE.

Notre amour aujourd'hui serait discordant avec lui-même, il n'aurait ni la naïveté que nous avions jadis, ni la passion qu'il nous faudrait maintenant ; il aurait l'air d'un *post-scriptum* ajouté à une vieille lettre, d'un *erratum* à la fin d'un livre. Gardons notre petit roman tel qu'il est, faisons-le relier, relisons-le de temps en temps, mais n'essayons pas de le continuer, nous le gâterions.

MAXIMILIEN.

La vie a faussé votre cœur.

DIANE.

Bien ! dites-moi des duretés maintenant.

MAXIMILIEN.

Je ne fais que répéter ce qu'on m'a dit.

DIANE.

Et que vous a-t-on dit ?

MAXIMILIEN.

Que vous n'aviez pas toujours été si cruelle.

DIANE.

Voyons ces belles histoires...

MAXIMILIEN.

A quoi bon ?

DIANE.

J'y tiens.

MAXIMILIEN.

C'est inutile.

DIANE.

Cependant, vous les avez crues, et c'est à cela sans doute que je dois l'honneur de votre souvenir. Ah ! il vous faut des chemins d'amour tout sablés. Je comprends! Vous vous êtes dit : « Tiens, tiens, tiens, cette femme qui a besoin de consolation, je l'ai connue, moi, je l'ai aimée, j'ai des droits de priorité, j'ai des arrhes sur son cœur, le plus difficile est fait, retournons-y... » Et vous y êtes venu... Eh bien, je vous remercie de la préférence et je ne vous en veux pas, c'est trop fatigant d'en vouloir à quelqu'un. Voyons, donnez-moi la main et venez me voir chez moi, sans me faire courir rue des Martyrs... Vous viendrez?

MAXIMILIEN.

Je ne sais.

DIANE.

Acceptez donc franchement la position, puisqu'il n'y a pas autre chose à en tirer.

MAXIMILIEN.

Je me trouve souverainement ridicule.

DIANE.

Non; mais, cinq minutes de plus, vous le deviendriez.

MAXIMILIEN.

Vous aimez quelqu'un?

DIANE.

Le fat! qui croit qu'il faut aimer quelqu'un pour ne pas l'aimer.

MAXIMILIEN.

Jurez-moi que vous n'aimez personne, ce sera une consolation.

DIANE.

Oh! je vous le jure, et je vous quitte, car il se fait tard.

MAXIMILIEN.

Allons, donnez-moi le bras... Je vais vous conduire à votre voiture.

DIANE.

Non pas; vous allez sortir seul.

MAXIMILIEN.

Pourquoi?

DIANE.

Parce que je ne veux pas qu'on nous voie sortir ensemble, vous êtes trop compromettant. On vous verra?

MAXIMILIEN.

Puisque vous le voulez.

DIANE.

Demain.

MAXIMILIEN.

Demain... Je vous assure que je suis très malheureux.

Il pousse un soupir.

DIANE.

Soupirez, c'est une bonne sortie.

MAXIMILIEN.

C'était bien la peine de me déranger!

Il sort.

SCÈNE VII

DIANE, MARCELINE.

DIANE, appelant à voix basse.

Marceline! (Marceline reparaît.) Oh! quel air sérieux! Tu as dormi? — Veux-tu que nous nous en allions? Tiens!... tu ne parles plus? Mon amie est muette! Veux-tu m'embrasser?... Tu ne veux pas?... Alors, je t'embrasse. Sais-tu où j'ai mis mes gants?... Je ne peux pas m'en aller sans gants... Et puis autant déchirer cette lettre qui ne sert plus à rien. Où sont donc mes gants?... Au fait, à quoi bon perdre mon temps à chercher, puisqu'il y a là ce qu'il me faut?

Elle prend des gants dans le bahut.

MARCELINE.

Tu vas mettre ces gants?

DIANE.

Ah! je savais bien que je te ferais parler.

MARCELLINE.

Les gants d'une femme que tu ne connais pas?

DIANE.

Ils sont tout neufs; seulement, ils sont bien justes. Cette femme a une jolie main. C'est du six un quart au plus.

MARCELINE.

Et tu gantes six et demi, et tu te serres.

DIANE.

Une méchanceté. Tu n'es plus en colère? Ah! te voilà assise! Tu ne veux plus t'en aller?...

MARCELINE.

Je suis décidée à tout maintenant; je veux voir jusqu'à quel degré de folie tu peux arriver. As-tu besoin d'une collerette aussi?

DIANE.

De l'ironie!

MARCELINE.

Tu sais qu'il y a des bottines, mais elles sont probament comme les gants, trop petites. Si tu veux fumer, ne te gêne pas.

DIANE, ôtant sa bague et la posant sur la table.

Ce gant entrera.

MARCELINE.

Je ne crois pas.

DIANE.

C'était ma bague qui l'empêchait d'entrer, mais maintenant il entre; tiens, le voilà boutonné.

ACTE PREMIER.

MARCELINE, montrant le haut de l'escalier.

Tu sais qu'on a parlé dans cette chambre.

DIANE.

Tu en es sûre?

MARCELINE.

Et qu'il y a de la lumière.

On entend des voix.

DIANE.

Sauvons-nous! mais viens donc!

MARCELINE.

Ce n'est pas malheureux.

Elles se sauvent.

SCÈNE VIII

PAUL, puis TAUPIN.

PAUL, entr'ouvrant la porte, en haut de l'escalier.

Sont-ils partis? Je n'entends plus rien... (Il avance un peu). Personne! on ferme la porte de la rue. Allons fermer la mienne. (Appelant.) Taupin?

Il descend l'escalier.

TAUPIN, paraissant.

Quoi?

PAUL.

Vous pouvez descendre.

TAUPIN, descendant.

Ah çà! que se passe-t-il chez vous?

PAUL.

Rien... Prenez des draps, je vais vous faire un lit sur le canapé.

TAUPIN.

A quoi bon?... Je dormirai aussi bien tout habillé avec une couverture. Vous ne m'en voulez pas?...

PAUL.

De quoi?

TAUPIN.

De venir ainsi vous demander l'hospitalité.

PAUL.

A votre service.

TAUPIN.

C'est que je ne sais rien de plus ennuyeux que de coucher chez moi... Je rencontre toujours madame Taupin... J'ai passé une trop bonne journée pour la finir aussi mal.

PAUL.

Serez-vous bien là?

TAUPIN.

A merveille.

PAUL.

Allons, bonsoir.

TAUPIN.

Bonsoir, cher ami.

PAUL, remontant chez lui et chantant.

Je suis pris par une femme,
Cheveux blonds et teint de lait.
Valentin!

TAUPIN.

Monsieur, etc.

(S'étendant sur le canapé). Ah! qu'on est bien, loin de sa femme.

ACTE DEUXIÈME

Salon très élégant chez Diane.

SCÈNE PREMIÈRE

Un Domestique, puis DIANE et LE DUC.

Un domestique ouvre la porte et vient déposer un petit tableau sur la table. La comtesse entre, suivie du duc.

DIANE.

Ah! on a enfin apporté ce tableau?

LE DOMESTIQUE.

Oui, madame la comtesse, à l'instant.

DIANE.

C'est bien. (Le domestique sort. — Au duc.) Mon cher duc, regardez donc, voilà un véritable bijou.

LE DUC, mettant son lorgnon et regardant.

Oh! c'est ravissant! de qui est-ce?

DIANE.

De M. Paul Aubry; je l'ai fait acheter ces jours derniers, il était chez l'encadreur. J'ai commandé le pendant.

LE DUC.

C'est une acquisition excellente.

DIANE.

Vous aimez la peinture de M. Aubry?

LE DUC.

Beaucoup.

DIANE.

Vous êtes un peu artiste, vous, mon cher duc?

LE DUC.

Oh! je dessine comme tout le monde.

LE DOMESTIQUE, paraissant.

M. le comte fait demander si madame la comtesse est visible...

DIANE.

Certainement!

LE DUC, se levant, tend la main à Diane.

Comtesse...

DIANE.

Où allez-vous?

LE DUC.

Je me retire.

DIANE.

Pourquoi?

LE DUC.

Ne vient-on pas d'annoncer le comte?

DIANE.

Est-ce une raison pour vous en aller?

LE DUC.

Je craignais...

DIANE.

Restez, restez!... mon mari part.

LE DUC.

Ah! il part!

DIANE.

Oui, pour une de nos terres. Il vient me dire adieu. Vous voyez qu'il n'y a pas d'indiscrétion à rester.

SCÈNE II

Les Mêmes, LE COMTE.

LE COMTE, entrant.

Bonsoir, chère Diane.

DIANE.

Bonsoir, mon ami.

LE COMTE, au duc.

Votre santé est bonne?

LE DUC.

Très bonne; et la vôtre?

LE COMTE.

Excellente, merci! (A Diane.) Vous êtes sortie?

DIANE.

Oui, et je rentre.

LE COMTE.

Avez-vous vu ma sœur?

DIANE.

Non, mais je crois bien que je la verrai ce soir. Je n'ai pas eu le temps de passer chez elle; j'ai été faire des emplettes. Le duc a eu la bonté de m'offrir son bras.

LE COMTE, voyant le tableau.

Et c'est là une de vos emplettes?

DIANE.

Oui.

LE COMTE.

Je vous en fais mon compliment.

DIANE.

Et vous partez?

LE COMTE.

Dans une demi-heure.

DIANE.

Vous serez de retour?

LE COMTE.

Dans un mois, à moins qu'il ne vous prenne la fantaisie de venir me rejoindre.

DIANE.

Peut-être!

LE COMTE.

Voilà qui serait aimable.

DIANE.

Avec qui chassez-vous?

LE COMTE.

Avec Fernand, Agénor, Maxime et Lucien.

DIANE.

Je crois que vous ne vous ennuierez pas.

LE COMTE.

S'il arrivait pour moi une lettre du ministère, voudriez-vous me l'expédier tout de suite?

DIANE.

Non seulement cette lettre-là, mais toutes celles qui arriveront pour vous.

LE COMTE.

Le ministre m'a parlé hier d'une mission dont il compte me charger.

DIANE.

Partir encore!

LE COMTE.

Vous savez que je ne vous force pas de m'accompagner. Maintenant, à votre tour, avez-vous quelques commissions pour la campagne?

DIANE.

Oui, des chiffons et des vêtements pour la femme de votre garde et ses enfants. On a dû préparer tout cela; que votre valet de chambre le demande à Jenny.

LE COMTE.

C'est tout?

DIANE.

Mon Dieu, oui.

LE COMTE.

Alors, adieu, ma chère Diane.

DIANE.

Bonne chasse!

LE COMTE.

M'écrirez-vous?

DIANE.

Certainement.

Le comte lui baise la main.

LE COMTE, au duc.

Au revoir!

Il lui serre la main.

LE DUC.

Au revoir!

Le comte sort.

SCÈNE III

DIANE, LE DUC, puis un domestique.

DIANE passe sa main sur son front, pousse un soupir et vient regarder le tableau.

LE DUC.

Vous paraissez triste, comtesse?

DIANE.

Moi? Non.

LE DUC.

Le départ du comte, sans doute?

DIANE.

Une séparation d'un mois n'est pas bien longue, et, d'ailleurs, vous avez dû voir, à la conversation qui l'a précédée, que l'un n'emporte pas plus de regrets qu'il n'en laisse à l'autre.

LE DUC.

Alors, si vous n'êtes triste, vous êtes au moins préoccupée?

DIANE.

Pas davantage. Je m'ennuie, voilà tout.

LE DUC.

Il y a un moyen infaillible de vous distraire.

DIANE.

C'est d'aimer, n'est-ce pas?

LE DUC.

Oui.

DIANE.

Toujours la même chose; et c'est de vous aimer, vous!

LE DUC.

Je vous aime tant!

DIANE, prenant son portefeuille.

Voyons votre numéro.

LE DUC.

Quel numéro?

DIANE.

Vous êtes inscrit.

LE DUC.

Comment, inscrit?

DIANE.

Vous avez entendu parler de ce riche banquier à qui

tous les gens qui avaient besoin d'argent venaient en demander ; il ne leur en donnait pas, mais il écrivait leur nom, leur adresse, la somme qu'il leur faudrait, et, chaque année, il faisait faire l'addition.

LE DUC.

Eh bien ?

DIANE.

Eh bien, quand il venait un nouveau solliciteur, il lui montrait le total des demandes et lui prouvait que, s'il y eût accédé, il serait ruiné complètement. Je fais comme ce banquier ; tous ceux qui me disent qu'ils m'aiment, je les inscris ; vous êtes, je crois, le soixante-dix-huitième depuis que je suis mariée. Si j'avais cru à toutes ces belles paroles, je serais ruinée depuis longtemps. Je ne vous mens pas, voilà votre nom : « Le duc de Riva, 25 novembre 1843. » Il y a un an que vous m'avez dit pour la première fois que vous m'aimiez. Vous avez la soixante-dix-huitième contredanse.

LE DUC.

Je ne suis pas aussi méchant pour les autres que vous êtes méchante pour moi, et je vous dis que, parmi ces gens-là, il y avait des cœurs sincères, quand ce ne serait que le mien.

DIANE.

Tous ces gens-là se portent à merveille ; ils mangent, ils dorment, ils chassent, ils montent à cheval, ils se marient. Pas un suicide, pas une retraite, pas même un voyage, ils m'ont oubliée sans efforts. Tenez, le dernier inscrit, c'est Maximilien de Ternon. Vous le connaissez ?

LE DUC.

Je l'ai connu en Hollande.

DIANE.

Il est revenu. Il m'aimait depuis cinq ans, lui, c'est bien plus fort que vous... Il m'a fait son petit discours, que je savais par cœur avant de l'entendre. Le lendemain, je lui ai écrit pour lui demander un service bien facile à rendre. Il ne m'a pas répondu.

LE DUC.

Mettez-moi à l'épreuve et vous verrez.

DIANE.

Soit.

LE DUC.

Dites.

DIANE.

Je suis triste parce que je suis en froid avec mon excellente amie madame de Launay.

LE DUC.

Comment cela se fait-il?

DIANE.

C'est moi qui ai tort. Vous ne lui direz pas que vous l'aimez, à celle-là.

LE DUC.

Elle est folle de son mari.

DIANE.

Je suis fâchée que mon mari ne vous entende pas.

LE DUC.

Que faut-il faire?

DIANE, lui donnant une lettre.

Il faut lui porter cette lettre, dans laquelle je lui demande pardon.

LE DUC.

Voilà tout?

DIANE.

Oui.

LE DUC.

Vous êtes mauvaise.

ACTE DEUXIÈME.

DIANE.

Pourquoi?

LE DUC.

Parce que vous demandez trop peu.

DIANE.

Je demanderai peut-être davantage plus tard.

LE DUC.

Que ce serait bien à vous! Et je pourrai vous apporter la réponse?

DIANE.

Naturellement.

LE DUC.

Quand cela?

DIANE.

Quand vous voudrez.

LE DUC.

Ce soir?

DIANE.

Ce soir, si vous l'avez ce soir.

LE DOMESTIQUE, ouvrant la porte.

Madame la marquise de Nerey.

DIANE.

Ma belle-sœur!... Je ne vous retiens plus, vous ne vous amuseriez pas...

LE DUC.

Votre main. (Il lui baise la main.) Adieu, comtesse.

DIANE.

Au revoir!

LE DUC.

Que vous êtes bonne!

SCÈNE IV

DIANE, LA MARQUISE.

LA MARQUISE.

Bonsoir, Diane.

DIANE.

Bonsoir, marquise.

Le duc salue et sort.

LA MARQUISE.

Que faisiez-vous là?

DIANE.

Je causais avec le duc de Riva.

LA MARQUISE.

Qui vous disait?

DIANE.

Qu'il m'aime.

LA MARQUISE.

Et vous l'écoutiez?

DIANE.

Il ne le disait pas trop mal.

LA MARQUISE.

Vous ne perdez pas de temps.

DIANE.

Comment cela?

LA MARQUISE.

Mon frère est parti depuis un quart d'heure, et vous écoutez déjà toutes ces sornettes.

DIANE.

Elles ont si peu d'importance, et je suis sûre que, vous-même, vous ne seriez pas fâchée d'avoir autour de vous

ACTE DEUXIÈME.

trois ou quatre courtisans dans le genre du duc. C'est une manière de petite cour, une espèce de boîte à flatteries, où la vanité peut à chaque instant mettre la main pour prendre un bonbon... C'est vieux, c'est usé, mais sucré, cela ne fait pas de mal et cela...

LA MARQUISE.

Et cela compromet.

DIANE.

Vous ne le croyez pas.

LA MARQUISE.

Si fait, je le crois! Tous ces moineaux-là ne viennent qu'où il y a du blé. Tous ces petits soupirants ne sont pas si bêtes qu'ils en ont l'air, et, tôt ou tard, ils trouvent à se nicher dans l'oisiveté d'une femme qui les reçoit par habitude et qui les croit faute de mieux.

DIANE.

Qu'on les croie ou non, les mots d'amour ont un charme véritable; c'est la musique du cœur.

LA MARQUISE.

Avec la même ritournelle et le même refrain.

DIANE.

Vous n'êtes pas musicienne.

LA MARQUISE.

Votre mari seul a le droit de vous parler d'amour.

DIANE.

Il n'en abuse pas.

LA MARQUISE.

Ce qui ne l'empêche pas de s'occuper de vous.

DIANE.

Ah!

LA MARQUISE.

Il sort de chez moi et m'a dit que vous étiez seule.

DIANE.

Il s'est trompé... Le duc était là quand il est venu me dire adieu...

LA MARQUISE.

Il aura sans doute trouvé que ce n'est pas une société suffisante et il m'a priée de venir vous chercher.

DIANE.

Pour me conduire ?

LA MARQUISE.

Chez madame Darneville, c'est son jour...

DIANE.

Je l'avais oublié.

LA MARQUISE.

Je suis donc à vos ordres.

DIANE.

Oh! non, je n'irai pas chez madame Darneville.

LA MARQUISE.

Qu'avez-vous à faire chez vous ?

DIANE.

Rien qu'à y rester.

LA MARQUISE.

A moins que vous n'ayez quelque visite à rendre.

DIANE.

Aucune, puisque je vous dis que je ne sors pas.

LA MARQUISE.

Vous pourriez retourner rue des Martyrs.

DIANE.

Rue des Martyrs, moi ?

LA MARQUISE.

Oui, vous, ma chère Diane! on a vu votre voiture y stationner l'autre jour plus de deux heures.

ACTE DEUXIÈME.

DIANE.

J'étais avec Marceline chez une de ses amies.

LA MARQUISE.

Qu'on nomme?

DIANE.

Ah çà! ma chère belle-sœur, vous avez l'air d'un juge d'instruction.

LA MARQUISE.

Il est de mon devoir de savoir ce que vous faites.

DIANE.

Malheureusement, il n'est pas de mon goût de vous le dire. Je suis mariée et ne dois compte de mes actions qu'à mon mari.

LA MARQUISE.

Qui ne vous demande pas assez souvent ce compte, si bien...

DIANE.

Si bien?

LA MARQUISE.

Si bien que vous faites beaucoup trop parler de vous.

DIANE.

Vous trouvez?

LA MARQUISE.

Oui.

DIANE.

Cela ne regarde que moi.

LA MARQUISE.

Vous vous trompez, cela me regarde aussi.

DIANE.

A quel titre?

LA MARQUISE.

A ce titre que je dois veiller sur l'honneur de notre nom.

DIANE.

De votre nom ?

LA MARQUISE.

Vous êtes la femme de mon frère, vous portez notre nom, ne l'oubliez pas.

DIANE.

Il n'y a pas de danger que je l'oublie; votre nom me coûte assez cher, je l'ai payé quatre millions.

LA MARQUISE.

Comtesse !

DIANE.

Marquise !

LE DOMESTIQUE, ouvrant la porte.

M. le vicomte de Ternon !

SCÈNE IX

Les Mêmes, MAXIMILIEN.

DIANE, bas, à Maximilien.

Ah ! vous arrivez bien ! (Le présentant.) M. le vicomte de Ternon, un de mes bons amis.

La baronne salue, le vicomte salue.

MAXIMILIEN.

J'ai déjà eu l'honneur d'être présenté à madame la marquise chez madame de Nersay.

LA MARQUISE.

Je ne me le rappelais pas, monsieur.

MAXIMILIEN.

Je ne pouvais pas l'oublier, moi, madame.

LA MARQUISE.

Adieu, comtesse.

DIANE.

Adieu, marquise !

<small>La marquise sort.</small>

SCÈNE VI

DIANE, MAXIMILIEN, PUIS UN DOMESTIQUE.

DIANE.

Quand on pense que, toutes les fois que ma belle-sœur vient ici, la même scène recommence ; mais, cette fois, je pense qu'elle se le tiendra pour dit et que je ne la reverrai plus...

MAXIMILIEN.

Qu'y a-t-il donc ?

DIANE.

Il y a que la marquise n'a rien à faire que de la morale, et, comme elle m'a sous la main, c'est à moi qu'elle en fait.

MAXIMILIEN.

C'est une de ces femmes qui passent leur vie à rembourrer le fossé où leur vertu comptait choir et qui, furieuses de rester sur le bord à attendre qu'on les pousse, jettent des pierres aux femmes qui passent.

DIANE.

Il ne manquait plus qu'elle vous vît arriver ! Dieu sait ce qu'elle va dire. A propos, comment ne vous ai-je pas vu depuis huit jours ?

MAXIMILIEN.

J'ai reçu votre lettre il y a deux heures.

DIANE.

Où étiez-vous donc ?

MAXIMILIEN.

A la campagne.

DIANE.

Quel air triomphant vous avez!

MAXIMILIEN.

Je suis assez content.

DIANE.

Que vous arrive-t-il donc?

MAXIMILIEN.

Vous voulez le savoir?

DIANE.

Oui.

MAXIMILIEN.

Figurez-vous qu'en vous quittant l'autre soir j'étais tout triste, je ne savais que devenir. Je suis entré à l'Opéra, où je n'étais pas allé depuis deux ans, j'y ai vu le ballet nouveau, et j'y ai découvert, au milieu de ma tristesse, une consolation brune avec des yeux bleus, une taille merveilleuse, des jambes... oh! des jambes!...

DIANE.

Qu'est-ce que vous me racontez là?... êtes-vous fou?

MAXIMILIEN.

Non, mais vous me demandez une explication.

DIANE.

Je vous en fais grâce.

MAXIMILIEN.

Cependant...

DIANE.

Mon cher ami, un mot de plus et je vous congédie.

MAXIMILIEN.

Et la bague?

DIANE.

Qu'est-ce que vous en avez fait?

ACTE DEUXIÈME.

MAXIMILIEN, lui donnant sa bague.

Ah! comtesse! vous allez me dire un peu comment vous avez pu perdre une bague dans l'atelier de Paul.

DIANE.

Elle est retrouvée, c'est le principal. Qu'a dit votre ami? Il ne soupçonne pas à qui elle appartient, n'est-ce pas?

MAXIMILIEN.

Pas le moins du monde. Elle a fait de belles choses, votre bague! D'abord ce n'est pas Paul qui l'a retrouvée!

DIANE.

Qui donc?

MAXIMILIEN.

C'est une dame.

DIANE.

Quelle dame?

MAXIMILIEN.

Mademoiselle Aurore!

DIANE.

Une dame qui s'appelle Aurore.

MAXIMILIEN.

Le matin, seulement.

DIANE.

Aurore?... Ah! c'est juste, les mouchoirs étaient marqués d'un A.

MAXIMILIEN.

Quels mouchoirs?

DIANE.

Plus tard; finissez votre histoire d'abord.

MAXIMILIEN.

Elle est bien simple. Mon ami est rentré. Le lendemain, mademoiselle Aurore est venue le voir de bonne heure, elle a trouvé votre bague et toutes ses affaires sens dessus dessous. Scène de jalousie, querelle, rupture.

DIANE.

Alors, votre ami doit donner au diable la dame mystérieuse.

MAXIMILIEN.

Non.

DIANE.

Il n'aimait donc pas mademoiselle Aurore?

MAXIMILIEN.

Il paraît.

DIANE.

Est-ce qu'il a un autre amour?

MAXIMILIEN.

Non, il prétend qu'il ne veut pas en avoir.

DIANE.

Serment de joueur.

MAXIMILIEN.

Probablement... Ah çà! qu'est-ce que vous avez fait pour perdre une bague chez lui? Une bague! cela ne se perd pas comme un gant. A propos de gants, il paraît même que vous avez laissé les vôtres et que vous en avez emporté une paire qui ne vous appartenait pas.

DIANE.

Quelle imprudence!

MAXIMILIEN.

Et votre mari?

DIANE.

Il n'a rien su.

MAXIMILIEN.

Où est-il donc?

DIANE.

Il est à la chasse.

MAXIMILIEN.

Ton taine, ton ton!

DIANE.

Quel gamin vous faites!... Ah! je plaindrais une femme qui vous prendrait au sérieux.

MAXIMILIEN.

Vous vous trompez; croyez bien que, lorsque je dis à une femme que je l'aime... Allons, comtesse, je vous quitte.

DIANE.

Déjà?

MAXIMILIEN.

Voilà un *déjà* charmant.

DIANE.

Où allez-vous donc?

MAXIMILIEN.

Je vais à l'Opéra.

DIANE.

Ah!

MAXIMILIEN.

Eh bien, et le ballet! je danse ce soir, mais j'y mène Paul.

DIANE.

Vous savez que c'est un don Juan, M. Paul : il a inspiré de grandes passions.

MAXIMILIEN.

Qui vous l'a dit?

DIANE.

Je ne sais pas comment c'est arrivé, j'ai trouvé une lettre chez lui.

MAXIMILIEN.

C'est-à-dire que vous avez fouillé dans les tiroirs... Oh! les femmes!

DIANE.

C'est votre faute, vous étiez fort en retard... Il a été fort aimé. Il est donc bien séduisant?

MAXIMILIEN.

C'est un charmant garçon; j'ai peut-être tort de le montrer à Delphine.

DIANE.

Vous dites?

MAXIMILIEN.

Rien.

DIANE.

Il est avec vous?

MAXIMILIEN.

Il m'attend dans la rue.

DIANE.

Le pauvre garçon!... où est-il?

MAXIMILIEN, montrant par la fenêtre.

Le voilà!

DIANE.

Ce monsieur qui se promène en fumant?

MAXIMILIEN.

Oui.

DIANE.

Comme il doit s'amuser là, depuis une heure que nous causons!... Allez le retrouver; mais qu'est-ce que je vais faire, moi?... Si j'allais rejoindre ma belle-sœur chez madame Darneville? Ce serait raisonnable, mais c'est bien ennuyeux, chez madame Darneville.

MAXIMILIEN.

Ah! une idée.

DIANE.

Une bonne?

ACTE DEUXIÈME

MAXIMILIEN.

Oui.

DIANE.

Qu'est-ce qu'elle peut venir faire dans votre cervelle?

MAXIMILIEN.

Je vais un instant à l'Opéra et je reviens... Vous me donnerez bien une tasse de thé... Nous bavarderons... J'ai encore tant de choses à vous dire!

DIANE.

Et puis vous n'êtes plus dangereux.

MAXIMILIEN.

Je l'ai donc été?

DIANE.

Oh!... jamais.

MAXIMILIEN.

Écoutez, je descends rejoindre Paul, nous allons à l'Opéra, je l'installe et je reviens.

DIANE.

C'est cela, mais ne soyez pas longtemps.

MAXIMILIEN.

Une demi-heure... Tiens! à propos d'idée, il m'en vient une autre.

DIANE.

Ça fait deux! prenez garde!

MAXIMILIEN.

Quelque chose de très amusant et de très original!

DIANE.

Dites.

MAXIMILIEN.

Vous n'attendez personne?

DIANE.

Personne.

MAXIMILIEN, sonnant.

Vous permettez?

DIANE.

Que faites-vous?

MAXIMILIEN.

Vous allez voir! (Au domestique qui paraît.) Descendez et priez le monsieur qui m'attend à la porte de monter ici. (Le domestique sort.) Comprenez-vous?

DIANE.

Pas encore.

MAXIMILIEN.

Je vais vous présenter Paul.

DIANE.

Vous êtes fou!

MAXIMILIEN.

Pas le moins du monde.

DIANE.

Mais je ne tiens pas du tout à connaître ce monsieur.

MAXIMILIEN.

C'est un garçon charmant, il a beaucoup d'esprit, vous en serez enchantée; il vous tiendra compagnie pendant que je serai à l'Opéra. On peut le recevoir! D'ailleurs, qui le saura?

DIANE.

Tirez-vous de là comme vous pourrez, je rentre chez moi.

MAXIMILIEN.

Comtesse, ne faites pas cela, il croirait à une mauvaise plaisanterie, et il est très susceptible. D'ailleurs, vous avez bien un peu envie de le connaître, avouez-le.

DIANE.

Je ne dis pas, mais...

MAXIMILIEN.

L'occasion est bonne. Je vous assure qu'en causant avec lui vous oublierez que vous m'attendez... Vous le ferez parler d'Aurore et de Berthe; et puis, après tout, il vous doit une visite, puisque vous lui en avez fait une.

DIANE.

Et s'il me reconnaît?

MAXIMILIEN.

Je vous répète qu'il n'y a pas de danger.

DIANE.

Votre parole?

MAXIMILIEN.

Parole d'honneur!

UN DOMESTIQUE, entrant.

M. Paul Aubry demande à parler à M. le vicomte.

MAXIMILIEN.

Madame, voulez-vous bien dire qu'on fasse entrer M. Aubry?

DIANE.

Faites entrer. (Le domestique sort.) Ah! si Marceline était là, c'est pour le coup qu'elle gronderait!

Elle se sauve vers sa porte.

MAXIMILIEN.

Où allez-vous donc?

DIANE.

Je vais me recoiffer un peu.

Le domestique ouvre la porte à Paul qui entre.

SCÈNE VII

PAUL, MAXIMILIEN.

PAUL.

Tu m'as appelé?

MAXIMILIEN.

Oui.

PAUL.

Qu'est-ce que tu me veux, et où suis-je ici?

MAXIMILIEN.

Tu es chez quelqu'un à qui je vais te présenter.

PAUL.

Quel est ce quelqu'un?

MAXIMILIEN.

C'est une femme.

PAUL.

Qu'on nomme?

MAXIMILIEN.

La comtesse de Lys.

PAUL.

La comtesse de Lys!

MAXIMILIEN.

Oui ; tu la connais?

PAUL.

J'ai entendu parler d'elle.

MAXIMILIEN.

Dans quel sens?

PAUL.

Dans tous les sens.

MAXIMILIEN.

Eh bien, mon cher, tu es chez elle; c'est une des admiratrices de ton talent, et comme, en causant avec moi, elle a appris que je te connaissais, comme elle voulait te connaître et que tu étais en bas, je t'ai appelé, pensant que c'était une occasion de vous être agréable à tous les deux, d'autant plus qu'il faut que je retourne auprès de Delphine.

PAUL.

Et je m'en vais avec toi, je ne suis pas en costume.

MAXIMILIEN.

C'est une femme qui s'inquiète peu de ces choses-là. D'ailleurs, je ne me gêne pas avec elle.

PAUL.

Tu es bien dans la maison?

MAXIMILIEN.

Très bien!

PAUL.

Tout à fait bien?

MAXIMILIEN.

Pas tant que ça.

PAUL.

C'est peut-être la personne qui est venue chez moi!

MAXIMILIEN.

Madame de Lys?

PAUL.

Oui.

MAXIMILIEN.

Elle n'aurait pas eu besoin de venir chez toi, puisque je puis venir chez elle.

PAUL, avec un air de doute.

C'est vrai.

MAXIMILIEN.

Tu crois donc que je ne connais qu'une femme dans le monde?... Non, l'autre est partie. Oh! j'ai bien souffert, dans le premier moment!... celle-ci est une de ses amies... et, si tu veux faire ta cour à la comtesse, que ce ne soit pas moi qui t'en empêche.

PAUL.

Pourquoi diable veux-tu que je fasse la cour à une femme que je n'ai jamais vue? pourquoi ne la lui fais-tu pas, toi?

MAXIMILIEN.

J'ai essayé; mais il y a trop longtemps que nous nous connaissons. Mon amour a fait comme la poudre éventée, il n'a pas pris. Toi, c'est autre chose, c'est l'inconnu, et l'inconnu a toujours du charme... Tiens, la voici; comment la trouves-tu?

PAUL.

Charmante!

SCÈNE VIII

Les Mêmes, DIANE.

MAXIMILIEN.

Ma chère comtesse, voulez-vous me permettre de vous présenter M. Paul Aubry?

PAUL.

Et voulez-vous bien m'excuser, madame la comtesse, de me laisser présenter de cette façon?

DIANE.

C'est à moi de vous faire mes excuses, monsieur; mais, sachant avec qui M. de Ternon était venu jusqu'à ma porte, je n'ai pu résister au désir de connaître un homme de votre mérite. (A Maximilien.) Et vous, mon cher vicomte, je vois que vous regardez l'heure, je ne veux pas vous

ACTE DEUXIÈME.

retenir plus longtemps; allez! seulement, ne vous faites pas attendre.

MAXIMILIEN.

Comtesse, vous êtes adorable; dans une demi-heure je suis de retour. (Il se penche vers elle en lui baisant la main.) Eh bien, que pensez-vous de notre peintre?

DIANE.

Rien encore... Attendez donc que nous ayons causé.

MAXIMILIEN.

Prenez garde à vous!

DIANE.

Comment?

MAXIMILIEN.

C'est un garçon dangereux.

DIANE.

Vraiment!

MAXIMILIEN.

Vous voilà prévenue.

DIANE.

Nous verrons bien; revenez vite.

MAXIMILIEN.

Vous avez une demi-heure pour le rendre amoureux.

DIANE.

Une demi-heure? C'est beaucoup.

Il sort.

SCÈNE IX

DIANE, PAUL.

DIANE.

Ne trouvez-vous pas, monsieur, que le vicomte devient impossible?

PAUL.

Comment cela, madame?

DIANE.

Vous êtes son ami?

PAUL.

Autant qu'un homme qui travaille peut être l'ami d'un homme qui n'a rien à faire. Je l'aime beaucoup, mais nous nous voyons rarement. Du reste, il voyage presque toujours.

DIANE.

Eh bien, chaque fois que vous le verrez, chapitrez-le donc un peu. Comprenez-vous qu'il soit épris d'une danseuse?

PAUL.

Je comprends tous les amours.

DIANE.

C'est le droit de l'artiste, mais non...

Elle s'arrête.

PAUL.

Mais... non de l'homme du monde. Voilà ce que vous vouliez dire, madame.

DIANE.

Pas précisément.

PAUL.

Pourquoi vous en défendre? Je sais qu'on établit une grande différence entre les hommes du monde et les artistes.

DIANE.

Mais elle est tout à l'avantage de ceux-ci.

PAUL.

Est-ce bien là votre opinion, madame?

DIANE.

Oui, et celle de tous les gens sensés. Cette carrière des arts où l'homme représente forcément sa valeur personnelle, où il doit tout à lui-même, où il n'est rien s'il n'accomplit rien, où, s'il a du génie, il anoblit la famille obscure dont il sort, la femme à laquelle il donne son nom, cette vie de travail, de triomphes, de luttes, exerce un attrait puissant sur toute imagination un peu enthousiaste. Pour moi, non seulement j'admire les grands artistes, mais j'envie leur existence.

PAUL.

Cette existence vous apparaît, madame, sous les teintes caressantes et dorées des horizons lointains, comme ces forêts épaisses qui bornent les perspectives sous un beau soleil d'été; elles semblent unies comme le velours, souples comme la mousse, et ceux qui sont forcés de les parcourir s'y déchirent les mains, les pieds et le visage, sans jouir un seul moment du spectacle qu'elles offrent à distance. Notre vie d'artiste a bien des déboires, bien des tristesses, bien des découragements. Oh! croyez-moi, madame, pour vous, jeune et belle, la vraie vie, c'est la vôtre.

DIANE.

Effet de perspective aussi. Vos chagrins à vous ont une compensation éternelle, la liberté!

PAUL.

Et vous, madame, par exemple, êtes-vous donc si esclave?

DIANE.

Peut-être!

PAUL.

Ce n'est pas ce qu'on dit.

DIANE.

On vous a parlé de moi?

PAUL.

Souvent.

DIANE.

Alors, nous sommes de vieilles connaissances, car on m'a parlé de vous aussi.

PAUL.

Et je vois qu'on ne vous a dit que du bien de moi, madame, puisque vous avez permis que je vous fusse présenté.

DIANE.

Qui sait?... Une femme est quelquefois plus désireuse de connaître un homme dont on dit du mal, qu'un homme dont on dit du bien. En général, les hommes dont on médit sont des hommes de mérite. Cependant, on ne m'a dit aucun mal de vous, monsieur; au contraire, j'ai appris nombre de choses à votre louange.

PAUL.

Puis-je vous demander lesquelles?

DIANE.

C'est peut-être un peu embarrassant à répéter.

PAUL.

Cela me fait désirer un peu plus de le savoir.

DIANE.

Eh bien, on disait que vous aviez été fort aimé...

PAUL.

Aimé!... et de qui, mon Dieu?

DIANE.

D'une dame qu'on m'a nommée, mais dont je ne veux dire que le nom de baptême qui est Berthe.

PAUL.

Berthe! pauvre femme!

DIANE.

Vous la plaignez?

PAUL.

Oui, madame.

DIANE.

Vous ne l'aimez donc plus ?

PAUL.

Dieu sait où elle est !

DIANE.

Vous l'avez abandonnée? Pourquoi? Je dois vous paraître bien curieuse, mais quoi de plus intéressant que cet éternel roman du cœur ?

PAUL.

Eh bien, madame, je serai franc avec vous, puisque le hasard vous a initiée à cet incident de ma vie. J'ai rompu avec Berthe parce qu'elle m'aimait trop.

DIANE.

Vous m'intriguez beaucoup.

PAUL.

C'est bien simple, madame! A un artiste il faut des amours un peu exceptionnels. Les femmes qui nous aiment ne savent pas nous aimer. L'amour est plus qu'un sentiment dans certains cas, c'est une science. Aimer selon la nature de la personne qu'on aime est œuvre difficile. Cette femme ne m'avait pas compris ; elle m'aimait comme elle eût aimé un homme qui n'aurait rien eu à faire que d'aimer. Perpétuellement défiante, elle était perpétuellement triste. Elle ne comprenait pas qu'il y a des moments où, si amoureux, si aimé que soit l'artiste, il a besoin d'être seul avec sa pensée, maîtresse bien autrement jalouse que celles de ce monde, et qui s'en va impitoyablement quand on ne la reçoit pas tout de suite. Si j'arrivais chez cette femme un quart d'heure plus tard que l'heure fixée, je la trouvais en larmes, elle essuyait ses yeux à la hâte et ne me faisait aucun reproche; mais ses yeux étaient rouges et dans sa gaieté apparente perçait l'inquiétude ou le soupçon. Cette vie devint d'abord une fatigue, puis un ennui, puis une torture. Je ne travaillais plus. J'essayai de rompre tout doucement et de la détacher de moi en l'éloignant un peu. Je l'installai à la campagne ; elle m'écrivait lettres sur lettres, je fis quelques tentatives de rapprochement, car je la plaignais au fond, mais l'égoïsme l'emporta ; j'étais trop malheureux. Elle me proposa de quitter la France ; nous eûmes une dernière entrevue, et je la laissai partir, en pleurant, non pas elle, mais le bonheur à côté duquel nous passions tous les deux.

DIANE.

C'est que vous ne l'aimiez plus.

PAUL.

Peut-être.

DIANE.

L'amour ne raisonne pas si bien. Demandez à Raphaël, votre aïeul en art, s'il aurait laissé partir la Fornarine.

PAUL.

Avouez, madame, puisqu'il est mort de ce qu'elle est restée, qu'il aurait aussi bien fait de la laisser partir.

DIANE.

Vous avez réponse à tout ; mais on ne m'a pas dit que cela sur votre compte. Je vous connais d'autres affections, et celles-là ne mourront pas.

PAUL.

Quelles affections ?

DIANE.

Vous aimez votre famille.

PAUL.

Hélas ! madame, ma famille se compose de ma mère, et, en effet, j'ai de l'adoration pour elle.

DIANE.

C'est ce qu'on m'a dit.

ACTE DEUXIÈME.

PAUL.

Maximilien, sans doute?

DIANE, avec intention.

Oui... Maximilien...

PAUL.

Je lui ai cependant rarement parlé de ma mère.

DIANE.

Mais peu importe que ce soit lui ou un autre! Vous savez que vous travaillez pour moi?

PAUL.

Pour vous, madame?

DIANE.

Oui, le pendant de ce tableau que vous exécutez en ce moment est pour moi; j'ai fait savoir au marchand que je le voulais.

PAUL, se levant.

Ah! c'est vous qui avez acheté ce tableau? Pardon, madame, ce n'est pas Maximilien qui vous a parlé de ma mère.

DIANE.

Eh bien, non, ce n'est pas lui.

PAUL.

Et vous ne pouvez me dire qui vous a parlé d'elle?

DIANE.

Je n'en sais plus rien, pour être franche.

PAUL.

Voulez-vous que j'aide votre mémoire, madame?

DIANE.

Cela m'étonnerait; comment auriez-vous su?...

PAUL.

Je ne sais pas encore, mais je vais savoir.

DIANE.

Et comment?

PAUL.

Je suis un peu sorcier.

DIANE.

Vraiment?

PAUL.

Oui; j'ai un ami qui a appliqué aux mains le système que Gall a trouvé pour la tête. En touchant, en regardant la main d'une personne, il lui dit tout son caractère, il surprend parfois sa pensée. J'ai étudié avec lui et suis devenu d'une certaine force en cette matière. Voulez-vous me donner votre main, madame?

DIANE.

La voici.

PAUL, lui rendant sa main.

Il m'a suffi de la toucher. Je sais tout ce que je voulais savoir.

DIANE.

C'est merveilleux! Voyons, je vous écoute.

PAUL.

Vous permettez que je dise la vérité?

DIANE.

Dites!

PAUL.

Eh bien, madame, vous êtes femme jusqu'au bout des ongles; c'est l'expression juste, je crois, c'est-à-dire que vous avez autant que possible le défaut qui a perdu la première femme : la curiosité.

DIANE.

Je vous l'ai avoué, vous n'avez donc pas grand mérite à le découvrir.

PAUL.

Mais il est certains résultats de ce défaut dont vous ne m'avez pas fait confidence et que je surprends peut-être malgré moi. Or, un de ces résultats est que, sans le vouloir, j'en suis convaincu, vous pouvez faire beaucoup de peine à des gens qui n'ont commis d'autre crime que celui de rendre service à votre cœur.

DIANE.

Je ne comprends pas du tout, monsieur.

PAUL.

Alors, vous me permettez de vous raconter une histoire, madame, et vous comprendrez peut-être.

DIANE.

Parlez, monsieur, je vous écoute.

PAUL.

Il y a huit jours, un de mes amis avait, avec une femme, un rendez-vous qui, à ce qu'il paraît, ne pouvait avoir lieu ni chez lui ni chez elle... Vous permettez que je continue?

DIANE.

Continuez.

PAUL.

Cet ami est venu emprunter à un peintre son appartement, et, tout en sachant que c'était pour y recevoir une femme, ce peintre s'est conduit, je crois, comme il devait le faire. Il n'a tenté en aucune façon de connaître cette femme, et cela lui était pourtant bien facile.

DIANE.

Il a fait son devoir de galant homme.

PAUL, avec intention.

Mais cette femme n'a peut-être pas été aussi discrète, de sorte qu'en attendant son amant...

DIANE.

Son amant!

PAUL.

Son amant, oui, madame, mon ami était bien certainement l'amant de cette femme ; sans quoi, elle l'eût reçu ouvertement chez elle.

DIANE.

Vous êtes bien sévère pour les femmes, monsieur ; il se peut que la personne dont vous parlez soit venue voir chez ce peintre un ami... Souvent les apparences sont trompeuses...

PAUL.

Soit, madame, mais peu importe ; toujours est-il que cette personne y est venue, et qu'en attendant mon ami, son ami, comme vous voudrez, n'imitant en aucune façon la discrétion de son hôte, elle a fouillé dans ses tiroirs, que, sans défiance, il avait laissés ouverts. Elle y a trouvé, sans aucun doute, ce qu'on peut toujours trouver chez un garçon, des lettres de femme, des papiers de toute sorte ; cela dut beaucoup amuser cette dame, et, bref, il résulta de ses recherches que celui qui la recevait avait peut-être besoin d'argent pour l'envoyer à sa mère, et qu'en payement de son hospitalité il y aurait charité à lui acheter un tableau.

DIANE.

Monsieur !

PAUL.

Voyez, madame, comme vous vous intéressez à ce récit !... mais permettez-moi de le terminer. Jusque-là tout va bien. Le jeune homme vendit son tableau, envoya la moitié de l'argent à sa mère, et se mit gaiement au second tableau que la même personne lui faisait commander. Malheureusement, la curiosité n'a pas de bornes, et la dame, après avoir fouillé dans les tiroirs de l'inconnu, désira le connaître et se le fit présenter par son... par son ami.

DIANE.

Et alors qu'arriva-t-il?

PAUL.

Il arriva, madame, que le peintre reconnut cette dame, et que, peut-être un peu trop susceptible, sa dignité se blessa d'une curiosité qui avait fini par une aumône, s'en blessa d'autant plus, qu'au premier aspect cette femme l'avait frappé comme un type rare de beauté noble, d'âme fière, de sentiments élevés; alors, il comprit que sa place n'était pas où il était, et il prit congé de cette dame en lui demandant pardon de s'être laissé présenter chez elle.

DIANE.

Attendez, monsieur, il y a là-dessous une trahison, je dirai presque une lâcheté dont, je l'espère, vous me donnerez le mot. Veuillez donc me permettre de vous adresser une question sur la fin de cette histoire, et, pour plus de clarté, je vais ôter les masques aux personnages que vous avez mis en scène. Celui que vous appelez l'amant de cette femme se nomme Maximilien de Ternon; le peintre, c'est vous; la femme, c'est moi. Vous le voyez, monsieur, je suis décidée à avoir une explication franche et loyale avec vous. M. de Ternon m'avait donné sa parole d'honneur qu'il ne vous dirait jamais le nom de la femme qu'il a reçue chez vous.

PAUL.

Maximilien a tenu sa parole, madame, il n'a pas dit votre nom.

DIANE.

Alors, monsieur, comment le savez-vous?

PAUL.

Veuillez regarder votre main, madame.

DIANE.

Ma main!

PAUL.

Vous portez la bague que vous avez oubliée chez moi, que j'ai retrouvée, que Maximilien vous a rendue et qui vient de me dire qui vous êtes.

DIANE.

C'est vrai. Maladroite! Alors, le hasard a tout fait. Soit, j'aime mieux cela que d'avoir à accuser un ami. Maintenant, monsieur, répondez-moi franchement. Avant d'entrer chez moi, me connaissiez-vous?

PAUL.

De nom seulement.

DIANE.

On vous avait parlé de moi, vous me l'avez dit tout à l'heure.

PAUL.

C'est vrai!

DIANE.

Que vous avait-on dit?

PAUL.

Bien des choses, madame.

DIANE.

Eh bien, monsieur, ces choses, il ne faut plus qu'on les dise, et, puisque nous sommes sur ce sujet, j'exige que vous écoutiez ma justification.

PAUL.

Je n'y ai aucun droit.

DIANE.

Soit, monsieur, mais c'est mon désir... M. de Ternon...

PAUL.

On vient de sonner, madame... C'est lui sans doute.

DIANE.

Qui voulez-vous donc que ce soit à pareille heure? Je

suis enchantée qu'il arrive en ce moment, l'explication aura lieu devant lui. (Elle ouvre la porte.) Arrivez, vicomte, arrivez! (Refermant la porte.) Le duc! (A Paul.) Monsieur, je vous en prie, veuillez entrer un instant dans cette chambre. (Avec rage.) Mon Dieu!... mon Dieu!...

SCÈNE X

LE DUC, DIANE.

DIANE.

Comment, duc, c'est vous?

LE DUC.

Oui, comtesse.

DIANE.

Tout le monde m'insultera donc ce soir!... Que se passe-t-il, pour que je vous voie arriver à pareille heure chez moi?

LE DUC.

Ne m'aviez-vous pas chargé d'une commission? ne m'aviez-vous pas permis de vous rapporter la réponse?

DIANE.

A une heure du matin?

LE DUC.

J'ai vu de la lumière à vos fenêtres.

DIANE.

Est-ce une raison?

LE DUC.

Vos gens m'ont même dit que vous n'étiez pas seule, j'ai cru que vous receviez.

DIANE.

Vous vous êtes trompé... Il n'y a que les malheurs et

les amants qui aient le droit d'ouvrir la porte d'une femme après minuit. Vous n'êtes ni l'un ni l'autre.

LE DUC.

Comtesse, je ne croyais pas...

DIANE.

Rentrez chez vous, duc, réfléchissez, et, quand vous viendrez me faire vos excuses demain, je ne me rappellerai que vos visites d'autrefois. Allez, duc, allez.

Le duc parti, Diane se laisse tomber sur un fauteuil, et pleure en cachant son visage dans ses mains.

SCÈNE XI

PAUL, DIANE.

PAUL, rentrant.

Adieu, madame.

DIANE, se levant et essuyant ses yeux.

Adieu, monsieur.

PAUL.

Vous pleurez, madame.

DIANE.

Comment vous convaincrai-je maintenant? Je vous jure pourtant que le duc n'a aucun droit d'agir comme il l'a fait. Je vous le jure!

PAUL.

A quoi bon ce serment, madame? N'êtes-vous pas libre de toutes vos actions? Le hasard me fait être seul chez vous à une heure du matin; vous ne voulez pas qu'on m'y voie et vous me priez d'attendre dans une autre chambre que vous ayez congédié un importun, quoi de plus naturel?

DIANE.

Mais que pensez-vous de moi après une pareille scène?

PAUL.

Ce que j'en pensais il y a dix minutes.

DIANE.

Vous êtes cruel, monsieur.

PAUL.

Vous vous méprenez au sens de mes paroles, madame. Quelques choses que je visse ou entendisse, mon opinion est arrêtée sur vous depuis que je vous ai vue. J'ai eu l'occasion de vous rendre un service, vous avez voulu le reconnaître, rien de plus simple. Là où ma susceptibilité voyait une aumône, mon cœur ne voit plus qu'une bonne intention. Je vous en remercie, madame, et vous demande pardon de ce que je vous ai dit tout à l'heure.

DIANE.

Quel langage!

PAUL.

C'est le seul que je doive tenir ici. Les larmes que vous répandez en ce moment sont le démenti le plus formel à ce que l'on peut dire de vous. Non, madame, non, rien de tout cela n'est vrai, vous n'avez pas besoin de me l'affirmer. Je ne veux pas que cela soit. Laissons les sots croire et les méchants répéter ces calomnies, et nous, gens de cœur faits pour nous entendre, regardons-les de haut et laissons-les passer.

DIANE.

Oh! c'est bien, monsieur.

PAUL.

Je vous ai comprise en un instant, madame; j'ai compris que votre âme inoccupée laisse tout faire à votre esprit, et l'esprit est souvent un mauvais conseiller pour une femme jeune et belle. En voulez-vous la preuve? Je vous connais depuis une heure à peine, et ce peu de temps a suffi pour me donner presque des droits sur vous. Regardez en face la situation où nous sommes vis-à-vis l'un de l'autre et ce que j'en pourrais tirer si j'étais un malhonnête homme, ou seulement un homme mal élevé. Vous êtes venue chez moi pour vous y trouver avec un de mes amis. Vous avez consenti à me recevoir, et me voilà ici à une heure du matin. Je suis seul avec vous, vous m'avez fait cacher dans votre chambre et vous pleurez de l'insulte que vous a faite un homme dont la fatuité a pris au sérieux quelques coquetteries banales. Tandis qu'il vient, celui que nous attendons ne vient pas, et le moins impertinent est encore celui qui est venu. Vous me demandiez tout à l'heure ce que Maximilien m'avait dit de vous, madame; ici même, cinq minutes avant de me présenter, il me disait : « Mon cher, fais donc la cour à la comtesse. » Il ne vient pas! Pourquoi? Pour me fournir l'occasion après m'avoir donné le conseil, ou parce qu'il est auprès d'une danseuse qu'il ne songe pas à vous sacrifier, à vous, comtesse de Lys. Voilà ce que je pourrais me dire, car voilà la réalité.

DIANE.

Oui.

PAUL.

Et, après ce qui s'est passé, je ne mentirais pas si demain je disais au duc : « Vous êtes venu cette nuit chez la comtesse de Lys, j'étais caché dans sa chambre, j'ai tout entendu. » Ce serait de mauvais goût, je le sais, mais cela serait. Quoi que vous pussiez dire, on vous répondrait qu'un homme caché la nuit dans la chambre d'une femme a bien des droits sur cette femme. Je vous aurais compromise, les bruits passés donneraient créance aux bruits nouveaux, et cependant nous ne sommes rien l'un à l'autre, je vous donne la main comme à un homme, et je vous appelle madame, comme s'il y avait cent

personnes autour de nous. Qu'est-ce que cela prouve?
Que vous avez commis dans votre vie je ne sais combien d'imprudences du même genre qui semblaient ne
devoir pas amener de conséquences et qui en ont
amené... Est-ce vrai?

DIANE.

Oui, c'est vrai. Que c'est bien à vous de me parler
ainsi! Voyez, je ne pleure plus, mais je vous dirai tout.
Il y a des minutes qui créent des amitiés de vingt ans.
Vous serez mon ami, monsieur, je le veux.

PAUL.

Oui, madame; mais il faut vous arrêter dans cette route,
puisqu'il en est temps encore. Que votre dignité vous précède et vous protège sans que vous ayez besoin de l'appeler à votre aide, comme vous avez fait tout à l'heure.
C'est étrange, n'est-ce pas, qu'un homme de mon âge
vous donne un semblable conseil? Mais je serais le
plus malheureux des hommes maintenant, si je ne vous
regardais pas comme la plus pure des femmes.

DIANE.

Merci! Cette soirée sera une leçon pour moi; puis je
tiens à votre estime, car vous êtes un grand esprit et
une âme généreuse. Vous m'aiderez, n'est-ce pas? Je suis
faible; que voulez-vous! personne ne m'aime et rien ne
me protège. Vous viendrez me voir souvent. Je vous dirai
toutes mes actions. Je ne ferai que ce que vous aurez
permis. Est-ce cela? Il y a déjà une bonne chose en moi.
J'aime mon père; je l'aime comme vous aimez votre mère.
S'il était près de moi, je n'aurais pas besoin d'un autre
appui. Quand je ne serai pas sage, vous me menacerez
de le lui dire, et vous verrez comme je redeviendrai
docile. C'est convenu, n'est-ce pas?

PAUL.

Tout ce que vous voudrez.

DIANE.

Je vous en prie, prenez de l'empire sur moi, ordonnez, grondez, punissez s'il le faut. Je suis de ces femmes qui ont besoin d'être dominées; ma force est dans les autres.

PAUL.

Vous oubliez, madame, qu'une femme de votre âge et de votre nature ne se laisse dominer que par un seul homme.

DIANE.

Par lequel?

PAUL.

Par celui qu'elle aime.

DIANE.

Ou par celui qu'elle estime; ne voulez-vous pas être celui-là?

PAUL.

Éternellement!... Adieu, madame.

DIANE.

Pourquoi adieu?

PAUL.

Il est tard pour moi comme pour le duc.

DIANE.

Mais vous reviendrez, n'est-ce pas?

PAUL.

Quand vous le permettrez.

DIANE.

Le plus tôt qu'il vous sera possible. Demain.

PAUL.

Demain. Adieu, madame la comtesse.

DIANE.

Adieu, monsieur. Pensez à moi ; travaillez pour moi, veux-je dire.

Il lui baise la main et sort.

SCÈNE XII

DIANE, seule.

Ah! voilà un homme de cœur!

ACTE TROISIÈME

Un salon chez Diane.

SCÈNE PREMIÈRE

DIANE, arrangeant les fleurs de sa coiffure devant sa glace; puis LE DOMESTIQUE.

DIANE.

Ce domestique ne revient pas. (Le domestique paraît.) Eh bien?

LE DOMESTIQUE.

Voici la réponse, madame la comtesse.

DIANE.

Et ces autres papiers?

LE DOMESTIQUE.

Ce sont des cartes de visite.

DIANE.

Le vicomte de Ternon avec ces mots au crayon: «Dixième fois. » La carte du duc. (Au domestique.) Qu'avez-vous répondu à ces messieurs?

LE DOMESTIQUE.

Que madame la comtesse resterait chez elle ce soir jusqu'à onze heures.

DIANE.

Ont-ils dit qu'ils viendraient?

LE DOMESTIQUE.

Oui, madame.

DIANE.

C'est bien, allez. (Il sort. Diane ouvre la lettre et lit.) « N'insistez pas, je vous en prie; vous refuser m'est trop pénible, mais je vous ai dit que je ne veux pas affronter le monde qui vous entoure. J'ai trop peur que ce monde ne surprenne mon secret et ne vous en fasse un crime. Je tiens à votre réputation plus qu'à ma vie. Il me semble que je ne serais pas assez maitre de moi, et qu'un seul de mes regards vous perdrait. Réservez-moi la solitude et le mystère, et soyez belle et joyeuse au milieu de ceux que vous recevrez. Ce soir, à onze heures, je passerai sous vos fenêtres. Si le signal s'y trouve, je monterai un moment vous dire combien je suis heureux depuis que je vous aime. Pensez un peu à moi, qui passe ma soirée à travailler en pensant à vous. » (Elle cache la lettre dans son sein.) Il n'y a rien à répondre; il a peut-être raison.

LE DOMESTIQUE, annonçant.

Madame de Launay.

SCÈNE II

MARCELINE, DIANE.

DIANE.

Ah! c'est toi. En toilette? Tu vas donc aussi chez la princesse de Cadignan?

MARCELINE.

Oui, et, comme tu as annoncé que tu restais chez toi jusqu'à onze heures, je viens avant tout le monde. Nous aurons quelques minutes pour causer à notre
à te parler sérieusement.

DIANE.

Tant pis.

MARCELINE.

Pourquoi?

DIANE.

Parce que je suis en belle humeur et que j'ai peur de ta gravité.

MARCELINE.

Tu es donc heureuse?

DIANE, avec confiance.

Très heureuse.

MARCELINE.

Et tu m'aimes toujours?

DIANE.

Le bonheur a cela de bon, qu'il fait aimer davantage ceux que l'on aimait déjà avant d'être heureux.

MARCELINE.

Et tu crois bien que, moi aussi, je t'aime?

DIANE.

Je n'en ai jamais douté.

MARCELINE.

Et la preuve, c'est que je t'ai pardonné ce que tu m'as fait faire dernièrement et que je suis revenue chez toi, car mon amitié peut t'être utile; aussi je viens te donner un conseil.

DIANE.

Qui est?

MARCELINE.

Qui est de partir pour la campagne et de rejoindre ton mari.

DIANE.

Avoue que voilà un drôle de conseil.

MARCELINE.

Ne t'a-t-il pas écrit pour t'en prier?

DIANE.

N'as-tu pas trouvé tout naturel que je restasse?

MARCELINE.

Mais, alors, je ne savais pas...

DIANE.

Quoi?

MARCELINE.

Ce qu'on m'a dit depuis.

DIANE.

Et que t'a-t-on dit?

MARCELINE.

Connais-tu M. Paul Aubry?

DIANE.

Nous sommes allées chez lui ensemble.

MARCELINE.

A cette époque, tu ne le connaissais pas plus que moi, pas plus que je ne le connais à cette heure. Est-il vrai que, depuis lors, vous vous soyez rencontrés?

DIANE.

C'est vrai.

MARCELINE.

Il y a longtemps?

DIANE.

Il y a un mois environ.

MARCELINE.

Tu ne me l'avais pas dit.

DIANE.

C'était du temps que nous étions brouillées, et je n'y ai pas pensé depuis.

MARCELINE.

Tu me trompes!

DIANE.

Voilà un véritable interrogatoire. Prends garde, tu vas ressembler à ma belle-sœur.

MARCELINE.

Est-ce que mon amitié n'a pas le droit de t'interroger un peu ?

DIANE.

C'est selon.

MARCELINE.

Mais elle a le droit de t'avertir.

DIANE.

De quoi ?

MARCELINE.

D'un danger : tu te perds.

DIANE.

Tu es folle.

MARCELINE.

Alors, il faut t'apprendre toute la vérité. Sais-tu de quoi l'on t'accuse ?

DIANE.

Non.

MARCELINE.

De quoi accuse-t-on une femme jeune, belle, riche comme toi, qui tout à coup s'isole et disparaît ?

DIANE.

On l'accuse d'une douleur secrète.

MARCELINE.

Ou d'un bonheur clandestin.

DIANE.

Écoute, ma chère Marceline, nous sommes l'une et l'autre dans des conditions tout à fait différentes, il ne faut donc pas nous juger du même point de vue. Tu as été mariée à l'homme de ton choix, tu l'aimes, tu es aimée de lui, le bonheur fleurit dans ta maison, tu le cueilles sans efforts, en souriant, entre un baiser de ton époux et une caresse de ton fils; tant mieux pour toi. Ce bonheur-là, je ne le connais pas, moi; ce n'est pourtant pas faute de l'avoir rêvé et de l'avoir voulu.

MARCELINE.

Tu as peut-être le droit de te plaindre, mais de te plaindre à moi seule. Ton droit s'arrête là; car, autour de toi, il y a le monde, le monde auquel tu appartiens, le monde qui commence à dire de toi le mot terrible qui, une fois tombé sur la vie des femmes comme nous, fait son trou et creuse sa plaie.

DIANE.

Et ce mot, c'est?

MARCELINE.

C'est : « Elle a un amant! »

DIANE.

Le monde est bien bon aujourd'hui de ne m'en donner qu'un, lui qui autrefois m'en donnait, combien? deux, trois, que sais-je? tous les jeunes gens qui m'entouraient.

MARCELINE.

Mais, alors, le monde mentait et le savait bien. En prenant ta place dans la société, tu y as causé le bouillonnement que ta beauté, ta jeunesse, ta fortune, ton nom, ton caractère, ton originalité, devaient nécessairement produire. Tu as éveillé les jalousies, excité les amours-propres, provoqué les médisances; mais toutes ces mauvaises passions se sont écoulées dans des suppositions sans fondement certain, sans causes réelles. Tu ne faisais pas de mal, il n'y avait pas de mal à dire; on s'est tu, mais avec l'espérance secrète d'une revanche. Cette revanche, tu l'offres, et, aujourd'hui, le monde épelle un nom, celui de M. Paul Aubry. Je l'ai entendu nommer, je m'alarme et je te préviens. Tu as une ennemie acharnée, ta belle-sœur ; elle te sourit, prends garde !

DIANE.

Le monde reconnaîtra encore une fois qu'il s'est trompé, et tout sera dit.

MARCELINE.

On t'a rencontrée avec M. Paul Aubry.

DIANE.

C'est possible ; on m'a rencontrée avec le duc aussi.

MARCELINE.

On l'a vu entrer chez toi.

DIANE.

Comme tant d'autres.

MARCELINE.

Oui, mais à ces autres, maintenant, ta porte reste fermée.

DIANE.

Non, puisque je reçois ce soir et que je vais au bal.

MARCELINE.

Parce que toi-même as compris qu'il fallait faire une concession. Enfin, M. Paul Aubry n'est pas du même monde que toi, c'est un artiste, on ne le reçoit pas, et l'on sait que tu le reçois. On se demande comment tu l'as connu ? Dieu me garde de te condamner ! Je t'aime, voilà tout. Tu es heureuse, dis-tu ; si jamais tu es malheureuse, tu sais où tu as une amie. (Elle l'embrasse.) En attendant, je veille sur toi.

LE DOMESTIQUE, annonçant.

M. le vicomte de Ternon.

MARCELINE.

Défie-toi de cet ami-là.

DIANE.

Il n'est pas méchant.

MARCELINE.

Non, mais il est inconséquent et léger; c'est pis, peut-être.

SCÈNE III

Les Mêmes, MAXIMILIEN.

MAXIMILIEN, à Diane.

Enfin on vous voit! (A Marceline.) Bonsoir, madame; je suis sûr que vous étiez en train de gronder la comtesse de se dérober ainsi à ses amis, et vous aviez raison. (A Diane.) Comment allez-vous?

DIANE.

Mieux.

MAXIMILIEN.

Vous avez donc été vraiment souffrante?

DIANE.

Oui.

MAXIMILIEN.

Ah!

DIANE.

Vous n'en paraissez pas bien convaincu?

MAXIMILIEN.

Je ne vous ai jamais vue si rose et si belle. Vous savez que je suis venu dix fois?

DIANE.

Votre carte me l'a dit, mais c'est beaucoup.

MAXIMILIEN.

C'est la vérité. *Le* verrons-nous ce soir?

DIANE.

Qui?

MAXIMILIEN.

Mon ami Paul.

DIANE.

M. Paul Aubry?

MAXIMILIEN.

Oui.

DIANE.

Je ne crois pas.

MAXIMILIEN.

Vous savez qu'il vous imite?

DIANE.

Comment?

MAXIMILIEN.

Il ne reçoit plus! J'ai été trois ou quatre fois pour le voir, il était toujours sorti. C'est de l'ingratitude, car enfin c'est moi qui vous l'ai présenté, et il devrait être assez heureux pour m'en remercier.

DIANE.

Heureux?

MAXIMILIEN.

De la discrétion? de la défiance même? Bon! bon! Je ne peux pas vous en vouloir, moi, un diplomate!

MARCELINE, bas, à Diane.

Tu vois.

LE DOMESTIQUE, annonçant.

Madame et mademoiselle de Lussieu, M. le vicomte de Boursac.

SCÈNE IV

Les Mêmes, MADAME DE LUSSIEU,
JULIETTE, M. DE BOURSAC.

DIANE, allant au-devant de madame de Lussieu.

Que c'est aimable à vous, chère madame, de venir me voir!

ACTE TROISIÈME.

MADAME DE LUSSIEU.

Voilà trois mercredis que vous ne recevez pas; on m'a dit que vous restiez chez vous ce soir; je profite de cette occasion rare, et je vous amène ma fille.

DIANE.

C'est une aimable surprise. (A Juliette.) Vous voilà donc sortie du couvent?

JULIETTE.

Oui, madame.

DIANE.

Et vous allez au bal ce soir?

JULIETTE.

Oui, madame.

DIANE.

Vous aimez le bal?

JULIETTE.

Je crois que je l'aimerai. C'est la première fois que j'y vais.

DIANE.

Nous vous présenterons nos meilleurs danseurs.

M. DE BOURSAC, à Diane.

Bonsoir, comtesse.

DIANE.

Et votre frère?

M. DE BOURSAC.

Il est toujours souffrant.

Diane s'éloigne.

MADAME DE LUSSIEU, à Diane.

Venez vous asseoir un peu ici, chère enfant. (Diane s'assied.) Vous allez ce soir chez la princesse?

DIANE.

Oui.

MADAME DE LUSSIEU.

Vous faites bien.

DIANE.

Pourquoi?

MADAME DE LUSSIEU.

Parce qu'on sait que vous avez été malade et qu'on sera bien aise de vous voir rétablie. Êtes-vous sortie aujourd'hui?

DIANE.

Oui.

MADAME DE LUSSIEU.

Dans votre voiture?

DIANE.

Oui.

MADAME DE LUSSIEU.

Avec votre attelage blanc?

DIANE.

C'est celui que je préfère.

MADAME DE LUSSIEU.

Prenez-en un autre.

DIANE.

Pourquoi?

MADAME DE LUSSIEU, amicalement.

Parce que le blanc est trop voyant. Supposons, par exemple, que vous alliez faire faire votre portrait. Si l'on remarque votre voiture à la porte d'un peintre connu, tout le monde saura que vous ménagez une surprise à votre mari, c'est inutile.

DIANE.

Merci!

Elle s'éloigne de madame de Lussieu.

MARCELINE.

Que te disait donc madame de Lussieu?

DIANE.

Rien.

LE DOMESTIQUE, annonçant.

Madame la marquise de Neray, M. le duc de Riva.

SCÈNE V

Les Mêmes, LE DUC, LA MARQUISE.

DIANE.

Bonsoir, duc.

LA MARQUISE.

Bonsoir, chère amie; ne vous dérangez pas, je prends une tasse de thé.

LE DUC, à Diane.

Vous m'avez pardonné?

DIANE.

Vous le savez bien... Regardez donc comme mademoiselle de Lussieu est jolie.

LE DUC.

En êtes-vous bien sûre?

DIANE.

Elle se fait une fête de danser ce soir chez la princesse... Allez l'inviter.

LE DUC.

Si j'allais encore être le soixante-dix-huitième.

Diane se lève et marche dans le salon.

M. DE BOURSAC, à madame de Lussieu.

Qu'est-ce que vous dites au vicomte?

MADAME DE LUSSIEU.

Je le gronde. Il fait trop parler de lui dans un monde où l'on parle mal.

MAXIMILIEN.

Je vous pose une question, à vous qui êtes une femme d'esprit.

MADAME DE LUSSIEU.

Voyons.

MAXIMILIEN.

Quel est le plus honnête homme de celui qui compromet une femme comme il faut, ou de celui qui se laisse compromettre pour une femme... qui n'est pas comme il faut?

MADAME DE LUSSIEU.

C'est celui qui n'est ni compromettant ni compromis.

MAXIMILIEN.

Vous êtes la femme la plus spirituelle que je connaisse. Je vais causer avec mademoiselle de Lussieu.

MADAME DE LUSSIEU.

Je vous le défends bien.

Maximilien va causer avec Juliette.

LA MARQUISE, à Diane.

Vous allez chez la princesse, ce soir?

DIANE.

Oui.

LA MARQUISE.

Voulez-vous une place dans ma voiture?

DIANE.

Merci, j'ai la mienne, et je ne compte y aller qu'un peu tard.

MAXIMILIEN, au duc.

Ah çà! vous faisiez votre cour à mademoiselle de Lussieu?

LE DUC.

Ma foi, non.

MAXIMILIEN.

Vous devriez l'épouser, mon cher : un million de dot, une fille charmante, une mère veuve et pleine d'esprit.

LE DUC.

Je ne songe guère à me marier.

MAXIMILIEN.

Vous êtes triste.

LE DUC.

Moi? Non.

MAXIMILIEN.

Est-ce que vous êtes toujours amoureux ici?

LE DUC.

Pourquoi cette question?

MAXIMILIEN.

C'est — dit-on — qu'il y a bien du nouveau.

LE DUC.

Vous en êtes sûr?

MAXIMILIEN.

Dit-on! dit-on!

MADAME DE LUSSIEU, à Maximilien.

La marquise paraît bien gaie ce soir.

MAXIMILIEN.

Elle aura fait une méchanceté à quelqu'un.

MADAME DE LUSSIEU.

Vous n'avez pas l'air de l'aimer.

MAXIMILIEN.

Je ne puis pas la souffrir.

MADAME DE LUSSIEU.

Ne trouvez-vous pas qu'elle ressemble à madame de Lusigny?

MAXIMILIEN.

Est-ce qu'elle vit toujours, madame de Lusigny?

MADAME DE LUSSIEU.

Toujours.

M. DE BOURSAC.

Je la croyais morte de vieillesse.

MAXIMILIEN.

Si elle avait dû mourir de ça, il y a longtemps qu'elle serait morte. Elle a quarante-huit ans!

MADAME DE LUSSIEU.

C'est poli pour moi qui en ai cinquante.

MAXIMILIEN.

Vous n'avez pas cinquante ans, vous : vous en avez deux fois vingt-cinq!

DIANE, à Juliette.

Une tasse de thé, ma chère enfant?

JULIETTE.

Merci, madame, je regarde cet album... (Maximilien a pris une tasse de thé et est venu l'offrir à madame de Lussieu. M. de Boursac en offre une à Marceline. — Juliette vient à sa mère avec l'album.) Voyez donc, maman, le ravissant dessin.

MADAME DE LUSSIEU.

En effet! c'est très joli! Regardez donc, duc.

LE DUC.

Ah! c'est d'un grand artiste.

MADAME DE LUSSIEU.

De qui donc? Ce n'est signé que d'initiales.

LE DUC.

C'est de M. Paul Aubry.

MAXIMILIEN, tout en buvant son thé.

Un de mes amis intimes.

LA MARQUISE, jetant un regard sur Diane et s'adressant à Maximilien.

Ah! vous connaissez M. Paul Aubry? Vous êtes bien heureux! Je n'entends parler que de ce monsieur, depuis quelques jours. Je voudrais bien le voir — de loin...

ACTE TROISIÈME.

MAXIMILIEN.

C'est un de mes camarades de collège.

LA MARQUISE.

Il paraît que c'est un homme à bonnes fortunes. Le savez-vous ?

MAXIMILIEN.

Non.

LA MARQUISE.

Il est question d'une grande dame qui s'occuperait beaucoup de lui.

MAXIMILIEN.

Vraiment !

LA MARQUISE.

Pour moi, je n'ai pas voulu le croire.

MAXIMILIEN.

Cela peut arriver cependant.

LA MARQUISE.

Comment croire qu'une femme qui se respecte consentirait à aimer et même à recevoir ce monsieur ?

DIANE.

Et pourquoi pas, ma chère amie ?

LA MARQUISE.

Un monsieur qui s'appelle Paul Aubry, qui fait des petits tableaux, et qui a son nom en étalage derrière les vitres des marchands, — fi donc !

DIANE.

Un artiste qui a son nom en étalage comme vous et moi, qui se fait avec son talent ce que nos maris et nos frères se font avec une ambassade ou un mariage. Je me crois aussi grande dame que qui que ce soit, et non seulement je ne blâme pas celle dont vous parlez d'aimer ce jeune homme, mais je la comprends. Quand l'amour s'élève jusqu'à l'intelligence, il est une fois plus grand.

LA MARQUISE.

Quel enthousiasme! On croirait à vous entendre que vous connaissez M. Paul Aubry.

DIANE.

Je le connais; et je m'étonne que M. de Ternon, qui vient de l'appeler son ami et qui me l'a présenté, ne l'ait pas mieux défendu.

LA MARQUISE.

Et pourquoi M. de Ternon vous l'a-t-il présenté?

DIANE.

Parce qu'il m'a plu de le connaitre. J'ai trouvé dans M. Paul Aubry un homme de talent et de cœur; j'ai continué de le recevoir, et je ne laisserai pas médire chez moi d'un homme qui a franchi deux fois le seuil de ma porte.

LA MARQUISE.

Pourquoi ce monsieur n'est-il pas ici, alors? Nous jugerions nous-mêmes.

DIANE.

Si M. Paul Aubry n'est pas ici, ce n'est pas faute que je l'aie prié d'y venir.

LA MARQUISE.

Mais il a compris qu'il ne serait pas à sa place.

DIANE.

La place d'un homme de sa valeur est partout, partout où il peut être compris. Assez donc sur ce sujet, marquise, car je n'ai encore dit que la moitié de ce que je pense, et il vaut mieux que je ne dise pas tout.

Diane s'approche de madame de Lussieu.

MADAME DE LUSSIEU.

Imprudente!

MARCELINE.

Voilà ce que je craignais.

LE DUC.

Ce que vous avez fait là est très bien, comtesse, et je vous le dis, quoique j'en souffre.

LA MARQUISE, se levant.

Adieu, ma chère.

DIANE.

Vous nous quittez déjà?

LA MARQUISE.

Oui, j'ai promis à la princesse d'arriver de bonne heure.

DIANE, à un domestique qui passe au fond.

La voiture de madame la marquise.

MADAME DE LUSSIEU.

La mienne aussi.

LA MARQUISE.

Ma chère Diane, j'ai oublié de vous demander si vous avez reçu des nouvelles de votre mari.

DIANE.

Non, pas depuis quelque temps.

LA MARQUISE.

J'en ai reçu, moi. Vous savez qu'il a une mission pour l'Allemagne.

DIANE.

Je l'ignorais.

LA MARQUISE.

Il faut qu'il parte prochainement; attendez-le donc dans trois ou quatre jours au plus tard. Nous nous verrons ce soir?

DIANE.

Oui.

LA MARQUISE.

Qui vous accompagnera?

DIANE.

Quelqu'un que je compte présenter à la princesse.

LA MARQUISE.

Et ce quelqu'un... c'est?

DIANE.

Vous le verrez.

LE DOMESTIQUE.

La voiture de madame la marquise. La voiture de madame de Lussieu.

DIANE, à Marceline.

Reste un instant, toi.

MARCELINE.

Sois tranquille; je ne te quitte pas.

MADAME DE LUSSIEU, à Diane.

Nous allons vous voir?

DIANE.

Quelques lignes à écrire et je vous rejoins.

JULIETTE.

Adieu, madame.

DIANE.

Adieu, chère enfant.

JULIETTE.

Voudrez-vous bien me prêter votre album?

DIANE.

Volontiers.

JULIETTE.

Je désirerais copier ce dessin de M. Aubry.

DIANE.

Demain, je vous l'enverrai.

JULIETTE.

Merci... (Elle tend son front à Diane qui l'embrasse.) J'en aurai bien soin.

MAXIMILIEN, à Diane.

Vous avez été méchante pour moi.

DIANE.

Vous n'êtes pas ce que vous devriez être à l'égard de vos amis. La mauvaise société vous perd.

LE DUC, à Diane.

Disposez de moi en toute occasion, et surtout soyez heureuse.

DIANE.

Merci, mon ami.

Tout le monde s'éloigne peu à peu.

SCÈNE VI

MARCELINE, DIANE, puis JENNY.

DIANE.

Ah! la marquise veut la guerre? Eh bien, nous la ferons, et en face.

MARCELINE.

Avais-je tort de te prévenir?

DIANE, allant placer une lampe près de la fenêtre.

Il n'y a pas de danger.

MARCELINE.

Que fais-tu là?... C'est un signal?

DIANE.

Oui.

MARCELINE.

Quelqu'un va monter?

DIANE, sonnant.

Oui.

MARCELINE.

Diane! Diane!

DIANE, au domestique.

Qu'on attelle, et envoyez-moi Jenny.

MARCELINE.

Tu vas sortir?

DIANE.

Oui, je vais présenter M. Paul Aubry à la princesse.

MARCELINE.

Tu es folle! S'il est un honnête homme, il refusera.

DIANE, à Jenny qui paraît.

Ma pelisse, des gants! Ouvrez vous-même la porte à la personne qui monte.

MARCELINE.

Au nom du ciel, ne fais pas cela, Diane!

DIANE.

Pourquoi ne le ferais-je pas? Qu'y a-t-il d'extraordinaire à ce que je présente quelqu'un quelque part?

MARCELINE.

Diane, songe à ton nom, à ta réputation, à ton père, à toi enfin!

JENNY, rentrant.

Madame...

MARCELINE.

Oh! ne reçois personne pendant que je suis là.

DIANE, à Jenny.

C'est bien, priez qu'on attende un moment.

ACTE TROISIÈME.

MARCELINE.

Va seule chez madame de Cadignan, je t'en supplie, j'ai peur d'un malheur pour toi ce soir.

DIANE.

Retourne auprès de ton mari, qui t'attend, lui, pour te mener au bal; il t'aime, tu ne peux pas me comprendre.

MARCELINE.

Eh bien, non! je reste.

DIANE.

Tu restes? (Sonnant.) Faites entrer. (Présentant Paul.) M. Paul Aubry, ma chère Marceline. (A Paul.) Madame de Launay, ma meilleure amie.

SCÈNE VII

Les Mêmes, PAUL.

MARCELINE.

Oui, Diane, tu as raison, ta meilleure amie.

DIANE.

Il faut vous dire, pour vous expliquer l'intonation que mon amie donne à ses paroles, que, lorsqu'on vous a annoncé, elle était occupée à me faire de la morale.

PAUL.

A propos de quoi, madame?

DIANE.

Elle disait que j'ai tort de vous recevoir.

MARCELINE.

A cette heure-ci, du moins.

PAUL.

Madame avait raison, et je comprends qu'une amitié de plus vieille date et qui a donné plus de preuves que la mienne soit un peu jalouse de moi.

MARCELINE.

Ce n'est pas de la jalousie, c'est de la raison. A mon avis, Diane a tort de vous recevoir, je le répète, à l'heure qu'il est, et surtout dans les intentions où elle est.

PAUL.

Quelles intentions?

DIANE.

La chose la plus simple du monde. Je vous prie de m'accompagner au bal.

PAUL.

Vous, madame?

DIANE.

Oui, ce soir.

PAUL.

Et où donc?

DIANE.

Chez la princesse de Cadignan.

PAUL.

Et pourquoi, bon Dieu?

DIANE.

Parce que, comme on m'accuse de ne vous recevoir qu'en secret, je veux qu'on sache que je vous reçois publiquement.

PAUL.

Que voilà donc une belle chose à apprendre à tant de monde!

DIANE.

Je le veux.

PAUL.

Et moi, je ne le veux pas. D'où vous est venue cette idée, je vous le demande un peu?

DIANE.

De ce que ma belle-sœur a dit du mal de vous ici, et que je veux lui faire voir ce que vous êtes, et que je ne la crains pas. Oh! je lui ai répondu, allez!

PAUL.

Il fallait laisser dire! Que m'importe!... (A Marceline.) N'est-ce pas, madame? (A Diane.) Si vous désirez aller à ce bal, madame de Launay vous y accompagnera; mais moi, quelle folie! (A Marceline.) Êtes-vous rassurée, madame?

MARCELINE.

Oui, monsieur, et je crois que vous êtes digne de l'amitié de Diane.

PAUL.

Maintenant, il faut que vous alliez au bal, je vous laisse. Si madame de Launay permet que je l'accompagne jusqu'à sa voiture, je lui offre mon bras.

MARCELINE.

J'accepte votre bras, monsieur.

PAUL, s'approchant de Diane.

Adieu, madame.

DIANE, bas.

Je n'irai pas au bal... je vous attends.

PAUL, prenant le bras de Marceline.

Madame...

MARCELINE, à Diane.

A demain.

DIANE.

A demain! (Bas.) Eh bien, tu as vu; es-tu contente?

MARCELINE.

Oui, mais ce n'est pas tout.

DIANE.

N'en demande pas trop. (Marceline et Paul sortent. A Jenny qui paraît.) Dites qu'on dételle.

18.

JENNY.

Madame la comtesse ne sortira pas?

DIANE.

Non.

JENNY.

Et les domestiques?

DIANE.

Ils peuvent se retirer. (Jenny sort. Diane ôtant ses bracelets et ses fleurs.) Ah! Marceline, tu auras beau faire, je ne te sacrifierai pas mon amour.

JENNY, rentrant.

Madame la comtesse n'a plus besoin de moi?

DIANE.

Non. Attendez dans ma chambre.

Jenny sort, Paul rentre.

SCÈNE VIII

DIANE, PAUL.

PAUL.

Vous avez une amie qui vous défend bien.

DIANE.

Vous a-t-elle vu rentrer?

PAUL.

Non. J'ai eu l'air de retourner chez moi.

DIANE.

Que vous a-t-elle dit?

PAUL.

Rien. Elle est charmante!

ACTE TROISIÈME.

DIANE.

N'allez pas l'aimer... D'ailleurs, vous perdriez votre temps.

PAUL.

Je le perds bien ici.

DIANE.

Comme vous savez le contraire!

PAUL.

Dites-vous vrai? Pour moi, je suis bien heureux.

DIANE.

Vous ne mentez pas?

PAUL.

Songez qu'avant de vous connaître je n'avais jamais aimé.

DIANE.

Et madame Berthe?

PAUL.

Vous m'avez dit vous-même que je ne l'aimais pas.

DIANE.

Et mademoiselle Aurore?

PAUL.

Il ne vous manquerait plus que d'être jalouse d'elle?

DIANE.

Croyez-moi, toutes les femmes qui ont été aimées du même homme se valent par un mot, si éloignées qu'elles paraissent les unes des autres. Pourquoi la comtesse de Lys ne serait-elle pas jalouse de la grisette Aurore?

PAUL.

Suis-je jaloux du duc?

DIANE.

L'ai-je jamais aimé?

PAUL.

De Maximilien? Vous l'avez aimé, celui-là!

DIANE.

Comme on aime au couvent, comme toute jeune fille aime, ou plutôt croit aimer le premier homme qu'elle voit. Amours semblables aux dents de lait, qui sont sans racines et tombent sans secousses.

PAUL.

Et cependant, depuis trois semaines, j'évite de le voir. Il n'a pas toujours été un étranger pour vous, et n'est plus un ami pour moi. Puis il ne parle pas des femmes de votre monde comme je veux en entendre parler maintenant. Il est de ces hommes qui ont la maladresse de dénigrer la société dont ils sont, au profit de la société plus facile dans laquelle ils entrent. Quand il plaisante les femmes du monde, il me blesse, car je les respecte toutes à cause de vous. Où cet amour me mènera-t-il ? Je n'en sais rien, et j'ai peur !

DIANE.

Que craignez-vous ?

PAUL.

Qu'il n'y ait dans votre existence un autre souvenir que le mien.

DIANE.

Encore ?

PAUL.

Oh ! les noms du duc et de Maximilien, que je vous citais tout à l'heure, ne m'effrayent pas, et je souriais en parlant d'eux ; mais la jalousie de l'inconnu, c'est la plus terrible. Vous êtes jeune ; mais que d'années déjà vous avez passées, livrée à vous-même, entourée, flattée, aimée ! Je vous le pardonnerai si cela est, car le passé n'appartient à personne, pas même à Dieu ; mais dites-moi, Diane, s'il y a au monde un homme qui puisse, dans le fond de son âme, mêler un souvenir à votre nom ?

DIANE.

Pas un.

PAUL.

Pourquoi portez-vous toujours cette bague que j'ai trouvée, jamais une autre?

DIANE.

Elle me vient d'une amie morte. Je lui ai promis de ne jamais la quitter. La voici; prenez-la.

PAUL.

Non, pardon, mille fois pardon...

DIANE.

Prenez-la, au contraire. Tenez, je le veux, maintenant. Je ne vous demande pas de ne la donner jamais, puisque, moi-même, je manque au serment que j'avais fait de la garder toujours; mais portez-la comme un talisman qui me défendra dans votre cœur contre vos souvenirs et contre les influences, et si un jour vous cessez de m'aimer, si vous ne voulez plus me revoir...

PAUL.

Oh! Diane!

DIANE.

Cela peut être; eh bien, si cela est, renvoyez-moi cette bague, je comprendrai.

PAUL.

Entendez-vous?

DIANE.

Quoi donc?

PAUL.

Le roulement d'une voiture qui s'arrête à votre porte.. On dirait une chaise de poste.

DIANE se lève et va à la croisée.

C'en est une.

PAUL.

Qui donc peut arriver à cette heure?

DIANE, regardant à la fenêtre et très tranquillement.

Mon mari.

PAUL.

Votre mari? Votre mari ne devait revenir que dans quelques jours... Un soupçon le ramène. Diane, le comte va nous séparer; je ne vous quitte pas.

DIANE.

Rien ne vous force à me quitter.

PAUL.

Et si le comte monte ici?

DIANE.

Il vous verra, voilà tout. D'ailleurs, le comte ne se présente jamais chez moi qu'après s'être fait annoncer. Laissons donc mon mari revenir tranquillement chez lui; asseyez-vous là et causons.

PAUL.

C'est étrange.

DIANE.

Oh! nous avons une vie à part, nous autres femmes, dans ce monde tant envié. Écoutez, on marche au-dessus de nous, on ouvre les portes, — on les referme, — le comte rentre, — le comte est rentré, tout est dit.

PAUL.

Mais cette chaise de poste ne quitte pas votre porte.

DIANE.

Le postillon est venu vite et fait souffler ses chevaux.

PAUL.

Rappelez-vous, Diane, que vous m'avez juré que rien ne nous séparerait.

DIANE.

Et qui songe à nous séparer?

PAUL.

Ah! tenez, il me passe des idées folles par l'esprit.

DIANE.

Dites-les.

PAUL.

Par moment, je me demande, puisque je vous aime... puisque vous dites que vous m'aimez, pourquoi nous nous soucions d'autre chose, pourquoi nous n'abandonnons pas tout pour être l'un à l'autre.

DIANE.

Paul!

PAUL.

Oh! je sais que c'est impossible.

DIANE.

Mais rien ne nous séparera, je vous le jure, ayez confiance en moi.

PAUL.

Si vous me trompez, j'en mourrai, voilà tout! (Deux heures sonnent à la pendule.) A demain.

DIANE.

A demain.

PAUL.

Je vous verrai, n'est-ce pas?

DIANE.

Oui. Je vous enverrai Jenny vous dire à quelle heure je pourrai vous recevoir.

PAUL.

Il n'y a pas de danger que cette Jenny?...

DIANE.

Non; c'est une fille dévouée.

PAUL, lui baisant la main.

Demain de bonne heure, j'aurai de vos nouvelles?

DIANE.

Oui.

PAUL.

Comme je vous aime!... Et vous?

DIANE.

Vous le savez bien...

Il sort.

SCÈNE IX

DIANE, puis JENNY.

DIANE.

Allons! je suis heureuse!
Elle entr'ouvre les rideaux, regarde dans la rue et reste un instant pensive. Jenny paraît.

JENNY.

Madame la comtesse sait que M. le comte est de retour?

DIANE.

Oui; le comte n'a rien dit?

JENNY.

Non, madame.

DIANE.

Il y a de la lumière dans mon appartement?

JENNY.

Oui, madame.

DIANE.

C'est bien, laissez-moi...
Jenny sort. Diane traverse le théâtre et marche vers la porte de sa chambre; au moment où elle y arrive, cette porte s'ouvre et le comte paraît.

SCÈNE X

DIANE, LE COMTE.

DIANE, poussant un cri.

Ah !

LE COMTE.

Je vous ai fait peur, je vous demande pardon.

DIANE.

En effet, je m'attendais si peu à vous voir paraître tout à coup et je m'explique si mal votre visite.

LE COMTE.

J'arrive, et j'avais à vous dire quelques mots.

DIANE.

Que vous ne pouviez pas remettre à demain?

LE COMTE.

Non; mais vous voyez que j'y ai mis de la discrétion et que je ne me suis présenté que lorsque vous avez été seule.

DIANE.

Qu'avez-vous à me dire?

LE COMTE.

Vous vous rappelez que, le jour de mon départ, en vous disant que j'attendais une lettre ministérielle, je vous ai priée de m'envoyer cette lettre dès qu'elle serait arrivée.

DIANE.

Je vous l'ai expédiée.

LE COMTE.

Et je vous en remercie. Elle contient...

DIANE.

Une mission pour l'Allemagne, je le sais, votre sœur me l'a dit.

LE COMTE.

Vous avez donc vu ma sœur?

DIANE.

Je l'ai vue ce soir.

LE COMTE.

Moi aussi... J'avais à lui parler dès mon retour, et je l'ai vue avant de rentrer à l'hôtel. Cette lettre contenait, en effet, une mission pour l'Allemagne; mais ce que ma sœur ne vous a peut-être pas dit, c'est combien cette mission est importante, et qu'il me faut partir cette nuit; et avant de partir...

DIANE.

Vous avez voulu me faire vos adieux; je vous en sais gré. Quand partez-vous?

LE COMTE.

A l'instant même, la chaise de poste m'attend en bas.

DIANE.

Et vous reviendrez?

LE COMTE.

Oh! je n'en sais rien, mais j'ai idée que je ne reviendrai pas de sitôt en France.

DIANE.

Pourquoi?

LE COMTE.

Parce que, cette mission remplie, je compte me fixer dans un autre pays.

DIANE.

Et moi?

LE COMTE.

C'est justement de cela que je voulais vous parler... Vous... ma chère Diane, vous m'accompagnerez, je l'espère.

ACTE TROISIÈME.

DIANE.

C'est selon. Du reste, quand ce sera de votre part une décision irrévocable de vous fixer dans un autre pays que la France, vous me l'écrirez, et alors...

LE COMTE.

La décision est prise dès maintenant, et, si je me suis permis d'entrer chez vous si tard, c'est justement pour vous le dire. Donc, si vous le voulez bien, nous allons partir.

DIANE.

Partir?

LE COMTE.

Oui.

DIANE.

Partir à cette heure-ci?

LE COMTE.

Pourquoi pas?

DIANE.

D'abord je n'ai aucune raison de quitter Paris, moi, et surtout si brusquement.

LE COMTE.

En avez-vous d'y rester?

DIANE.

Non; mais je veux réfléchir avant de m'expatrier pour toujours; j'ai ici des parents, des amis, des habitudes que je ne veux pas abandonner encore.

LE COMTE.

Malheureusement, nous n'avons pas de temps à donner à tout cela, puisqu'il faut partir cette nuit même.

DIANE.

Eh bien, ne m'avez-vous pas dit, en partant, que vous ne me demanderiez pas de vous accompagner?

LE COMTE.

C'est vrai; mais j'ai changé d'idée.

DIANE.

Ah! vous avez eu tort; en tous cas, il fallait me prévenir plus tôt. Et d'où vous vient cette idée nouvelle?

LE COMTE.

Elle me vient tout simplement de ce que, partant pour ne plus revenir, je désire emmener ma femme avec moi, et que, par ordre supérieur, étant forcé de partir très vite, je suis forcé de la prier de partir très vite aussi. Tout cela est très naturel.

DIANE.

Et tout cela à cause de cette mission?

LE COMTE.

Oui.

DIANE.

Eh bien, monsieur, cette mission, nous n'en avons besoin ni pour notre fortune, ni pour notre position, refusez-la.

LE COMTE.

J'ai accepté.

DIANE.

Je ne vous savais pas si ambitieux.

LE COMTE.

Je le suis devenu, à ce qu'il paraît.

DIANE.

Soit, partez. Je vous rejoindrai peut-être; mais, à coup sûr, je ne partirai pas aujourd'hui.

LE COMTE.

Il le faut cependant.

DIANE.

Il le faut?

LE COMTE.

Oui.

DIANE.

Ah çà! monsieur, je ne vous reconnais plus. Un ordre, à moi?

LE COMTE.

Non pas un ordre, une volonté tout au plus.

DIANE.

Malheureusement, monsieur, cette volonté n'est pas la mienne... Cessons donc ce badinage et souffrez que je rentre chez moi. (Elle va à la porte qu'elle trouve fermée.) Ma porte est fermée! que veut dire ceci?

LE COMTE.

Cela veut dire que vous n'avez même pas besoin de rentrer chez vous. Vous changerez de costume au premier relais.

DIANE.

Cela devient sérieux, à ce qu'il paraît.

LE COMTE.

Très sérieux.

DIANE.

Du moment que vous m'avez dit avoir vu votre sœur, j'aurais dû me douter de quelque infamie.

LE COMTE.

Mais non, madame, c'est une chose toute naturelle, je vous le répète. Quoi de plus naturel qu'une femme voyageant avec son mari? Où avez-vous vu que cela fût une infamie? Nous sommes partis souvent ainsi, et vous ne faisiez aucune objection.

DIANE.

C'est possible, mais je ne partirai pas avant huit jours.

LE COMTE.

Réfléchissez.

DIANE.

C'est tout réfléchi.

LE COMTE.

C'est votre dernier mot?

DIANE.

J'ai dit. (Le comte se dirige vers la cheminée et étend la main vers la sonnette.) Que faites-vous?

LE COMTE.

Je vais sonner.

DIANE.

Pour quoi faire?

LE COMTE.

Pour employer d'autres moyens, puisque la prière est insuffisante.

DIANE.

D'autres moyens?

LE COMTE.

Oui, madame.

DIANE.

Lesquels?

LE COMTE.

Tous ceux que la loi met en mon pouvoir.

DIANE.

La loi? Vous emploierez la force?

LE COMTE.

Oui, madame.

DIANE.

Vous ferez un scandale?

LE COMTE.

Je ferai tout ce qu'il faudra faire pour que vous partiez.

DIANE.

Jouons cartes sur table, monsieur; vous voulez une séparation.

LE COMTE.

Une séparation! Non, madame, puisque, au contraire, je veux vous avoir avec moi. Faut-il sonner?

DIANE.

Je partirai, monsieur, mais à une condition.

LE COMTE.

Laquelle?

DIANE.

Vous me laisserez seule une heure.

LE COMTE.

Pas une minute.

DIANE.

Alors, faites ce que vous voudrez, monsieur, je reste. (Le comte sonne.) Quelle infamie!

SCÈNE XI

Les Mêmes, JENNY.

JENNY, paraissant.

Madame a sonné?

DIANE, à part.

Brave fille! elle se doute de quelque chose. (Haut.) Oui. Jenny, venez, ne me quittez pas!

LE COMTE.

Sortez, mademoiselle.

DIANE.

Monsieur!

LE COMTE.

J'ordonne à cette fille de sortir...

JENNY, à l'oreille de Diane.

M. Aubry est dans la rue et ne quitte pas votre porte.

DIANE.

Je suis sauvée !

Jenny sort. Diane court vers la fenêtre.

SCÈNE XII

LE COMTE, DIANE.

LE COMTE.

Que faites-vous, madame ?

DIANE.

Moi ? Rien, monsieur ; j'attends vos moyens légaux.

LE COMTE.

Que vous a dit cette fille ?

DIANE.

Puisque vous voulez un scandale, vous l'aurez

LE COMTE.

Madame !

DIANE.

Car il doit y avoir je ne sais quelle raison honteuse à votre conduite de ce soir, car vous ne m'aimez pas, car vous ne m'avez jamais aimée, car vous vous souciez peu de mon honneur et de ma vie. Ah ! je suis forte maintenant ! je n'ai qu'à ouvrir cette fenêtre, et, si vous m'en empêchez, je n'ai qu'à briser un carreau, et je serai sauvée ; faites un pas, monsieur, j'appelle.

LE COMTE.

C'est bien, madame ; que votre volonté s'accomplisse. Dieu m'est témoin que je voulais empêcher ce qui arrive, et que j'ai fait tout ce que j'ai pu pour vous sauver de vous-même. Vous me forcez à savoir ce que je voulais ignorer ! Soit ! Il n'y a plus rien de commun entre nous ; vous êtes libre.

ACTE TROISIÈME.

DIANE, avec un cri de joie.

Libre! enfin!

LE COMTE.

Maintenant, vous ne refuserez plus de me suivre.

DIANE.

Où donc?

LE COMTE.

Auprès de votre père. C'est de lui que je vous tiens, c'est à lui que je dois vous rendre; une fois là, vous ferez ce que vous voudrez.

DIANE.

Nous allons rejoindre mon père?

LE COMTE.

Je vous le jure.

DIANE.

Vous me le jurez?

LE COMTE.

Je vous le jure sur l'honneur, madame!

DIANE.

Eh bien, monsieur, je suis prête à vous suivre.

ACTE QUATRIÈME

Un salon d'hôtel, porte au fond, portes latérales.

SCÈNE PREMIÈRE

Une Fille d'hôtel, achevant de ranger ; puis LE DUC.

LE DUC, entrant

Mademoiselle ?

LA FILLE.

Monsieur ?

LE DUC.

C'est bien ici l'appartement numéro 3 ?

LA FILLE.

Oui, monsieur.

LE DUC.

Il est occupé par une jeune dame et son mari ?

LA FILLE.

Oui ; monsieur et madame la comtesse de Lys, arrivés hier.

LE DUC.

Madame la comtesse a sa femme de chambre avec elle ?

LA FILLE.

Oui, monsieur, mademoiselle Jenny.

LE DUC.

Veuillez la prier de venir.

LA FILLE.

La voici justement.

LE DUC.

Laissez-nous.

SCÈNE II

LE DUC, JENNY.

JENNY.

Vous, monsieur le duc? vous ici?

LE DUC.

Moi-même.

JENNY.

Par hasard?

LE DUC.

Oui, par hasard, pour tout le monde, excepté pour vous. Il faut que je parle à la comtesse.

JENNY.

Ce sera bien difficile.

LE DUC.

Pourquoi?

JENNY.

M. le comte ne la quitte pas.

LE DUC.

Je lui parlerai devant le comte.

JENNY.

Alors, c'est autre chose, et, pour cela, vous n'avez pas besoin de moi.

LE DUC.

Mais j'avais besoin de vous pour me renseigner. En réalité, que se passe-t-il?

JENNY.

Vous savez donc?...

LE DUC.

Je suis un ami de madame de Lys, je viens ici pour lui rendre un service, parlez sans crainte.

JENNY.

Eh bien, monsieur le duc, une scène violente a eu lieu; monsieur a voulu faire partir madame, telle qu'elle était, en robe de bal, à l'instant même.

LE DUC.

Comment avez-vous su cela?

JENNY.

J'écoutais à la porte.

LE DUC.

Ah!

JENNY.

Dans l'intérêt de madame. Vous savez, monsieur, combien je lui suis dévouée, et j'avais l'espérance de pouvoir lui être utile.

LE DUC.

Et la comtesse a refusé de partir?

JENNY.

Oui.

LE DUC.

Mais comment se fait-il qu'elle soit partie?

JENNY.

C'est moi qui en suis cause.

LE DUC.

Comment cela?

JENNY.

Un mot que je lui ai dit a changé la situation.

ACTE QUATRIÈME.

LE DUC.

Et maintenant, où va la comtesse?

JENNY.

A Florence, rejoindre son père.

LE DUC.

Pas plus loin?

JENNY.

Non.

LE DUC.

Et le résultat de ce voyage?

JENNY.

Sera une séparation, je le crois.

LE DUC.

Ainsi, ils sont au plus mal?

JENNY.

Ils ne se sont pas dit un seul mot tout le long de la route.

LE DUC.

Merci, mademoiselle. Vous pouvez prévenir la comtesse que je suis ici?

JENNY.

Parfaitement.

LE DUC.

Appartement numéro 7. Dès qu'elle sera seule et pourra me recevoir, priez-la de me le faire dire. J'ai peut-être une bonne nouvelle à lui annoncer.

JENNY.

N'aimez-vous pas mieux la lui écrire?

LE DUC.

Non, je préfère lui parler moi-même. Je rentre chez moi, je n'en sors pas, j'attends!

JENNY.

C'est dit.

SCÈNE III

Les Mêmes, LE COMTE.

LE COMTE, paraissant, à Jenny.

Madame est levée?

JENNY.

Oui, monsieur le comte.

LE COMTE.

Dites alors qu'on serve ici et prévenez madame. Mais je ne me trompe pas, c'est vous, monsieur le duc?

Jenny sort.

LE DUC.

Moi-même, monsieur le comte.

LE COMTE.

Quel heureux hasard vous amène à Lyon?

LE DUC.

Je vais en Italie. Je venais d'apprendre que vous étiez dans la maison avec madame la comtesse et je m'informais de l'heure à laquelle je pourrais lui présenter mes hommages et vous serrer la main. J'ai eu l'honneur de voir madame la comtesse mercredi dernier, elle ne m'a pas parlé de ce voyage.

LE COMTE.

Elle l'ignorait, je suis revenu ce soir-là même. Je partais, elle a consenti à m'accompagner.

LE DUC.

Et vous allez?

LE COMTE.

Moi, je vais en Allemagne, mais je conduis la comtesse à Florence. Elle est un peu souffrante et restera là quelque temps avec son père. Vous allez prendre une tasse de thé avec nous?

LE DUC.

Non pas. Je suis en costume de voyage, je ne fais que d'arriver et je ne saurais me présenter dans cette tenue.

LE COMTE.

Eh bien, vous y serez forcé, car voici la comtesse.

SCÈNE IV

Les Mêmes, DIANE.

DIANE.

Comment, duc, c'est vraiment vous?

LE DUC.

Oui, madame.

DIANE.

Vous voyagez donc aussi?

LE DUC.

Je vais à Naples.

DIANE.

Oh! que je suis aise de vous voir.

LE DUC.

M. le comte m'a dit que vous étiez un peu souffrante.

DIANE.

Ce ne sera rien.

LE DUC, bas.

J'ai beaucoup de choses à vous dire.

DIANE, bas.

C'est bien, plus tard.

LE COMTE, à Diane.

Comment vous sentez-vous ce matin?

DIANE.

Mieux, merci, j'ai dormi.

LE DUC, lui baisant la main.

Madame, j'aurai l'honneur de vous revoir avant votre départ.

DIANE.

Je l'espère, je ne sortirai pas.

Le duc sort après avoir touché la main du comte. — Pendant ce temps, on a servi le thé, le domestique est resté là pour servir.

SCÈNE V

LE COMTE, DIANE.

LE COMTE, assis, à Diane, assise.

Une tasse de thé?

DIANE.

Non, merci.

LE COMTE.

Vous ne prendrez rien?

DIANE.

Je n'ai pas faim.

LE COMTE, au domestique.

Retirez-vous. (Le domestique sort.) Voyons, ma chère Diane, regardez-moi.

DIANE.

Que je vous regarde?

LE COMTE.

Oui, et dites-moi franchement si, depuis deux jours que nous sommes partis, vous n'avez pas eu deux ou trois fois envie de rire.

DIANE.

Est-ce une plaisanterie, monsieur?

LE COMTE.

Je ne plaisante pas du tout, je vous demande seulement si notre position respective, depuis deux jours que nous voyageons côte à côte sans nous adresser la parole, excepté quand il y a du monde, je vous demande si cette position ne vous a pas donné envie de rire.

DIANE.

Non, monsieur.

LE COMTE.

Vous êtes bien heureuse; moi, je ne puis pas parvenir à la prendre au sérieux.

DIANE.

Elle est pourtant sérieuse.

LE COMTE.

Permettez-moi de causer à cœur ouvert avec vous. Pourquoi sommes-nous partis?

DIANE.

Pour aller retrouver mon père.

LE COMTE.

Dans quel but?

DIANE.

Dans le but de nous séparer.

LE COMTE.

Pour quelle cause?

DIANE.

Parce que nous avons à nous plaindre l'un de l'autre.

LE COMTE.

Voilà quelles étaient nos dispositions en partant. Mais depuis deux jours?

DIANE.

Eh bien?

LE COMTE.

Depuis deux jours que nous ne nous parlons pas, nous avons eu le temps de réfléchir.

DIANE.

J'ai réfléchi.

LE COMTE.

Et le résultat de vos réflexions?

DIANE.

Est qu'il y a bien loin de Paris à Florence.

LE COMTE.

Oh! vous êtes cruelle pour moi qui réfléchissais de mon côté et qui trouvais la route bien courte.

DIANE.

Voyons, monsieur, qu'est-ce que tout cela veut dire?

LE COMTE.

Cela veut dire que ce que nous faisons est absurde, n'a ni sens, ni raison, ni possibilité; que nous nous entêtons sur une niaiserie, et que nous ferions beaucoup mieux, après avoir embrassé votre père, de nous en revenir et de rire d'un monde qui s'apprête déjà là-bas à rire de nous.

DIANE.

Est-ce vous qui me parlez?

LE COMTE.

C'est moi.

DIANE.

Après ce qui s'est passé?

LE COMTE.

Que s'est-il donc passé?

DIANE.

Vous l'avez oublié, monsieur? vos insultes, vos violences. Vous qui aviez eu jusqu'alors la prétention d'être un homme du monde, à ce point que vous ne me demandiez compte d'aucune de mes actions, vous entrez chez moi à deux heures du matin et vous me donnez l'ordre de vous suivre, en me menaçant si je ne vous obéis pas ! Et vous me demandez aujourd'hui de quoi je me plains ? Oubliez, si vous voulez, moi, je ne le pourrais pas, quand bien même je le voudrais.

LE COMTE.

Eh bien, vous avez raison, j'ai été un maladroit ; mais, sur l'honneur, ce n'a pas été ma faute.

DIANE.

Je ne vous demande pas d'explications.

LE COMTE.

Mais je vous en donne. Mettez-vous à ma place. Je recevais lettres sur lettres de ma sœur, qui vous en veut de je ne sais quels mots que vous lui avez dits. Cependant, je ne voulais que vous faire peur ; mais, une fois entré dans ce rôle, j'ai été forcé d'aller jusqu'au bout. Vous avez résisté, vous avez répondu par des menaces à celles que je vous faisais, vous alliez appeler — je ne sais qui — à votre secours. Il allait y avoir scandale, la nuit, scandale sur lequel il eût été impossible de revenir ; que vouliez-vous que je fisse ? J'ai paru céder ; il a bien fallu passer par tout ce que vous avez voulu, pour vous amener à partir. Eh bien, vous avez ma parole, je la tiendrai ; mais, je l'ai dit et je le répète, nous faisons une chose ridicule dont nous nous repentirons, moi plus tôt, vous plus longtemps.

DIANE.

Vous êtes un homme d'esprit, et je vous suis reconnaissante de cette tentative ; mais, de même que vous avez été forcé de pousser votre rôle jusqu'au bout, de même je suis forcée de pousser le mien jusqu'au dénouement, que ce soit un malheur ou non.

LE COMTE.

Ce n'est plus que de l'entêtement de votre part.

DIANE.

Non, c'est mieux que cela, et ce que vous appelez un entêtement a une raison plus forte que moi.

LE COMTE.

Et c'est à cette raison que vous allez tout sacrifier?

DIANE.

Oui.

LE COMTE.

Écoutez : si je vous parle comme je le fais, c'est que je ne vous crois pas aussi coupable que vous-même essayez de le faire croire ; si je tente de réparer le mal, c'est que je ne crois pas avoir à rougir de cette réparation, c'est que je suis un honnête homme, peut-être un homme d'esprit comme vous vouliez bien me le dire, et, enfin, je suis un homme et je connais la vie. Eh bien, discutons sérieusement comme si nous n'étions en cause ni l'un ni l'autre. Vous voulez une séparation, elle aura lieu. Quel usage ferez-vous de votre liberté? Vous en ferez à l'instant même un esclavage au profit d'une autre personne. Cette personne que vous aimez ou croyez aimer, qui vous aime ou croit vous aimer, appréciera-t-elle à sa valeur le sacrifice que vous allez lui faire? Dans le premier moment, oui; plus tard, non. Songez qu'en disposant de votre vie vous disposez de la sienne sans son consentement. C'est pour un homme une chaîne bien lourde que l'existence compromise et brisée d'une femme, si belle, si aimée, si aimante que soit cette femme. Si je meurs bientôt, mais je ne vois pas pour cette combinaison de probabilités bien vraisemblables, vous pourrez par un second mariage légitimer un peu votre faute. Ce mariage sera-t-il dans de meilleures conditions que le nôtre? En tout cas, c'est triste d'avoir à attendre la mort d'un homme dont le crime est d'être un mari, pour en épouser un dont le grand mérite est d'être un amant. Dieu me garde de suspecter un seul instant la pureté, la sincérité, l'éternité des sentiments que vous avez inspirés; mais, en général, le grand charme de la femme mariée, c'est le mari. Une femme sacrifie à celui qu'elle aime sa réputation, sa famille, son mari, elle court lui annoncer ce sacrifice, et elle est tout étonnée, au bout de quelques jours, de le voir triste et soucieux. S'il était franc, quand elle lui demande ce qu'il a, il lui répondrait : « Je regrette votre mari ! »

DIANE.

Je vous demanderai une chose, monsieur le comte. Vous êtes jeune encore, vous avez un beau nom, tout ce qu'il faut pour plaire, de l'expérience, de la noblesse; comment se fait-il que, m'épousant, moi qui étais jeune, sans volonté, sans parti pris, moi qui ne demandais qu'à subir l'influence d'un honnête homme, vous n'ayez pas employé toutes vos qualités à vous faire aimer de moi? Cela vous eût été bien facile, et nous n'en serions pas aujourd'hui à nous dire les étranges choses que nous nous disons.

LE COMTE.

Vous avez raison; mais, que voulez-vous ! notre mariage n'a pas été l'élan simultané de deux sympathies l'une vers l'autre : vous n'aviez pas l'air de m'épouser avec enthousiasme; vous ne paraissiez pas devoir m'adorer jamais; j'ai cru, excusez le mot, qu'il y aurait de l'indiscrétion à vous aimer. J'ai eu tort, puisque je ne suis pas homme à accepter que vous aimiez ailleurs. Oui, j'aurais pu empêcher ce qui arrive, voilà pourquoi je m'applique à le réparer, ce que je ne tenterais pas si je n'avais rien à me reprocher, ce que je n'aurais pas besoin de faire si notre mariage était à recommencer. Je crois que je ne vous connais véritablement que depuis trois jours : vous m'êtes apparue sous un nouvel aspect, avec une énergie de sentiments dont je vous croyais incapable. Je vous traitais en enfant, vous étiez une femme, et j'ai peur maintenant de vous aimer. Avouez que ce serait jouer de malheur. Voyons, Diane, voulez-vous tenter une épreuve? Voulez-vous que nous voyagions deux mois? Pendant ce temps, vous réfléchirez. Si, dans deux mois, vous êtes toujours dans les mêmes dispositions, eh bien, vous serez libre.

DIANE.

Inutile, ne changeons rien à ce qui est convenu, allons trouver mon père.

LE COMTE.

Quand désirez-vous partir?

DIANE.

Quand vous voudrez.

LE COMTE.

Aujourd'hui même?

DIANE.

Aujourd'hui.

LE COMTE.

Je vais donner les ordres pour le départ. Mais entendons-nous! Que dirons-nous à votre père? Moi, je ne veux pas vous accuser. Si vous m'accusez, je vous promets de ne pas me défendre. Nous rejetterons cet événement sur l'incompatibilité d'humeurs, c'est le prétexte le plus honorable. Notre séparation n'a pas besoin d'être publique, je crois. Faites une dernière concession à votre nom et au mien, au respect de votre famille et à l'opinion du monde. Votre père seul sera dans la confidence de cette séparation réelle. Je partirai pour l'Allemagne, vous voyagerez de votre côté, nous éviterons de nous rencontrer dans les mêmes lieux... Est-ce cela?

DIANE.

Oui.

ACTE QUATRIÈME.

LE COMTE.

Les affaires d'intérêt se régleront comme vous l'entendrez. Allons, comtesse, une poignée de main; dans une heure, nous partons.

<small>Elle donne la main au comte qui s'éloigne.</small>

SCÈNE VI

DIANE, <small>seule; elle réfléchit un instant; puis</small> JENNY.

JENNY.

Madame la comtesse est seule?

DIANE.

Disposez tout, nous partons dans une heure.

JENNY.

Madame la comtesse se rappelle que M. le duc a absolument besoin de lui parler?

DIANE.

Dites-lui que je puis le recevoir. Que peut-il avoir à me dire? Avez-vous demandé s'il y avait des lettres pour moi?

JENNY.

Il n'y en a pas, madame.

DIANE.

J'espérais en recevoir une de Marceline; c'est donc dans les moments les plus graves que l'amitié oublie? Prévenez le duc; j'attends.

LA VOIX DE MARCELINE, <small>du dehors.</small>

Oui, oui, c'est bien.

DIANE.

Mais je ne me trompe pas, c'est la voix de Marceline.

<small>Elle court à la porte, Marceline paraît, voilée, en costume de voyage.</small>

SCÈNE VII

DIANE, MARCELINE.

DIANE, lui sautant au cou.

Comment! c'est toi!

MARCELINE.

Oui, c'est moi, brisée, harassée; mais enfin je te trouve, Dieu soit béni!

JENNY.

Et M. le duc?

DIANE.

Plus tard, allez.

MARCELINE.

Mon Dieu, que tu m'as rendue inquiète! Que se passe-t-il donc?

DIANE.

Et moi qui à l'instant t'accusais presque, moi qui disais : « Elle a reçu ma lettre et elle ne m'a pas même écrit un mot à Lyon, pour me donner du courage. »

MARCELINE.

On n'écrit pas dans ces circonstances-là, on vient. Au lieu de t'envoyer mon amitié par la poste, je te l'apporte moi-même. Pour la troisième fois, que se passe-t-il?

DIANE.

Nous nous séparons.

MARCELINE.

Le comte et toi?

DIANE.

Oui.

MARCELINE.

Quand?

DIANE.

Quand nous aurons vu mon père.

MARCELINE.

A propos de quoi?

DIANE.

Ma belle-sœur lui a tout dit.

MARCELINE.

Elle a bien fait. Continue.

DIANE.

Elle a bien fait?

MARCELINE.

Nous n'avons pas le temps de discuter. Qui a eu l'idée de cette séparation?

DIANE.

Moi.

MARCELINE.

Je te reconnais bien là. Et ton mari?

DIANE.

Il y consent.

MARCELINE.

A merveille! Une fois séparés, que ferez-vous?

DIANE.

Il part pour l'Allemagne.

MARCELINE.

Et toi?

DIANE.

Moi, je reviens à Paris.

MARCELINE.

Et après?

DIANE.

Comment, après?

MARCELINE.

Après, qu'est-ce que tu fais à Paris? Tu ne me réponds pas. Ne trichons pas sur les mots. Après, tu deviens publiquement la maîtresse de M. Paul Aubry, ce que tu n'es pas encore.

DIANE.

Tu l'as vu?

MARCELINE.

Je l'ai vu.

DIANE.

Où cela?

MARCELINE.

Chez lui.

DIANE.

Tu y es allée, toi.

MARCELINE.

Moi!

DIANE.

Il m'aime, n'est-ce pas?

MARCELINE.

Attends.

DIANE.

Qu'avais-tu donc à lui dire?

MARCELINE.

Je voulais connaître la vérité, pour savoir ce qui me restait à faire. L'amitié pour moi n'est pas un vain mot, et, dans des circonstances comme celles-ci, son devoir est de mettre hardiment et brutalement la main à l'œuvre. Si le mal eût été irréparable, je ne serais pas venue; mais on peut te sauver, je te sauve. J'ai donc vu M. Aubry, je lui ai dit ce qui se passait, car je connais ton caractère, et j'avais deviné cette séparation, je lui ai demandé s'il en acceptait la responsabilité, je lui ai demandé si son amour était assez grand pour te tenir lieu de l'estime du monde, de l'affection de ton père, de ta conscience, du respect de toi-même, de mon estime à moi, il m'a répondu que non.

DIANE.

Lui?

MARCELINE.

Lui!

DIANE.

C'est impossible

MARCELINE.

Tu en doutes?

DIANE.

Tu mens pour me sauver.

MARCELINE, lui donnant sa bague.

Tiens.

DIANE.

Ma bague!

MARCELINE.

Doutes-tu encore?

DIANE.

Ma bague!

MARCELINE.

M. Aubry te la renvoie. Tu sais ce que cela veut dire.

DIANE.

Ah! Marceline! qu'as-tu fait? Tu as brisé toute ma vie! Non, c'est impossible. Il a cédé à tes prières. Mais, lui, il va souffrir, il en mourra, il me l'a dit, je ne le veux pas, je ne le dois pas. Écoute, s'il me répète lui-même ce que tu m'as dit là, je partirai, je te le jure, je t'obéirai; mais, jusque-là, laisse-moi douter encore. Marceline, je t'en supplie, repars, vois-le, qu'il vienne!

MARCELINE.

Impossible.

DIANE.

Impossible, dis-tu! pourquoi?

MARCELINE.

Il est parti.

DIANE.

Où est-il allé?

MARCELINE.

Je n'ai pas voulu le savoir.

DIANE, fondant en larmes et tombant dans les bras de Marceline.

Oh! Marceline! ton amitié est terrible!

MARCELINE.

Elle te sauve.

DIANE.

Elle me perd. Pour lui, je sacrifiais le passé, mais j'avais l'avenir; j'aurais fait suivre ma faute de tant d'amour, de tant de persévérance, qu'un jour peut-être le monde aurait dit : « Elle aimait! » et l'on m'eût pardonné. Nous aurions été heureux, j'en suis sûre. Au lieu de cela, ma vie est brisée pour jamais, car jamais je n'oublierai. Marceline, je suis bien malheureuse!

MARCELINE.

Du courage, Diane! Notre grande force, à nous, femmes, c'est la résignation. Tu n'es pas le premier amour de cet homme. Rappelle-toi ces lettres que nous avons trouvées chez lui. Il aimait aussi cette femme, il l'a quittée, cependant. Qu'est-elle devenue? Où est-elle? Pendant qu'il en aime une autre, elle souffre, comme tu aurais souffert un jour. Crois-moi, les amours illégitimes ne portent que des fruits amers; et, douleur pour douleur, mieux vaut celle qui résulte d'un devoir accompli que celle qui naît d'un amour épuisé. C'est la première fois que tu aimes, tu en souffres assez pour que ce soit la dernière. Après cette secousse, ton âme retrouvera peu à peu son équilibre, il te restera encore à être une honnête femme, une fille sans reproche. De loin, tu souriras à cet amour dont nul ne t'empêche de garder le pur souvenir dans le fond de ton cœur. Plus tard, vous vous rencontrerez; quelque chose de loyal et de bon tressaillera en vous, le lien qui vous unira sera éternel parce qu'il sera fait de vos deux sacrifices et de votre estime réciproque. En attendant, nous serons là pour te soutenir, pour t'aider. Je t'aime bien, tu ne doutes pas de mon amitié, je te conterai mes chagrins, j'en ai aussi; qui n'en a pas dans ce monde? et ta douleur aura un terme. Allons, embrasse-moi et sois forte!

DIANE.

Que veux-tu que je fasse? Ordonne, puisque tu as disposé de moi.

MARCELINE.

Dans quels termes es-tu avec ton mari?

DIANE.

Il est prêt à tout pardonner.

MARCELINE.

Tu vois, Dieu te protège. Allons trouver le comte ensemble.

DIANE.

Que veux-tu que je lui dise? j'ai les yeux pleins de larmes, il verrait bien que ma volonté est forcée. Non, va le trouver, toi; arrange ma vie comme bon te semblera, je n'ai même plus la force de me défendre. Dis-lui que nous partirons dans une heure. Je ne demande plus qu'une heure de solitude pour pleurer à mon aise.

MARCELINE.

Merci pour toi. Pleure puisque tu souffres, mais aie

confiance; si grande que soit ta douleur, l'avenir est plus grand encore et nous t'aimerons bien.

Elle sort.

SCÈNE VIII

DIANE, seule.

Après une scène muette de larmes et de désespoir silencieux, elle essuie brusquement ses yeux.

Va, Marceline, va, tu ne sais pas ce que c'est qu'une femme qui aime.

Elle sonne. Jenny paraît.

SCÈNE IX

DIANE, JENNY.

DIANE.

Jenny, tu m'es dévouée, n'est-ce pas?

JENNY.

Oui, madame.

DIANE.

Alors, tu vas m'accompagner, nous partons.

JENNY.

Où allons-nous, madame?

DIANE.

A Paris. Donne-moi de l'or, des bijoux, tout ce qu'il faut, et que dans une demi-heure tout soit prêt. On frappe, vois qui c'est.

JENNY, allant ouvrir.

C'est M. le duc.

DIANE, à Jenny, qui lui remet un petit sac de voyage.

Va, et hâte-toi!

SCÈNE X

DIANE, LE DUC.

DIANE.

Vous avez à me parler; voyons, duc, parlez, mais hâtez-vous.

LE DUC.

Comtesse, me pardonnerez-vous d'avoir deviné des choses que j'aurais dû paraître ignorer?

DIANE, tout en préparant son petit sac.

Je pardonne tout maintenant.

LE DUC.

Et croyez-vous à mon affection dévouée, à mon amitié sincère, au seul sentiment que vous m'ayez permis d'avoir pour vous?

DIANE, qui écoute à peine.

Oui, duc, oui, j'y crois.

LE DUC.

Alors, que je me sois trompé ou non dans mon désir de vous être utile et de vous prouver mon dévouement, vous ne m'en voudrez pas davantage?

DIANE, qui cherche autour d'elle si elle oublie quelque chose.

Pas davantage.

LE DUC.

Eh bien, comtesse, dès que j'ai appris ce qui se passait, et je l'ai appris tout de suite, j'ai pensé que vous pouviez avoir besoin d'un ami près de vous et je suis parti.

DIANE, lui donnant la main d'un air distrait.

C'est bien, duc, merci!

LE DUC.

Mais ce n'est pas tout.

DIANE.

Quoi donc?

LE DUC.

A peine étais-je arrivé, que j'ai trouvé ici quelqu'un, quelqu'un qui vous aime, je ne le connaissais pas, je l'ai deviné à sa pâleur, à son agitation... Il a passé toute la nuit dans la rue.

DIANE, s'arrêtant et le regardant en face.

Vous l'avez vu?

LE DUC.

Oui; du calme, comtesse. J'avais pressenti un malheur dans cette agitation; je ne m'étais pas trompé. M. Paul Aubry est venu ici avec l'intention de provoquer le comte.

DIANE.

Mon Dieu! et sa mère!

LE DUC.

Je suis allé à lui; j'ai essayé de lui faire entendre raison... impossible!... C'est tout naturel, il vous aime.

DIANE.

Après? Vous voyez bien que je meurs!

LE DUC.

Cependant, il a fini par me dire qu'il consentirait à cette séparation si je pouvais l'amener auprès de vous, ne fût ce qu'une minute, sans que personne le sût. Il était désespéré, il souffrait, il fallait éviter une catastrophe imminente, un scandale, j'ai consenti.

DIANE, lui serrant les mains.

Vous avez fait cela, vous?

LE DUC.

Oui, comtesse.

DIANE.

Et il est là?

LE DUC.

Oui...

DIANE, près de lui sauter au cou.

Ah !

Elle court vers la porte.

LE DUC.

Au nom du ciel, pas d'imprudence! il y va de votre honneur, du mien, de la vie de M. Aubry. Le comte est sorti avec madame de Launay, il peut rentrer d'un moment à l'autre.

DIANE.

Oui, vous avez raison. Je vous promets tout ce que vous voudrez.

LE DUC.

Comme elle l'aime!

DIANE.

Mais allez donc!

SCÈNE XI

DIANE, seule.

Elle va fermer les deux portes latérales, puis elle va écouter à la port du fond.

Un bruit de pas!... c'est lui.

Elle ouvre la porte.

SCÈNE XII

DIANE, PAUL.

DIANE, se laissant tomber dans les bras de Paul.

Enfin, vous voilà!

PAUL, avec un cri de joie.

Diane!... (Après avoir regardé autour de lui et résolument.) Partons!

DIANE.

Vous n'hésitez pas?

PAUL.

Pourquoi hésiterais-je?

DIANE.

Le serment que vous avez fait à Marceline...

PAUL.

Ne fallait-il pas détourner ses soupçons? Je vous aime! Il n'y a que cela de vrai!

DIANE.

J'allais partir seule pour vous chercher.

PAUL.

Ainsi vous êtes prête?

DIANE.

Oui.

PAUL.

Vous n'avez pas peur?

DIANE.

Peur de quoi?

PAUL.

De tout. Savez-vous bien, Diane, quelle existence vous acceptez?

DIANE.

Je le sais.

PAUL.

Savez-vous que nul ne saura ce que vous êtes devenue, qu'il vous faudra renoncer au monde et que le monde vous oubliera, que vous ne pourrez plus être qu'une femme qui aime et qui sacrifie tout à l'homme qu'elle aime?

DIANE.

Je le sais.

PAUL.

Je n'ai pas de fortune, Diane; il y aura peut-être des

heures bien longues de solitude, de tristesse et même de gêne à partager.

DIANE.

Tant mieux!

PAUL.

Alors, ne perdons pas une minute, partons!

SCÈNE XIII

Les Mêmes, LE COMTE.

LE COMTE, paraissant.

Et quand partons-nous?

DIANE

Mon mari!

PAUL, avec colère.

Monsieur!

LE COMTE, à sa femme.

Vous m'avez fait dire par madame de Launay que vous étiez prête à partir avec moi; je venais vous chercher et je vous entends dire à monsieur que vous partez avec lui. Alors, je vous demande : quand partons-nous?

PAUL.

La raillerie est inutile, monsieur, je suis à vos ordres.

LE COMTE.

Un duel, monsieur? Vieux moyen, et, qui pis est, moyen bête. Je ne vous connais pas; vous avez pénétré chez moi pour un rapt; à quoi bon me battre avec vous quand j'ai le droit de vous tuer?

DIANE.

Ah!

LE COMTE.

Tranquillisez-vous, madame. Aujourd'hui encore, je ferai tout au monde pour éviter le scandale et le bruit, et voici le seul moyen que j'emploierai. (A Paul.) Monsieur, il est possible que la société soit mal faite, que vous ayez intérêt à réparer ses erreurs, qu'on ait eu tort de nous marier, madame et moi; mais ce dont je suis sûr, c'est que je suis le mari de madame, que je l'aime, que je la garde et que rien, absolument rien au monde ne peut m'en empêcher, parce qu'elle est ma femme. Voilà pour le présent. Quant à l'avenir, je n'ajouterai qu'un mot; n'y voyez pas une menace, monsieur, mais l'expression claire et simple d'une résolution implacable. Je vous donne ma parole d'honneur que, si jamais je vous retrouve auprès de madame dans les conditions où je viens de vous trouver, je vous donne ma parole d'honneur que j'use du droit que la loi m'accorde et que je vous tue.

PAUL.

C'est bien, monsieur, nous verrons.

LE COMTE.

Jusque-là, monsieur, je ne vous connais pas, et il ne s'est rien passé entre nous.

LE DOMESTIQUE, paraissant.

La voiture de madame la comtesse est prête.

LE COMTE, à Paul.

Adieu, monsieur! (A Diane.) Vous avez l'existence de cet homme dans vos mains, ne l'oubliez pas, madame.

Ils sortent.

SCÈNE XIV

PAUL, seul.

C'est bien, monsieur le comte, à nous deux, maintenant!

ACTE CINQUIÈME

L'atelier de Paul.

SCÈNE PREMIÈRE

PAUL, seul, faisant une cigarette, l'allumant et venant se mettre devant un tableau qui est sur un chevalet.

Je ne peux pas travailler.

On frappe. Taupin entre avec une malle.

SCÈNE II

TAUPIN, PAUL.

PAUL.

Tiens, c'est Taupin!... Bonjour, mon bon Taupin; je suis content de vous voir... Comment allez-vous?

TAUPIN.

Pas mal; et vous-même?

PAUL.

Ni bien ni mal, comme un homme qui s'ennuie... Asseyez-vous.

TAUPIN.

Où puis-je mettre cette malle?

PAUL.

Où vous voudrez; mais pourquoi cette malle?... Vous arrivez de voyage?

TAUPIN.

Non, je pars.

PAUL.

Vous partez?

TAUPIN.

Oui; c'est toute une histoire.

PAUL.

Est-elle drôle?

TAUPIN.

Assez.

PAUL.

Contez-la-moi, alors. Je ne serais pas fâché de rire un peu.

TAUPIN.

Eh bien, mon cher, figurez-vous qu'il m'arrive une aventure assez cocasse.

SCÈNE III

Les Mêmes, MAXIMILIEN.

MAXIMILIEN, entrant.

On peut entrer?

PAUL.

Ah! te voilà, toi? Je t'attendais.

MAXIMILIEN.

Je ne te dérange pas?

PAUL.

Pas le moins du monde... Monsieur allait me raconter une histoire... Tu connais monsieur?

MAXIMILIEN, saluant.

Parfaitement! Je me rappelle m'être trouvé ici, il y a six mois, avec monsieur.

ACTE CINQUIÈME.

TAUPIN, *saluant.*

Je me souviens aussi.

PAUL.

Eh bien, mon cher, si vous pouvez raconter votre histoire devant un ami, je vous écoute.

TAUPIN.

Parfaitement! On peut fumer?

MAXIMILIEN, *à qui Taupin s'adresse.*

Parfaitement!

TAUPIN.

La pipe? (Maximilien fait signe que oui.) Eh bien, voici la chose... (A Maximilien.) Êtes-vous marié, monsieur?

MAXIMILIEN.

Grâce à Dieu, non.

TAUPIN.

Quelle est votre opinion sur les femmes?

MAXIMILIEN.

Elle est bien connue : mauvaise.

TAUPIN.

Alors je puis raconter mon histoire. (A Paul.) Vous connaissez madame Taupin?

PAUL.

Certainement.

TAUPIN.

Vous savez combien de fois j'ai demandé à Dieu de me débarrasser d'elle?

PAUL.

C'est vrai.

MAXIMILIEN.

Pardon! qui est-ce madame Taupin?

TAUPIN.

C'est ma femme, monsieur.

MAXIMILIEN, saluant.

Ah! merci! c'était simplement pour m'intéresser aux personnages.

TAUPIN.

Oui, monsieur, c'est ma femme, une petite personne bien désagréable.

PAUL.

Parfaitement vrai!

TAUPIN.

Ceci posé, je reprends le cours de ma narration. J'ai donc pensé que ce serait un grand bonheur pour moi d'être débarrassé de madame Taupin, comme je vous le disais tout à l'heure, soit qu'elle me fournît un prétexte de séparation, soit qu'elle consentît à décéder au milieu des plus violentes douleurs. Malheureusement, madame Taupin se portait comme un charme et m'abrutissait de sa fidélité, cette terrible vertu des femmes qu'on n'aime pas et grâce à laquelle elles peuvent vous faire tout le mal imaginable avec cette conclusion : « Je ne vous ai jamais trompé! » Cependant, depuis quelque temps, madame Taupin était plus douce, elle était presque bonne...

PAUL.

Diable!

TAUPIN.

C'est ce que je me disais. Il devait évidemment y avoir quelque chose là-dessous. Avant-hier au soir, je me faisais cette réflexion en rentrant chez moi, tout en fredonnant un air que j'ai dans la tête depuis quinze jours. Je mettais le pied sur la première marche de l'escalier quand j'entendis ouvrir une porte qu'à son grincement je reconnus pour être la mienne; et deux bottes, deux bottes triomphantes, deux bottes d'aplomb, deux bottes de maître de maison résonnèrent sur le carré, puis un baiser glissa dans l'air, et une voix, celle de madame Taupin, dit : « A demain, à trois heures, je serai libre, ne manquez pas... » A-t-elle dit : « Ne manquez pas », ou « Ne manque pas... » je n'en sais rien, ça m'est égal. La porte se referme et les deux bottes se mettent à descendre.

PAUL.

Alors, les vôtres se mettent à monter?

TAUPIN.

Non pas. Je me glisse derrière la porte de la cave cachée sous l'escalier, et je vois passer un homme de cinq pieds six pouces au moins, de trente-quatre à trente-cinq ans, décoré, militaire, je le parierais, oh! un homme superbe et fredonnant l'air que je fredonnais quelques minutes auparavant, mon air de prédilection. C'est ma femme qui le lui aura appris!

MAXIMILIEN.

Qu'avez-vous fait, alors?

TAUPIN.

J'ai monté chez moi, je n'ai rien dit de ce que j'avais vu et entendu, j'ai embrassé madame Taupin, je l'ai appelée mon loulou, j'ai fait un grog et je me suis couché.

PAUL.

C'est plein d'intérêt.

TAUPIN.

Vous allez voir. Hier matin, j'ai préparé ma malle et j'ai dit à madame Taupin : « Je pars pour Rouen. » Je m'étonne que, depuis l'inauguration de ce chemin de fer, toutes les femmes coupables ne tressaillent pas quand leur mari leur dit un matin qu'il part pour Rouen. En effet, dès qu'un mari veut surprendre sa femme, il lui dit : « Chère bonne, je pars pour Rouen. » La femme l'accompagne jusqu'à l'embarcadère, elle l'embrasse et lui demande quand il reviendra. Il lui répond qu'il sera absent huit jours, et, arrivé à Maisons, il descend, prend le convoi qui revient à Paris, et vous devinez le reste.

PAUL.

Ainsi, cette pauvre madame Taupin?...

TAUPIN.

Cette pauvre madame Taupin a été plus forte que moi, vous allez voir. Arrivé à Maisons, je me fais descendre. Il était une heure, je me dis : « Je prendrai le convoi de deux heures un quart, j'arriverai à Paris à trois heures ; dix minutes pour aller chez moi, dix minutes pour que l'homme superbe arrive et recommence la chanson d'hier au soir, cela fait trois heures vingt minutes : j'arriverai pour le second couplet. »

PAUL.

Alors ?

TAUPIN.

Alors, je me promène dans le parc en attendant, et devinez ce qui m'arrive !

PAUL.

Quoi donc ?

TAUPIN.

Je manque le train.

PAUL.

Ah! ah!

TAUPIN.

Une heure de retard !... J'étais furieux, j'avais préparé une scène, je veux l'utiliser, je fais ma scène, madame Taupin se met en colère. « Eh bien, quand je vous tromperais, me dit-elle, vous n'avez pas de preuves, et je ne vous crains pas ! Je ne vous ai jamais aimé; si vous êtes malheureux, tant pis pour vous, il ne fallait pas m'épouser. » Et, par-dessus cette conclusion, assez juste, elle me met tout bonnement à la porte en disant qu'elle est

ACTE CINQUIÈME.

chez elle, que tout lui appartient; ce qui est vrai. Par mon contrat de mariage, je lui ai reconnu une dot qu'elle n'avait pas; si bien que me voilà sans domicile, mais aussi, heureusement, sans femme! Épousez donc votre maîtresse!

MAXIMILIEN.

C'est la même histoire partout.

TAUPIN.

Vous avez été trompé aussi?

MAXIMILIEN.

... Je fais connaissance avec une danseuse.

TAUPIN.

C'est un autre genre.

MAXIMILIEN.

J'en étais fou!

TAUPIN.

Vous vous ruinez pour elle.

MAXIMILIEN.

Suffisamment.

TAUPIN, lui tendant la main.

Et elle vous a trompé?

MAXIMILIEN.

Complètement!

TAUPIN.

Enchanté de vous rencontrer, monsieur.

MAXIMILIEN.

Et j'ai encore reçu un coup d'épée... de l'autre, que j'avais appelé polisson.

PAUL, montrant les épées dans la panoplie.

Voilà les épées.

TAUPIN, saluant les armes.

De quoi vous plaignez-vous? Cette aimable personne

aurait pu attendre pour vous tromper que vous fussiez ruiné tout à fait, et l'autre aurait pu vous tuer.

PAUL.

Aussi, comment vas-tu être amoureux d'une femme qui fait des entrechats?

MAXIMILIEN.

Je te conseille de plaisanter les gens qui sont amoureux! Avec ça que tu ne l'as pas été, toi! Parlons de toi, à propos. — Vous n'êtes pas de trop, monsieur Taupin, au contraire. — J'ai vu M. de Boursac. A quand le mariage?

TAUPIN.

Quel mariage?

MAXIMILIEN.

Le mariage de Paul.

TAUPIN.

Vous vous mariez?

PAUL.

Ce n'est pas encore fait.

MAXIMILIEN.

Pourquoi?

PAUL.

Tu le demandes!

MAXIMILIEN.

Toujours la comtesse! Voyons, mon cher, est-ce que tu n'en finiras pas avec cette histoire-là? Tu as pourtant fait tout ce qu'il était humainement possible de faire.

PAUL.

Soit; mais je ne m'appartiens pas.

MAXIMILIEN.

Parce que?

PAUL.

Parce que je me suis juré à moi-même...

ACTE CINQUIÈME.

MAXIMILIEN.

Quoi?

PAUL.

De me venger.

MAXIMILIEN.

De qui?

PAUL.

Du comte.

MAXIMILIEN.

Son crime?

PAUL.

Tu le sais bien.

MAXIMILIEN.

Mon cher monsieur Taupin, vous connaissez l'histoire?

TAUPIN.

Je connais la scène entre le mari et Paul, à Lyon.

MAXIMILIEN.

Il ne vous a pas dit la suite?

TAUPIN.

Non.

MAXIMILIEN.

Écoutez : je vous fais juge. Le comte part avec sa femme, c'était son droit, qu'en pensez-vous?

TAUPIN.

Parbleu!

MAXIMILIEN.

Que devait faire Paul? Se trouver bien heureux d'en être quitte à si bon marché, car, en somme, ce mari pouvait le tuer; se dire qu'il n'y avait pas à lutter contre une impossibilité, revenir à Paris, se remettre au travail, revoir sa mère, ses amis, oublier une liaison qui ne pouvait pas avoir de durée et remercier Dieu que toute sa vie ne fût pas embarrassée d'une femme. A l'égard de la comtesse, il n'avait rien à se reprocher ; ce n'était pas plus la faute de l'un que de l'autre s'ils étaient séparés ; c'était la faute des événements, des positions, des droits de la société. Eh bien, savez-vous ce que fait Paul ?

TAUPIN.

Voyons !

MAXIMILIEN.

Il se met à suivre le comte et la comtesse ; pourquoi ? je vous le demande un peu.

PAUL.

Pourquoi ? Parce que cet homme m'avait dit en face qu'il me tuerait, et cela devant une femme, chez lui, dans un moment où je ne pouvais rien lui répondre... Eh bien, cet homme est un lâche ! car je n'ai pas pu l'amener à se battre, et Dieu sait que j'ai mis tout en œuvre pour cela. Je l'ai suivi comme le chien suit son maître ; j'ai mis les pieds dans son ombre. Il descendait dans un hôtel, je le suivais ; il s'asseyait à une table, je m'y asseyais ; il sortait de sa chambre, il me trouvait sur le seuil ! — Rien. — Une statue ! — Pas une fois il n'a eu l'air de me voir. Si le courage est dans l'insensibilité, tu as raison, cet homme est brave !

TAUPIN.

A quoi bon toutes ces provocations ?

PAUL.

Vous ne comprenez donc pas : il emmenait sa femme. Si par un moyen quelconque je ne l'arrêtais pas en route, elle était perdue ! perdue pour moi, et j'aimais mieux tout que de la perdre ! Fuir lui était impossible ; il n'y avait donc qu'un moyen, c'était de tuer cet homme.

TAUPIN.

Vous êtes pour les grands, grands moyens, vous !

MAXIMILIEN.

Ou d'être tué par lui? Il a fait ses preuves, et de plus, c'est un des meilleurs tireurs du monde... Tiens, tu es fou! Le mari a été homme de goût et d'esprit; il voulait garder sa femme, il l'a gardée; il savait bien que tôt ou tard tu renoncerais forcément à cette poursuite ridicule. Un artiste ne peut pas donner longtemps la chasse à un millionnaire. Le comte n'avait qu'à aller tout droit devant lui pour se débarrasser de toi, c'est ce qu'il a fait. Il est venu un jour où l'argent t'a manqué, et tu es resté sur la route. Si amoureux que l'on soit, ce n'est pas avec deux jambes que l'on suit une chaise de poste. Il a continué son chemin, et tout a été dit. Il a fallu revenir, et pour cela écrire ici, battre monnaie, emprunter, travailler et vendre ensuite à moitié prix pour rendre. Est-ce vrai?

PAUL.

C'est vrai!

TAUPIN.

Ah! mon pauvre ami, vous n'y allez pas de main morte en matière de sentiment.

MAXIMILIEN.

Mais voyez un peu, mon cher monsieur Taupin, quel bonheur a ce gaillard-là. Il y a des gens qu'une équipée comme la sienne aurait tués ou ruinés. Lui, pas du tout. Il revient; l'affaire avait transpiré juste assez pour être connue d'une vieille dame veuve, très spirituelle, qu'on nomme madame de Lussieu, et d'un vieux philosophe qu'on nomme M. de Boursac, et qui est depuis longtemps l'ami de cette dame. Madame de Lussieu désire connaître le héros de cette aventure dont elle connaît l'héroïne; M. de Boursac le lui présente. Madame de Lussieu a une fille qui, au lieu de voir le côté ridicule de cette histoire, n'en voit que le côté romanesque. Cette jeune fille se passionne pour Paul. Elle a un million de dot; elle est jolie comme un ange; elle déclare qu'elle n'épousera jamais que M. Aubry. On parle de ce mariage, madame de Lussieu y consent; Paul va dans la maison, il fait sa cour à la jeune fille, il la compromet presque, et, quand il s'agit de conclure, il hésite et repousse cette occasion, qui se présente une fois dans la vie de l'homme, d'assurer son bonheur et sa fortune.

TAUPIN.

Vous avez bien tort, mon cher! songez donc ce que c'est : une famille! Cinquante mille livres de rente! Vous pourrez faire de l'art avec des pinceaux d'or. Mariez-vous, mon cher, mariez-vous.

PAUL.

Je n'aime pas cette jeune fille.

MAXIMILIEN.

Et tu aimes toujours l'autre?

PAUL.

Peut-être.

MAXIMILIEN.

Et tu crois qu'elle reviendra?

PAUL.

Qui sait?

MAXIMILIEN.

Elle ne pense pas plus à te revenir que son mari ne pense à te la ramener. Une femme qui depuis six mois t'a écrit une seule lettre!

PAUL.

Lettre qui me disait : « Mon père est mourant, je reste auprès de lui; mais je vous jure que nous nous reverrons. »

MAXIMILIEN.

Et tu crois à sa promesse?

ACTE CINQUIÈME.

PAUL.

J'y croirai tant qu'elle ne m'aura pas dit un éternel adieu.

MAXIMILIEN.

Eh! mon cher, en amour il n'y a d'adieu éternel que celui qu'on ne dit pas. D'ailleurs, comment expliques-tu son silence depuis six mois? Car enfin une femme, et surtout une femme qui aime, trouve toujours moyen d'écrire.

PAUL.

Je ne m'explique rien, j'attends. Il y a là-dessous un mystère dont j'aurai le mot un jour, car il est impossible que tout soit fini entre Diane et moi.

MAXIMILIEN.

Alors pourquoi as-tu paru consentir au mariage qu'on te proposait? Pourquoi as-tu laissé dire, pourquoi as-tu dit toi-même que tu allais te marier?

PAUL.

Découragement.

MAXIMILIEN.

Il y a une autre raison.

PAUL.

Laquelle?

MAXIMILIEN.

Seras-tu franc?

PAUL.

Parle.

MAXIMILIEN.

Ce mariage a été pour toi le dernier moyen de faire revenir la comtesse. Tu t'es dit qu'en apprenant que tu allais te marier, si elle t'aimait encore, elle tenterait un dernier effort, et tu as fait de ce mariage autant de bruit que tu as pu : c'est ce que nous appelons de la politique d'amour.

PAUL.

Peut-être !

MAXIMILIEN.

C'est une petite infamie, mon cher, — parce que tu n'avais pas le droit de jouer avec le bonheur d'une honnête fille qui t'aime franchement, pour une coquette qui se moque de toi.

PAUL.

Maximilien !

MAXIMILIEN.

Oh ! tu ne me tueras pas ! Je ne suis pas le mari, et, comme c'est moi qui t'ai présenté à la femme, je la connais mieux que toi. Tu mérites d'apprendre ce que je voulais encore te cacher, car j'avais pitié de ton bête de cœur, et j'espérais que la raison te reviendrait toute seule. La comtesse a appris que tu voulais te marier et elle n'est pas revenue. Sais-tu pourquoi ? — Parce qu'elle aime.

PAUL.

Qui ?

MAXIMILIEN.

La seule personne que tu ne lui pardonneras pas d'aimer.

PAUL.

Et cette personne est ?

MAXIMILIEN.

Je te le donne en mille.

PAUL.

Je ne suis pas en train de plaisanter.

MAXIMILIEN.

Tu ne devines pas ; ni vous non plus, monsieur Taupin?... Le fait est que c'est bizarre! La comtesse aime son mari.

TAUPIN.

Ah! bah!

PAUL.

Son mari?

MAXIMILIEN.

Lui-même.

PAUL.

Tu deviens fou!

MAXIMILIEN.

Non pas! Oh! Diane est une femme originale. Son mari la garde, la surveille, ne lui laisse voir personne; elle pleure d'abord; puis, comme son cœur a horreur du repos, un beau jour elle regarde son geôlier conjugal, elle s'aperçoit qu'il est spirituel, élégant, beau garçon; elle se dit qu'elle a été chercher bien loin ce qu'elle avait tout près d'elle, et la voilà qui aime le comte. Seulement, on dit qu'elle a trouvé moyen de le tromper avec lui-même en l'aimant comme un amant et non comme un mari. A la bonne heure! Vivent les femmes qui savent tirer parti des situations!

PAUL.

L'histoire est ingénieuse.

MAXIMILIEN.

Elle est vraie. En veux-tu la preuve?

PAUL.

Oui.

MAXIMILIEN.

Connais-tu l'écriture de la comtesse?

PAUL.

Si je la connais!

MAXIMILIEN.

Croiras-tu ce que je viens de te dire si tu le vois écrit de sa main?

PAUL.

Je le croirai.

MAXIMILIEN, lui montrant une lettre.

Reconnais-tu l'écriture?

PAUL.

A qui est adressée cette lettre?

MAXIMILIEN.

A madame de Launay, chez qui tu t'es présenté une fois pour avoir des nouvelles de Diane et qui a refusé de te recevoir; il est vrai que tu lui avais fait un serment que tu n'as guère tenu. Mais ce n'est pas de cela qu'il s'agit. Lis tout haut.

PAUL, lisant avec une émotion progressive.

« Oui, ma chère Marceline, je suis heureuse! J'ai enfin compris le bonheur comme tu le comprends. Le calme est rentré dans ma vie que je donne toute à mon mari, que j'aime maintenant et à qui j'ai bien des choses à faire oublier. Rien ne peut te donner une idée de sa tendresse pour moi. Dieu m'a montré la véritable route; j'y marche librement; j'oublie le passé; je ne le comprends même plus, et, je te le répète, je suis heureuse. Si tu veux jamais me revoir au sein de cette nouvelle vie, il faudra que tu viennes à Naples, car il est certain que je ne retournerai plus en France, le pays des souvenirs douloureux et coupables!

» Je t'embrasse, toi et ton enfant.

» DIANE. »

Comment as-tu cette lettre?

MAXIMILIEN.

Madame de Launay me l'a lue hier; je la lui ai demandée, elle me l'a donnée, pensant bien que je te la montrerais dès aujourd'hui.

PAUL.

Merci ! — Madame de Lussieu reçoit ce soir ?

MAXIMILIEN.

Oui.

PAUL.

Tu seras chez elle ?

MAXIMILIEN.

Oui.

PAUL.

Et tu crois que si je lui demande la main de mademoiselle Juliette, elle me l'accordera ?

MAXIMILIEN.

J'en suis sûr.

PAUL.

Je la demanderai ce soir.

MAXIMILIEN, se levant.

Allons donc ! on a bien de la peine à te rendre heureux.

PAUL.

Je te reverrai aujourd'hui ?

MAXIMILIEN.

Nous dînerons ensemble.

PAUL.

Et vous, mon cher Taupin ?

TAUPIN.

Moi, je pars ce soir, mon ami, et j'ai quelques courses à faire avant mon départ.

PAUL.

Vous dînerez avec nous, n'est-ce pas ?

TAUPIN.

Certainement.

PAUL.

Alors, à six heures, messieurs. J'ai besoin d'être seul un moment; il faut que j'écrive à ma mère.

MAXIMILIEN.

Sois calme.

PAUL.

Je le suis. Il est de ces secousses qui font ce que dix années de raisonnement ne feraient pas.

MAXIMILIEN.

A tantôt !

PAUL.

Oui.

Il serre la main de Taupin.

TAUPIN.

Vous souffrez ?

PAUL, avec émotion.

Ce ne sera rien.

Ils sortent.

SCÈNE IV

PAUL, seul. — *Il cache un moment sa tête dans ses mains et ne peut retenir ses larmes, puis se levant et s'essuyant le visage.*

Allons, du courage !... Détruisons toutes les traces de ce passé menteur... Ses lettres, où sont-elles ?... Les voilà à côté de celles de Berthe... Pauvre Berthe !... qu'est-elle devenue ?... Elle m'aimait, je l'ai fait souffrir... J'aimais celle-ci, et je souffre ; c'est justice... Mais, au moins, Berthe, je garderai de toi un pieux souvenir, tandis que de cette femme je ne garderai rien... (Il prend les lettres et les déchire.) Et maintenant, écrivons à ma mère; elle sera heureuse de la résolution que je prends. (Il écrit.) « Il n'y a qu'un amour qui ne trompe jamais, ma bonne et chère mère, c'est l'amour maternel ; si jamais je t'ai causé de la peine, pardonne-moi; tu es bien ce que j'aime le plus au monde... Viens à Paris, j'ai besoin de t'avoir auprès de moi, j'ai besoin d'une affection sérieuse; j'ai une douleur que tu consoleras; il se prépare peut-être un bonheur pour moi... Ce mariage dont je t'avais parlé... » (On heurte à la porte.) Qui vient là? Entrez! Personne... Je m'étais trompé... « Ce mariage dont je t'avais parlé... »

Diane, voilée, entre lentement et va en chancelant jusqu'à lui sans qu'il la voie.

SCÈNE V

DIANE, PAUL.

DIANE, appelant à voix basse.

Paul! Paul!

PAUL, se retournant.

Madame?

DIANE, levant son voile.

Vous ne me reconnaissez pas?

PAUL, se levant.

Diane! Elle! (Très froid.) Je ne me trompe pas, c'est à madame la comtesse de Lys que j'ai l'honneur de parler?

DIANE.

Quel est ce langage? Il y a quelqu'un ici? Une femme?

PAUL.

Non, madame, il n'y a que nous deux.

DIANE.

Alors, pourquoi me parler ainsi? Que vous ai-je fait?

PAUL.

J'ai connu autrefois une comtesse Diane qui m'avait juré d'être à moi; cette femme est morte, puisqu'elle n'a pas tenu son serment. Vous lui ressemblez, madame, mais ce n'est pas vous.

DIANE.

Ce qu'on m'a dit est donc vrai?

PAUL.

Et que vous a-t-on dit, madame?

DIANE.

Que vous alliez vous marier.

PAUL.

C'est la vérité.

DIANE.

Et vous aimez cette jeune fille?

PAUL.

Je l'aime!

DIANE.

Et vous m'abandonnez?

PAUL.

Vous vous consolerez avec votre nouvel amour.

DIANE.

Vous savez bien, Paul, que je n'ai jamais aimé que vous.

PAUL.

Que voulez-vous, madame! je suis las des amours menteurs...

DIANE.

Paul!

PAUL.

Et moi qui croyais que la noblesse du nom faisait la

noblesse du cœur ; que la pureté du sang faisait la pureté de l'âme et qu'une grande dame ne mentait pas !... Comme vous avez dû rire de moi, madame ! mais comme je vous méprise aujourd'hui !

DIANE, se levant, avec dignité.

Monsieur, vous venez d'outrager une femme chez vous, une femme qui vous aime, qui vient de briser toute sa vie pour tenir le serment qu'elle vous avait fait. C'est le fait d'un lâche, le savez-vous ?

PAUL.

C'est possible, madame, j'ai dit ce que je pensais.

DIANE.

Soit ; mais vous avez rompu d'un seul mot tous les liens qui m'unissaient à vous. — Je vais partir, vous ne me reverrez jamais ; mais, avant de partir, j'exige que vous me donniez l'explication des étranges paroles que vous m'avez dites. Je l'exige ! je l'exige ! entendez-vous ? Et dites, maintenant, qu'avez-vous à me reprocher ?

PAUL.

Vous me le demandez ?

DIANE.

Oui, je le demande, vous le voyez bien.

PAUL.

J'ai à vous reprocher de m'avoir menti.

DIANE.

Quand ?

PAUL.

Quand, ne sachant comment rompre avec un amour trop exigeant peut-être, vous avez pris un prétexte pour manquer à votre serment.

DIANE.

Quel prétexte ?

PAUL.

La maladie de votre père.

DIANE.

Mon père était mourant, monsieur.

PAUL.

Et maintenant, il est guéri?

DIANE.

Ne voyez-vous pas que je suis en deuil?

PAUL.

Votre père est mort, Diane?

DIANE, des larmes dans les yeux.

Oui, monsieur... Continuez... De quoi suis-je encore coupable?

PAUL.

Pourquoi ce silence? Pourquoi ne m'avoir pas écrit la vérité?

DIANE.

Jour par jour, heure par heure, je vous ai écrit le récit de la vie douloureuse que je menais loin de vous.

PAUL.

Je n'ai rien reçu.

DIANE.

Vous mentez.

PAUL.

Diane!

DIANE.

Ce n'est plus une femme craintive et brisée qui vous parle, c'est une femme qui n'a jamais manqué à sa parole et qui dit que vous manquez à la vôtre.

PAUL.

Je vous jure que, depuis six mois, je n'ai pas reçu une lettre de vous, je vous le jure sur ma mère.

DIANE.

Et vous ne m'avez pas écrit pour me demander la cause de ce silence?

PAUL.

Je vous ai écrit tous les jours pendant deux mois.

DIANE.

Nous avons été trahis, alors.

PAUL, montrant la lettre qu'il vient de lire.

Mais cette lettre adressée à Marceline?

DIANE.

Comment, vous n'avez pas compris que, pour trouver dans ma vie l'heure de liberté où je devais vous rejoindre, il fallait faire croire à tout le monde et surtout à Marceline que non seulement je ne vous aimais plus, mais que j'aimais le comte? Dans les lettres que je vous écrivais, je vous expliquais tout cela, et, quand pour toute réponse à ces lettres, j'ai appris votre mariage, vous comprenez ce que j'ai souffert.

PAUL.

Mais ce mariage, je ne le faisais que par désespoir.

DIANE.

Ainsi, vous n'aimez pas une autre femme?

PAUL.

Non.

DIANE.

Et vous m'aimez encore comme autrefois?

PAUL.

Toujours autant, Diane.

DIANE.

Qu'importe le reste alors, puisque je vous aime et que nous voilà réunis!

PAUL.

Ah! Diane, que je suis heureux!

DIANE.

Comme un instant de joie peut faire oublier six mois d'inquiétudes et de douleurs! N'ayant rien reçu de vous, je pouvais tout supposer, et cependant je venais ici, et tout le long du chemin je me disais : « S'il allait être marié, cependant! » J'en serais morte. Mais non, tu m'aimes toujours, tu as été cruel avec moi, tu m'as insultée. Mais qu'est-ce que cela, à côté de la crainte de n'être plus aimée? Tu m'aimes, je ne me souviens plus de rien.

PAUL.

Oh! Diane, combien j'ai souffert loin de vous!

DIANE.

Quelle existence j'ai menée, moi aussi, entre l'impossibilité de quitter mon père sans commettre un crime, et le désir de tout abandonner pour revenir à toi, entre mon mari qui ne me quittait plus, qui te hait et qui m'aime... qui m'aime, comprends-tu? et le duc qui était arrivé à croire que je t'avais oublié, et à me reparler de son amour. Enfin, nous voilà réunis.

PAUL.

Oui! et pour toujours!

Pendant ce temps, on a essayé d'ouvrir la porte d'entrée.

On entend le bruit d'une clef dans la serrure.

ACTE CINQUIÈME.

DIANE.

Écoutez!

PAUL.

Il y a quelqu'un à cette porte.

DIANE.

Je l'ai fermée. Mais on essaye de l'ouvrir.

PAUL, très haut.

Qui est là?

DIANE.

On ne répond rien. (Avec effroi.) C'est le comte! Il aura tout appris! Nous sommes perdus!... fuyons!

PAUL.

Fuir encore devant cet homme? Non!

DIANE.

Mon Dieu!

PAUL.

Écoute, Diane : tu m'aimes, n'est-ce pas?

DIANE.

Si je t'aime!

PAUL.

Tu n'as jamais aimé que moi! tu m'en fais le serment?

DIANE.

Je te le jure.

PAUL.

Et ta vie m'appartient, n'est-ce pas? A mon amour, si je survis; à ma mémoire, si je meurs!

DIANE.

Oui.

PAUL.

Eh bien, Diane, un dernier baiser, et que la volonté de

Dieu s'accomplisse. (Il prend une paire d'épées et court vers la porte.) Je suis à vous, monsieur le comte. (Diane s'attache à lui. Au moment où il arrive près de la porte et l'ouvre, un coup de pistolet part, le comte paraît, Paul chancelle, étend les bras et tombe.) — Ma mère!

Il meurt.

DIANE, tombant évanouie.

Ah!

TAUPIN et MAXIMILIEN, entrant par le haut.

Qu'est-ce que c'est?... Paul mort!

LE COMTE, très calme et jetant son arme.

Oui, messieurs : cet homme etait l'amant de ma femme, je me suis fait justice, je l'ai tué!

FIN DE DIANE DE LYS

LE
BIJOU DE LA REINE

COMÉDIE EN UN ACTE

EN VERS

Représentée sur le théâtre de l'hôtel Castellane en 1855.

A HENRI LAVOIX

Oui, mon cher Lavoix, une comédie en vers! Il est vrai qu'elle n'a qu'un acte, qu'elle n'a été représentée qu'une fois sur le théâtre de l'hôtel Castellane, et qu'elle n'a jamais été imprimée.

C'est ma première œuvre dramatique. Elle date de 1845. J'avais vingt et un ans. Toute mon excuse est là. Heureux temps et que je regrette! Je croyais encore à mes vers. J'en suis revenu.

Cependant, si j'avais cultivé certaines dispositions que vous reconnaîtrez dans l'échantillon que je vous offre, je serais arrivé, comme tant d'autres, à faire illusion à quelques-uns de mes contemporains et à prendre rang dans ce bel art qui excelle souvent à dire d'une manière séduisante des choses qui ne signifient rien du tout. Grâce aux grands poètes de ce siècle, l'anatomie du vers est connue, le secret est divulgué et nous pouvons tous, maintenant, en imiter le mécanisme et le bruit. Cette forme a cela d'agréable, d'ailleurs, que les fautes grammaticales y passent pour des audaces, quelquefois pour des beautés, qu'elle impose à ceux qui ne savent pas s'en servir, et que, si les deux rimes sonnent bien en se heurtant, comme les éperons d'un Hongrois qui danse la mazurka, il court aussitôt un petit frémissement de joie parmi les auditeurs.

C'est là qu'on voit le mieux combien ce qui est creux peut être sonore.

Il vous est arrivé, en voyage, d'entrer dans une cathédrale, pendant une messe basse. Un prêtre, muet en apparence, chasublé d'or, un murmure latin sur les lèvres, officiait à la lueur de quatre cierges, dans la pénombre d'une chapelle mystérieuse. Une douzaine de fidèles étaient agenouillés derrière lui, sur les dalles. L'air imprégné d'encens, les vitraux aux mille couleurs, le silence lapidaire des voûtes et des colonnes, vous absorbaient bientôt dans le recueillement et dans la méditation. Tout à coup un bruit aigu vous faisait tressaillir : quelle âme brisée avait poussé ce cri, exhalé cette plainte? Vous cherchiez des yeux le malheureux gémissant et vous reconnaissiez que c'était une vieille femme qui avait remué une chaise, ou le bedeau qui s'était mouché. Cet acte vulgaire avait emprunté un moment à l'édifice sa majesté sacrée; votre esprit ne pouvant pas admettre tout de suite qu'il y eût place dans la maison du Seigneur pour une vulgarité de ce genre.

Il en est de même pour la poésie. Il est convenu qu'elle est le temple choisi de la Muse, comme il est convenu qu'un monument construit d'une certaine manière contient plus particulièrement la Divinité. Aussi les banalités les plus banales y revêtent-elles provisoirement une autorité sacerdotale, un caractère divin; quelquefois même, ledit monument protège à tout jamais l'absurdité qu'il a vue naître, et les générations se passent les unes aux autres des maximes comme celle-ci :

L'honneur est comme une île escarpée et sans bords,
On n'y peut plus rentrer quand on en est dehors.

Ce qui est complètement dénué de sens, *primo*, parce que la condition *sine quâ non* d'une île, c'est d'avoir un bord de tous les côtés; *secundo*, parce qu'un endroit quelconque qui n'a pas de bords pour qu'on y rentre n'en a pas non plus pour qu'on en sorte.

Un prosateur se serait contenté de dire : « L'honneur est une de ces îles escarpées où l'on ne peut plus rentrer quand on en est sorti, » et son axiome simple et juste eût passé complètement inaperçu à travers la mémoire des hommes, parce qu'il n'aurait pas eu pour l'amuser le tic tac du distique. Je ne multiplie pas les exemples, qui sont par milliers. J'aurais l'air de vouloir dénigrer une forme de l'art que j'admire autant que personne quand elle mérite d'être admirée, mais contre laquelle, je l'avoue, je me tiens plus en garde qu'autrefois. Nul ne s'est aussi longtemps et aussi complaisamment que moi laissé séduire, éblouir même par ces boîtes d'artifice qui détonent tout à coup dans de jolies gerbes de lumière, et je me suis plu, pendant des années, à regarder monter, se croiser et retomber à périodes égales ces petites rimes bleues, roses, vertes, jaunes, qui brillent dans le vide comme des boules de chandelles romaines dans la nuit. Tel que vous me voyez, je sais par cœur deux ou trois mille vers que je me répète encore à moi-même quand j'ai une longue course à faire, seul, dans la campagne, ou quand je veux m'entraîner au travail, comme les paysans chantent une vague mélopée en poussant leur charrue, comme les matelots entonnent une ronde du pays en hissant les grandes voiles. Tous ces vers, je les ai appris dans ma jeunesse ; ils m'ont ému jusqu'aux larmes, enthousiasmé jusqu'au délire ; et puis, un beau jour, quand je les ai regardés bien en face, j'ai vu qu'ils ne contenaient en somme qu'un bourdonnement harmonieux, et qu'ils n'avaient pas laissé dans mon esprit la substance de quatre maximes de La Bruyère ou de La Rochefoucauld. Je ne les ai pas chassés pour cela : ils avaient été mes compagnons dans l'âge heureux ; mais j'ai fermé la porte aux nouveaux venus qui essayaient de m'abuser dans l'âge raisonnable. Les fondateurs, au théâtre (c'est toujours au point de vue du théâtre que je parle), les fondateurs de cette forme particulière, les Corneille, les Molière, les Racine, se croyaient obligés de remplir, jusqu'au bord, d'une pensée franche, noble, vraie, ce moule nouveau, et la pensée en sortait plus franche, plus noble, plus vraie, et, pour ainsi dire, frappée comme une médaille : le temps ne pouvait plus l'altérer, la rouille ne pouvait plus la mordre, elle devenait monnaie définitive pour l'esprit humain, et plus on la mettait en mouvement, plus on augmentait sa valeur. Ils avaient compris, ceux-là, qu'ils ne seraient de véritables poètes dramatiques, dignes et capables de parler aux hommes du présent et de l'avenir, que s'ils incorporaient au vers la vigueur, la précision, la loyauté de la prose des Montaigne, des Bossuet, des Pascal, de tous ceux qui avaient fait ou qui faisaient pour la langue de fonds ce qu'ils faisaient pour cette langue de luxe. Ils ajustaient la rime au bout du vers, comme une pointe d'acier au bout d'une flèche, pour que ce qu'ils avaient à dire pénétrât plus profondément dans la chair ; ils visaient avec calme, ils tiraient droit et juste. Ceux qui sont venus après ont hérité du moule et de l'arc. Les uns ont jeté dans le moule la première matière venue, croyant que le module et l'effigie suffiraient pour en forcer le cours ; les autres ont placé sur l'arc des flèches de bois blanc et ils ont tiré au hasard. C'étaient les imitateurs ; ils ont constitué la routine, puis ils ont disparu dans l'indifférence et dans l'oubli. D'autres sont venus enfin, qui, pour éviter l'imitation et la mort qui en est la conséquence, ont refusé l'héritage, ont repoussé la tradition et se sont déclarés à leur tour fondateurs de dynastie. Ils ont battu une monnaie à creux neuf, reluisante au soleil, sonnant bien sur le marbre, marquée à leur coin, et ils l'ont jetée dans le commerce avec son alliage nouveau. Ceux-là ont été les révolutionnaires. Le public, tantôt ébloui, tantôt défiant, ou s'est précipité avec fureur sur ce métal plein de promesses, ou l'a repoussé avec mépris. Le temps est venu, comme toujours, froidement et tranquillement, juger en dernier ressort. Il a reconnu dans ces novateurs des hommes de premier ordre, qui eussent sans doute accompli l'œuvre de leurs devanciers, s'ils étaient venus au monde deux cents ans plus tôt, et il les a traités comme ils méritaient de l'être. Il a fait la sélection de ce qui était pur, le rejet de ce qui était faux ; il a laissé circuler toute pensée franche contenue dans un vers ferme, il a poinçonné toutes les pièces, quelle que fût leur effigie, qui avaient le poids légal et qui s'adaptaient aux matrices réglementaires, et il a mis au rebut ou cloué sur le comptoir du changeur tout ce qui n'était pas au titre, c'est-à-dire qu'il a confirmé les règles que les rebelles avaient voulu détruire et qui sont et resteront éternellement les mêmes pour tous les arts : la vérité, la simplicité, la clarté.

Moi qui assistais de loin à cette exécution, je me suis dit avec un certain bon sens : « Tu te contenteras de la prose. Elle seule dira bien ce que tu as à dire. Elle sied mieux maintenant que la forme rimée aux mœurs, aux passions, à l'esprit, aux costumes de ton temps. Elle est moins ambitieuse, moins fière, moins provocante que sa rivale, mais elle est aussi saine, aussi attrayante, aussi robuste ; elle n'a ni talons pour se grandir, ni maillot pour se faire valoir, ni dentelles pour se parer ; elle ne met ni blanc ni rouge : elle est nue comme la vérité. Rien de rembourré dans les bouffants du corsage ; rien d'escamoté dans les plis de la jupe ; on sait tout de suite à quoi s'en tenir sur son compte ; ses seins sont puissants, ses flancs sont larges, ses reins sont forts, et, quand on l'épouse, il faut la rendre mère, sinon elle divorce et vous plante là. Elle est d'ailleurs aussi noble que le vers et d'aussi bonne, que dis-je ! de meilleure maison que lui. Elle date de la création. Dieu l'a parlée au premier homme, Jésus aux premiers apôtres et saint Paul aux premiers chrétiens. En un mot, elle est l'humanité même. » Je m'en suis donc tenu à la prose, *bien que je fisse agréablement le vers;* et j'en ai ma lourde charge, je vous en réponds. Ce qui me console de n'avoir que cette corde à mon arc, c'est la certitude où je suis de n'avoir jamais écrit que ce que je pensais, de ne pas m'être laissé entraîner hors de mon sujet par le mirage de la rime ou le courant de la tirade. Si j'ai dit des bêtises, je n'ai pas d'excuses, n'ayant dit absolument que ce que je voulais dire.

Cette petite comédie fut représentée sur le théâtre de madame de Castellane, le dernier théâtre particulier où l'on ait sérieusement joué la comédie. Ce genre de plaisir tend à disparaître des salons parisiens. C'est d'autant plus regrettable, que l'art de bien jouer la comédie s'affaiblit de plus en plus chez les comédiens de profession à mesure que la profession devient plus lucrative. Tant pis ! A force de coudoyer le théâtre dans leur intimité et d'en étudier eux-mêmes les secrets, les gens du monde seraient devenus plus connaisseurs et, par conséquent, plus sévères. A force de coudoyer les gens du monde, les comédiens auraient acquis les distinctions et les élégances qu'on ne peut leur apprendre au Conservatoire, et qui ne se devinent pas. De plus, le préjugé qui frappait jadis cette profession ayant complètement disparu de nos mœurs, et nombre d'exemples ayant prouvé suffisamment qu'on peut être, quoique comédien ou comédienne, un très honnête homme, une très honnête femme, et même une très honnête fille, dans la plus noble acception du mot, il serait peut-être advenu de ce contact que des gens distingués mais pauvres, auraient embrassé cette carrière, ce qui eût mieux valu que de courir après des mariages plus ou moins honorables, ou des places plus ou moins humiliantes. L'art, la morale et le public y auraient gagné. Du reste, ce progrès s'effectuera comme beaucoup d'autres qui semblent impossibles, quand la bonne foi humaine aura enfin donné raison à ce vieux proverbe : « Il n'y a pas de sot métier. » On comprendra un jour qu'il vaut mieux être un comédien de talent qu'un parasite inutile et titré. Ce ne sera peut-être pas très long. Nous marchons vite, sans en avoir l'air.

Et, pour finir en prose, mon cher Lavoix, comme j'ai commencé, je n'ai plus qu'un mot à ajouter : c'est que je vous aime de tout mon cœur.

Voilà qui est clair, vrai et simple, et le plus beau vers de la terre ne le dirait pas mieux !

A. DUMAS FILS.

20 mars 1868..

PERSONNAGES

Acteurs
de la Comédie-Française
qui ont créé les rôles.

LOUISE DE SAVOIE...................... Mlle Émilie Dubois.
PHILIPPE V, roi d'Espagne............... M. Delaunay.

La scène se passe en Espagne, vers 1708.

LE
BIJOU DE LA REINE

Un riche salon Louis XIV. — Dorures, panneaux, porte au fond, fenêtre à droite, portes latérales, tables, fauteuils, papiers, candélabres.

SCÈNE PREMIÈRE

PHILIPPE D'ANJOU, LOUISE DE SAVOIE.

Deux laquais entrent, portant chacun un candélabre; ils vont les poser sur les tables et viennent se ranger près de la porte. — Philippe entre par la porte du fond, tenant Louise par la main, et saluant les seigneurs qui l'accompagnent pour prendre congé d'eux. Grands costumes de cour pour le roi et la reine, âgés, l'un de vingt ans, l'autre de dix-sept.

PHILIPPE, aux seigneurs.

Dieu vous garde, messieurs!

Ils se retirent.

LOUISE, quittant la main du roi et lui faisant la révérence.

Dieu vous garde, mon roi!

PHILIPPE.

Comment! vous me quittez?

LOUISE.

Oui, je rentre chez moi.

PHILIPPE.

Êtes-vous donc souffrante ?

LOUISE.

Un peu.

PHILIPPE.

Quelle nouvelle!
Jamais, sur mon honneur, je ne vous vis si belle!
Vos yeux brillent en feu sur vos fraîches couleurs,
On dirait deux rayons se jouant dans des fleurs.

LOUISE, souriant avec un peu d'ironie.

Oh! vous êtes ce soir en verve poétique!
Phébus de ses accords distrait la politique.
C'est très bien, monseigneur, gardez ces beaux élans,
Car je prendrais plaisir à ces sonnets galants
Si je n'étais d'humeur triste et toute contraire,
Et n'avais fait le vœu de ne m'en point distraire.
Bonsoir donc...

PHILIPPE, étendant la main.

Votre main?

LOUISE.

La voici.

PHILIPPE.

Votre bras.
Louise le lui donne.

LOUISE.

Que voulez-vous encor, dites?

PHILIPPE.

Je ne veux pas
Vous voir rentrer chez vous malade ni fâchée.

Et la cause du mal, je veux l'avoir cherchée,
Afin d'en effacer jusqu'à l'ombre.

LOUISE.

Vraiment.
Est-ce vous? Vous parlez, sire, comme un amant.
Il n'est pas d'écolier, chanteur de sérénade,
Fût-il de Salamanque ou vînt-il de Grenade,
Qui, la guitare en main, rôdant sous un balcon,
De semblables regards éclaire sa chanson !
En me parlant ainsi, monseigneur, sur mon âme,
Vous me feriez douter que je sois votre femme.

PHILIPPE, tenant la main de Louise, passée sous son bras.

Pourquoi donc un mari n'aurait-il pas le droit
De parler comme il sent, quand il sent comme il doit?
Dieu lui refuse-t-il ce qu'aux autres il donne?
Ou bien serait-ce alors qu'en posant la couronne
Sur mon front, mon aïeul de la main en fit choir
Jeunesse, illusions, tout, et jusqu'à l'espoir?
A-t-il fait mes cheveux tout blancs, rendu mon âme
Inaccessible au feu de vos regards, madame,
Et, sous le cercle d'or, séché dans mon printemps
La couronne de fleurs qu'on porte à dix-huit ans?
Ne demandiez-vous pas tout à l'heure, Louise,
Pourquoi mon cœur royal s'exalte et poétise?
Lorsque l'été revient, demandez aux buissons
Pourquoi Dieu les remplit de nids et de chansons;
Demandez au lac bleu pourquoi, quand vient l'aurore,
De rayons empourprés son azur se colore;
Mais ne demandez pas, une seconde fois,
Ce qui me rend heureux et doux quand je vous vois.
Que voulez-vous encor que je dise, ma reine?
Nous sommes mariés depuis deux mois à peine;
Je ne puis vous voir seul qu'un instant tous les soirs,
Vous avez les cheveux blonds avec les yeux noirs,

Tout votre être m'apporte une extase suprême,
Je suis jeune, il fait nuit, tout repose... et je t'aime

LOUISE, se retirant des bras du roi en le regardant.

Je crois à tout cela, mais je fais un pari.

PHILIPPE, souriant.

Lequel?

LOUISE.

Vous devinez, puisque vous avez ri.

PHILIPPE.

J'ignore, en vérité, ce que vous voulez dire.

LOUISE.

Vous m'aimez, n'est-ce pas, dites?

PHILIPPE.

      Avec délire.

LOUISE.

Eh bien, je vous croirai lorsque vous m'aurez mis
Au cou ce beau collier que vous m'avez promis.

PHILIPPE.

Quel collier?

LOUISE.

   Cherchez bien.

PHILIPPE.

      Mais, jamais, je vous jure,
Je ne vous ai promis aussi folle parure.

LOUISE.

Monseigneur, lorsqu'il est amoureux comme vous,
Ce que la femme veut est promis par l'époux.

PHILIPPE.

Les plus grands intérêts à cet achat s'opposent
Et je n'ai pas l'argent dont tous les rois disposent.

SCÈNE PREMIÈRE.

LOUISE, *boudant.*

Vous voyez que j'avais raison de parier
Pour un refus de vous. Pourquoi me marier?
Mon père eût bien mieux fait, me laissant en Savoie,
De ne me point offrir cette inutile joie.
Je n'étais que duchesse, il est vrai, mais au moins
On m'entourait d'égards, on m'accablait de soins.
On change, m'assurant que je vais être aimée,
Ma modeste couronne en couronne fermée;
On me fait voir un trône, on me montre un époux.
On m'assure qu'il est d'un grand honneur pour nous
D'allier la Savoie à la maison de France;
Je pars, l'esprit bercé de rêve et d'espérance;
J'apporte à mon mari, dès le premier moment,
Le cœur qu'une maîtresse apporte à son amant.
Je ne refroidis pas nos heures conjugales
Aux factices amours des unions royales.
J'épouse... franchement; et, quand je viens un jour,
Pendant que mon mari parle de son amour,
Demander un bijou qui m'en sera le gage,
L'amoureux se transforme en économe sage.
Dit qu'il n'a pas d'argent, et sans être confus,
Sur mon premier désir, met un premier refus!
Voilà donc ce que c'est qu'être reine d'Espagne?

PHILIPPE.

Voulez-vous m'écouter, Louise?

LOUISE.

                                 J'accompagne
Le roi jusqu'au conseil. Il rentre fatigué;
Parfois il est lugubre, et jamais il n'est gai.
Je partage avec lui ces tristesses sinistres
Que tous les rois puissants doivent à leurs ministres,
J'entends parler de guerre, et d'impôts et de lois
J'use mes dix-sept ans à ces choses de rois;

Et, lorsque, par hasard, il me vient une envie,
Un collier, c'est-à-dire un besoin de la vie,
Le roi Philippe-Cinq dit qu'il n'a pas d'argent !
Qui donc fait votre État tellement indigent,
Qu'on ne puisse trouver, tant sa misère est grande,
Les trois cent mille écus qu'un joaillier demande ?
Jamais on n'aura vu de dénûment pareil !
Réunissez demain les membres du Conseil,
Les graves potentats de l'Espagne dévote,
Proposez un collier pour la reine, et qu'on vote !
Ce sont des diamants que j'ai bien mérités,
Et l'on vota souvent pires indemnités.

PHILIPPE.

Puis-je placer un mot ou deux ?

LOUISE.

Je vous écoute.

PHILIPPE.

Vous êtes de sang-froid ?

LOUISE, avec aigreur.

Parfaitement.

PHILIPPE.

Sans doute,
Vous comprendrez très bien qu'on ne vient pas s'asseoir
Sur un trône étranger comme l'on va le soir
Souper tranquillement au foyer de son père.
Or, par le temps qui court, la couronne est très chère.
Si je n'étais qu'un chef de révolutions,
Comme monsieur Cromwell, avec des factions,
Dix mille partisans réunis en armée,
Des drapeaux, des canons, du bruit, de la fumée,
On franchit tout obstacle, et, lorsque l'on est sûr
D'avoir escaladé jusques au dernier mur,

SCÈNE PREMIÈRE.

Lorsqu'on n'a plus besoin des gens qui vous soutiennent,
On repousse l'échelle avec ceux qui la tiennent ;
Puis, comme l'on n'est roi que par la force, on est
Libre de refuser ce que l'autre donnait.
Mais, moi, je ne puis pas, roi presque légitime,
Malgré tout mon désir, être avare sans crime.
En venant, j'ai trouvé, tout le long du chemin,
Des amis dévoués qui m'ont tendu la main
Et qui, se ralliant au drapeau de mes pères,
M'ont révélé le prix des amitiés sincères.
Donc, quand on a trouvé, comme j'ai trouvé, moi,
Un peuple obéissant et soumis à son roi,
Qui, des grands dévouements prenant le caractère,
En ôtant son chapeau s'incline jusqu'à terre,
On doit récompenser ces dévouements si beaux
Et remplir à la fois les mains — et les chapeaux.
De l'amour des sujets tous les rois sont avides,
Et je suis tant aimé que mes coffres sont vides.

LOUISE.

C'est juste, monseigneur, et l'on ne peut, vraiment,
Raisonner en amour plus raisonnablement.
Je pourrais, cependant, si j'étais plus jalouse,
Peut-être comme reine et surtout comme épouse,
Trouver d'autres raisons à ce refus, mais, moi,
J'aime mieux croire, et tout est sauvé par la foi.
Donnez au dévouement toute sa récompense !
Chacun a son trésor qu'il garde ou qu'il dépense ;
J'ai le mien, et ne veux plus rien vous demander,
Car je ne sais plus rien que je puisse accorder.
Bonne nuit, monseigneur.

PHILIPPE.

Bonne nuit, donc, madame.

LOUISE, à part, en se retirant.

Tout ceci doit couvrir un mystère de femme,

Mais, quelque soin qu'on mette à me le bien cacher,
Je trouverai bientôt ce que je vais chercher.
Elle sort à gauche.

SCÈNE II

PHILIPPE, seul.

Elle rentre vraiment ! Elle ferme sa porte.
Dans ces discussions la femme est la plus forte,
Elle a le droit du faible, et, lorsque son époux
Veut lui parler amour, elle répond verrous !
Allons, me voilà seul, et seul à pareille heure !
Chacun, en ce moment, éclaire sa demeure
De souvenir, d'espoir ou de réalité,
Et rafraîchit son cœur dans la sérénité
De ces soirs qui se font, en excitant à vivre,
Les complices divins de l'amour qui se livre !
Ce serait bien le moins, cependant, que le roi
Eût avec ses sujets cette commune loi
Et qu'il pût se tailler, dans son vaste royaume,
Le coin mystérieux qu'ils ont tous sous leur chaume !
La reine ne veut pas qu'il en soit fait ainsi ;
Soit ! mais j'aurai mon jour et ma vengeance aussi.
Feuilletant des papiers avec humeur.

Ah ! vous me contraignez, et cela sans réplique,
A m'occuper la nuit de la chose publique ;
Ah ! sans accorder rien vous vous laissez prier,
Et mettez votre amour sur le taux d'un collier !
Je me vengerai ! Quand et comment, je l'ignore ;
Mais, tout roi que je suis, je puis trouver encore
Dans vos caprices même et vos vœux inégaux
Le moyen de punir vos refus conjugaux.
En attendant, rentrons.
Il rentre chez lui après quelque hésitation.

SCÈNE III

LOUISE, seule, revenant et croyant que le roi est encore là.
Elle tient un coffret dans sa main.

J'ai votre secret, sire.
Que contient ce coffret, voulez-vous me le dire?

Elle voit qu'elle est seule.

Comment! il est rentré?

Allant à la porte du roi.

Je vais l'appeler.

S'arrêtant.

Non,
Non; ne lui donnons pas la satisfaction
De me voir revenir, de peur qu'il ne suppose
Au besoin de vengeance une tout autre cause.
Cette boîte est solide et cache ses secrets
Avec entêtement. Mon Dieu! je parirais
Que ce coffre est rempli de messages de femmes
Et qu'il révélera des trahisons infâmes.
Ah! il se défend bien! Cette clef, celle-là!
Confidente discrète... Ah! je crois que voilà
La serrure qui cède. Hélas! non... Quel outrage!
Quoi! faire ainsi souffrir une femme...

Frappant du pied.

J'enrage!
Je ne puis pas ouvrir cette boîte, et j'entends
Tous les papiers moqueurs rire de moi dedans.
C'est affreux, et jamais on ne vit, j'en suis sûre,
De malheur aussi grand ni de boîte aussi dure.

Courant à la porte du roi.

Sire!... sire!... C'est moi... moi qui veux vous parler.

Elle agite la porte de la chambre du roi.

SCÈNE IV

LOUISE, PHILIPPE, en robe de chambre.

PHILIPPE.

Pardon, j'étais rentré pour me déshabiller.
De m'appeler si tard vous n'avez pas coutume,
Et vous excuserez l'impromptu du costume.

LOUISE.

Sire, il ne s'agit pas de cela.

PHILIPPE.

Mais, de quoi?

LOUISE.

D'un intérêt plus grave.

PHILIPPE.

Eh bien, dites-le-moi.
Je ne vous vis jamais dans l'état où vous êtes,
Ma belle joaillière; est-ce donc que vous faites
Des diminutions sur le prix du collier?

LOUISE.

Monseigneur, ce n'est pas le moment de railler.
Êtes-vous prêt à faire, une fois dans la vie,
Ce que je vous demande?

PHILIPPE.

Encore une autre envie?

LOUISE.

Justement.

PHILIPPE.

Je suis prêt. Qu'est-ce que vous voulez?

SCÈNE QUATRIÈME.

LOUISE.

Rien, sire, que le droit de chercher dans vos clefs
Celle qui doit ouvrir ce coffre en malachite.

PHILIPPE.

Ce sera fort aisé, jamais je ne la quitte.
Mais je voudrais savoir...

LOUISE.

Ah! j'ai votre serment.

PHILIPPE.

Soit... Voulez-vous le coffre ou la clef seulement?

LOUISE.

Je veux les deux.

PHILIPPE.

C'est clair. Vous serez satisfaite?

LOUISE.

Très satisfaite.

PHILIPPE.

Bien. Votre petite tête
Tourne vite parfois; vous me permettrez donc,
Avant que je consente à vous faire ce don,
D'arrêter avec vous quelques petites clauses.
Vous voulez ce coffret, mais me rendrez les choses
Qu'il contient... Des papiers!

LOUISE.

Oui.

PHILIPPE.

Vous jurez?

LOUISE.

D'honneur!
Il donne la clef.
Mais lorsque j'aurai lu ces papiers, monseigneur.

PHILIPPE.
Lisez.
<small>Elle ouvre la boîte.</small>
  Vous n'apprendrez rien que ne puisse apprendre
Le cœur le plus jaloux sur l'amour le plus tendre.
Mais comment avez-vous ce coffret dans les mains?

LOUISE.
Vous êtes, je le vois, oublieux des chemins
Qui vont de votre chambre à celle de la reine.
Vous, oubliant, il faut que, moi, je me souvienne;
Et dites-moi, mon roi, quand on se souviendrait,
Si ce n'est quand on veut s'emparer d'un secret?

PHILIPPE.
C'est juste.

LOUISE.
  Permettez.

PHILIPPE.
  Je suis pris.

LOUISE.
    Elle s'ouvre.

PHILIPPE.
Rendez-moi ces papiers...

LOUISE.
  D'où viennent-ils?

PHILIPPE.
    Du Louvre.
Vous voyez maintenant que ce sont des papiers
D'affaires...

LOUISE, les feuilletant.
  Qui pairaient aisément deux colliers,
Comme celui que j'ai demandé tout à l'heure.

Le roi Philippe-Cinq sur sa misère pleure,
Dit que tout son argent passe à la nation,
Et dans ce coffre d'or il cache un million!
Un million au moins, en bons à vue, en traites,
En rentes sur l'Espagne!... Ah! monseigneur, vous êtes
Bien peu le petit-fils de votre illustre aïeul,
Qui, craignant avant tout qu'on ne le laissât seul,
Dépensait, sans trouver que la chose fût chère,
Plus de cent millions pour loger la Vallière.

PHILIPPE.

Aussi la France est-elle en assez triste état!
Madame, croyez-moi, c'est un grave attentat
Que de faire donner à son peuple en détresse
Plus de cent millions pour loger sa maîtresse,
Et l'on n'a pas suivi la volonté de Dieu
Quand on peut faire tant et que l'on fait si peu.
Chacun à sa façon accepte la couronne :
Moi, je crois qu'on en doit compte à Dieu qui la donne.
Cela ne serait rien si l'on périssait seul ;
Mais traîner dans les plis de son royal linceul
Un peuple dont le ciel vous a commis la garde,
C'est affreux, sans compter ce que l'avenir garde.
Charles-Sept, je le sais, aimait Agnès Sorel,
Mais Jeanne d'Arc, prenant son glaive sur l'autel,
Sauva la France... Dieu sauve ainsi ceux qu'il aime.
Louis-Treize eut Richelieu, Louis-Quatorze a lui-même!
Dieu leur donne la force ou leur prête un appui ;
Mais, moi, roi fait d'hier, je ne puis aujourd'hui,
Ayant tout à refaire et rien qui m'accompagne,
Puiser à pleines mains dans le trésor d'Espagne,
Car un roi doit savoir, c'est mon avis à moi,
Qu'il appartient au peuple, et non le peuple au roi.

LOUISE.

Comment! vous vous taisez? La chose est singulière!
Je ne suis pas Agnès, pas plus que la Vallière.

Je ne mettrai pas tout en révolution
Pour un pauvre collier qui vaut un million.
Sire, cette morale et ces scrupules d'âme
Sont pour une maîtresse et non pour une femme.
S'il m'en souvient, je suis reine d'Espagne aussi,
Et je n'usurpe pas ma place, Dieu merci.
Le peuple a vu, depuis que je suis en Castille,
Que, s'il est votre enfant, il est de ma famille,
Et je l'ai secouru plus souvent, je le crois,
Que n'ont accoutumé les femmes de ses rois.
Quand j'ouvris ce coffret, je croyais, à vrai dire,
Surprendre un secret, mais un secret d'amour, Sire.
Du résultat présent mon cœur est désolé,
Et je ferme la boite et je vous rends la clé.

PHILIPPE.

Vous me boudez encor?

LOUISE.

Non... C'est toute justice
Que le bien des sujets passe avant mon caprice,
Et, dès que je serai dans mon appartement,
Je remercirai Dieu de cet enseignement.

PHILIPPE.

Toujours l'appartement! Laissons cette querelle,
Soyez bonne; c'est plus aisé que d'être belle.
Et, prenant en pitié les ennuis de mon cœur,
Ne les augmentez plus avec votre rigueur.
J'ai tort, quatre fois tort... Puis-je, je le demande,
Ma reine, vous offrir humilité plus grande?
Et je cherche un moyen, excepté cet argent,
De ramener à moi votre cœur indulgent.
Je veux vous expliquer l'emploi que je dois faire
De la somme. D'abord...

LOUISE.

Il n'est pas nécessaire.

SCÈNE QUATRIÈME.

PHILIPPE, confidentiellement.

J'attends de cet argent un très grand résultat,
Et j'ai fondé dessus le salut de l'État.

LOUISE.

Et quels dangers court donc l'Espagne, je vous prie?

PHILIPPE.

Un très grand.

LOUISE.

Mais enfin?...

PHILIPPE.

Notre pauvre patrie.
Est près d'être livrée à la sédition.

LOUISE.

Et vous la sauverez avec un million?

PHILIPPE.

Justement! Ce coffret contient sa délivrance.
Vous riez?

LOUISE.

Et l'argent vous arrive?

PHILIPPE.

De France.

LOUISE, toujours ironique.

Le trône est menacé?

PHILIPPE.

Parfaitement.

LOUISE.

Et vous?

PHILIPPE.

Puisque je crains pour lui, je dois craindre pour nous.

LOUISE.

Voyons, dites-vous vrai?

PHILIPPE.

Vous doutez... On conspire!

LOUISE.

Et pour déjouer tout, cet argent va suffire?

PHILIPPE.

Je l'espère.

LOUISE.

Qui donc a trouvé le complot?

PHILIPPE.

Louis-Quatorze.

LOUISE.

Vraiment!

PHILIPPE.

Il m'a fait aussitôt
Passer ce million, que je tiens en cachette,
Et qui sert à payer ma police secrète.

LOUISE.

Que ne me disiez-vous tout de suite cela!
Et votre ministère en est-il?

PHILIPPE.

Ah! voilà
Ce que je ne sais pas. J'ai l'avis, mais la lettre
Ne dit pas tous les noms.

LOUISE.

Ah! s'il pouvait en être!

PHILIPPE.

Vous le détestez donc?

LOUISE.

Oui, tant que je le peux.

SCÈNE QUATRIÈME.

PHILIPPE.

Et que vous a-t-il fait, chère enfant?

LOUISE.

Il est vieux.
Maladie incurable.

PHILIPPE.

Et qu'il faut qu'on pardonne,
Quand sa vieille raison soutient notre couronne.

LOUISE.

Cependant, soyez franc. Est-ce bien gai, mon roi,
De voir toujours des vieux, excepté vous et moi?
Rien n'est, à mon avis, plus triste et plus maussade
Que nos bals de la cour, ou bien de l'ambassade,
Tous pleins de cavaliers roides, vieux et fluets,
Qui comme des bâtons cassent nos menuets.

PHILIPPE.

Mais Porto-Carrero, qui m'a fait ma couronne,
Vous plaisait autrefois.

LOUISE.

Laissons-le près du trône,
Celui-là, pour l'exemple et les traditions!
Mais les autres, pantins à révolutions,
Qui me semblent, malgré leur science profonde,
Des Atlas empaillés supportant un faux monde,
Qui vont courbant le front, à pas comptés et lourds
Sous l'énorme travail qu'ils vous laissent toujours,
Qui de discours sans fin fatiguent vos oreilles
Et vieillissent encor les choses déjà vieilles,
Qui font riches les leurs en pillant votre bien
Et couvent tous un œuf d'où ne sortira rien;
Que de leur fausse vie on sache le mystère,
Qu'on les fasse embaumer vite et qu'on les enterre.
Pour moi, malgré l'honneur que Votre Majesté

M'a fait de me choisir pour vivre à son côté,
Je serais bien restée au fond de ma province,
Si j'avais supposé que tout autour du prince,
Au point où je le vois, l'ennui royal en vînt,
Et que j'aurais cent ans sans en avoir eu vingt.

PHILIPPE.

Si l'opposition vous entendait, ma reine,
Quel collier vous auriez, demain, pour votre peine!

LOUISE.

Qu'elle m'entende alors, car, si j'étais le roi,
Il se ferait un fier changement.

PHILIPPE.

     Je le croi.

LOUISE.

Je montrerais enfin que je suis le vrai maître.

PHILIPPE.

Fort bien! Ce changement, pourrait-on le connaître?
Si l'avis était bon, j'en ferais mon profit.

LOUISE.

Voici tout simplement ce qu'il faudrait qu'on fît :
Qu'on bouleversât tout, et, sans plus de mystère,
Qu'on renvoyât d'un coup messieurs du ministère.

PHILIPPE.

Après?

LOUISE.

  Eh bien, après, on les remplacerait.

PHILIPPE.

Par?

LOUISE.

  Par des jeunes gens que l'on façonnerait
A remplir en tout point les volontés du trône,

Qui n'auraient d'autres soins que garder la couronne
Sur le front de celui qui les ferait puissants.
PHILIPPE.
Continuez.
LOUISE.
C'est tout.
PHILIPPE.
L'avis est plein de sens;
Mais consentirez-vous, charmante conseillère,
A me nommer les gens du nouveau ministère?
LOUISE.
Volontiers.
PHILIPPE, ironiquement.
Écoutons.
LOUISE.
Riez, mon noble époux.
La femme s'entend mieux à gouverner que vous.
Nos provinces, de chants et de fleurs toujours pleines,
Ne banniront les rois que pour avoir des reines,
Car l'Espagne n'est plus ce pays conquérant
Qui veut être plus fort pour devenir plus grand.
L'Espagne est un bosquet de femmes et de roses;
Ses grands hommes sont morts avec ses grandes choses
Et les peuples jaloux ont à jamais éteint
Le soleil qui de l'Inde éclairait Charles-Quint.
Il vous faut maintenant, sans craindre les tempêtes,
Un long règne d'amours, de plaisirs et de fêtes.
Laissez-moi donc régner et choisir mes élus.
PHILIPPE.
Moi qui vous aimais trop, je vous aime encor plus.
Vous babillez si bien quand vous parlez en reine!
Donc, qui choisissons-nous, ma belle souveraine,
Pour garder ce pays que le ciel nous donna?
Aux finances, d'abord?

LOUISE.

Le comte d'Arona.

PHILIPPE.

Aux finances, ce fou cité pour ses fredaines !
Mais il ne put jamais administrer les siennes,
Et nous lui confirions les nôtres?...

LOUISE.

Justement.

PHILIPPE.

Cela commence bien pour le gouvernement.

LOUISE.

Ce n'est que par l'abus que vient l'expérience.

PHILIPPE.

L'instruction publique ?

LOUISE.

Un homme de science,
Le marquis Sandoval.

PHILIPPE.

Ah ! ça, c'est curieux !
Un poète qui suit les femmes en tous lieux,
Un rôdeur de boudoirs, contempteur des églises,
Qui fait des bouts-rimés aux carlins des marquises.

LOUISE.

Peut-être aimez-vous mieux celui que vous avez?

PHILIPPE.

Au moins, il est savant, très savant.

LOUISE.

Vous trouvez?
Ce serait malheureux qu'il ne le fût pas, Sire.
Il en a bien la bosse, et, certe, on peut le dire,

SCÈNE QUATRIÈME.

Et ce n'est pas pour lui le moins lourd des fardeaux,
Car elle manque au front, mais il l'a sur le dos.

PHILIPPE.

Allons, continuez, car vous êtes divine.
En voici déjà deux... Maintenant, la marine ?

LOUISE.

Un cavalier charmant, le duc d'Olivarès.

PHILIPPE, riant.

Il a le mal de mer sur le Mançanarès !
Pourtant allez toujours, car peut-être qu'en somme
Parmi tous vos amis nous trouverons un homme.
Aux affaires, enfin, quel est celui qu'il faut?

LOUISE.

Le comte de Melgar, est-il homme?

PHILIPPE.

                        Il l'est trop.
Beaucoup trop, chère enfant.

LOUISE.

                        Trop ! que voulez-vous dire ?

PHILIPPE.

Le comte de Melgar est celui qui conspire.

LOUISE.

Conspirer, lui, Melgar ! Oh ! je parirais bien
Que l'on vous a trompé.

PHILIPPE, la prenant au mot.

                      Vous paririez ! Combien?

LOUISE.

Tout ce que vous voudrez si vous me prouvez, Sire
Que monsieur de Melgar contre son roi conspire.

PHILIPPE.

C'est dit; établissons les clauses du pari.

LOUISE.

Bien; que parions-nous?

PHILIPPE.

Que parie un mari,
Amoureux d'une femme incessamment rebelle,
Quand pour parler d'amour il s'enferme avec elle?

LOUISE.

Cela n'est pas très clair : je parie avec vous...

PHILIPPE.

Que vous ferez amant celui qui n'est qu'époux.

LOUISE.

Mais que pariez-vous, monseigneur, en échange?

PHILIPPE.

Tout ce qu'il vous plaira me demander, cher ange.

LOUISE.

Tout, sans restriction?

PHILIPPE.

Tout ce que vous voudrez.

LOUISE.

Les ministres?

PHILIPPE.

Oh! oh!

LOUISE.

Dites.

PHILIPPE.

Vous les aurez.

LOUISE.

Vous ne rétractez rien?

SCÈNE QUATRIÈME.

PHILIPPE.

La chose est entendue.

LOUISE.

Pauvre roi!

PHILIPPE.

Qu'avez-vous?

LOUISE.

Votre affaire est perdue.

PHILIPPE.

Vous en êtes certaine?

LOUISE.

Oh! certaine en tout point,
Car je sais.

PHILIPPE.

Vous savez?

LOUISE.

Que Melgar est trop loin,
Pous pouvoir conspirer.

PHILIPPE.

Voilà l'enfantillage.
Pour les conspirateurs, c'est un grand avantage
Qu'être loin du pays qu'on soulève et du roi ;
Car, en cas d'insuccès, on est loin de la loi.
Et puis la surveillance est bien mieux endormie.

LOUISE.

Mais Melgar a sa sœur, laquelle est mon amie.

PHILIPPE.

Et sa sœur sait de vous ce dont elle a besoin,
Et rend compte à Melgar qu'elle informe... de loin.

LOUISE.

Pouvez-vous supposer un pareil stratagème
Chez madame de Luys, qui m'adore et que j'aime?

PHILIPPE.

Je suppose si bien, qu'avec ce million
Qui me sert à parer la conspiration
Je dois payer demain ma police secrète,
Qui veille en ce moment et qui peut-être arrête
Le courrier qu'on attend et qui doit apporter
Un ravissant cadeau que l'on peut commenter,
Et qu'à sa chère sœur dans sa dernière lettre
Melgar avait écrit qu'il lui ferait remettre.
Un bon conspirateur n'écrit pas, mon enfant,
Les projets qu'il conçoit ni les desseins qu'il pren...
Il envoie un bijou, des livres, une boîte;
La police les prend, et, quand elle est adroite,
Elle vient à son roi, par un chemin discret,
Porter pendant la nuit la chose et le secret.
Or, à l'heure qu'il est, on veille sur la route,
Et, moi, j'attends ici...

LOUISE.

Qu'attendez-vous?

PHILIPPE.

Écoute!
N'as-tu pas entendu du bruit dans l'escalier?
Je double le pari... Ministres et collier.

LOUISE.

On frappe.

PHILIPPE.

Qui va là?

UNE VOIX, en dehors.

Le courrier d'Allemagne,
Que l'on vient d'arrêter, Sire, dans la campagne.

SCÈNE QUATRIÈME.

PHILIPPE.

Il était seul?

LA VOIX.

Tout seul.

PHILIPPE.

Que portait-il sur lui?

LA VOIX.

Rien qu'un petit coffret caché dans un étui.

Le roi ouvre la porte et passe la main en dehors. — Il referme la porte quand il a la boîte.

Ouvrant la boîte.

Un jeu de domino.

LOUISE.

J'ai gagné, je suppose.

PHILIPPE.

Et ce petit billet sur papier vélin rose.

LOUISE.

J'ai perdu!

PHILIPPE, lisant.

« Ma chère sœur, je vous envoie le jeu de domino que vous m'avez demandé. On l'a fait exprès pour vous. Il a tardé longtemps, mais il fallait de la patience pour arriver à ce résultat. Je vous recommande le travail de la boîte. Jouez, et bonne chance!

» Votre frère,

» MELGAR. »

Le travail de la boîte, vraiment!
Le travail de la boîte est en effet charmant;
Mais la boîte, à coup sûr, doit cacher quelque chose.

LOUISE.

Comme votre coffret, elle est en bois de rose.

PHILIPPE.

J'ai beau chercher, elle est bien vide, en vérité.

LOUISE.

Avec des animaux en or massif sculpté.

PHILIPPE.

Voyons, que penses-tu de ce cadeau, Louise?

LOUISE.

Que le travail est d'une finesse exquise,
Et que le comte a fait un présent, cette fois,
Qu'à des reines souvent refuseraient des rois.

PHILIPPE.

Ce n'est pas un reproche, enfant, que je demande.

LOUISE.

Je ne sais rien, sinon que ma fatigue est grande,
Que je viens de gagner un pari sans espoir
Et que j'ai bien l'honneur de vous dire bonsoir.

PHILIPPE, timidement, en lui prenant la manche pour la retenir.

Louise !

LOUISE.

Qu'avez-vous à me tirer ma manche?

PHILIPPE.

Vous ne voudriez pas me donner ma revanche?

LOUISE.

Comment?

PHILIPPE.

Au domino.

LOUISE.

Combien de coups?

PHILIPPE.

Un coup.

Ce ne sera pas long.

LOUISE.

Vous y tenez beaucoup?

PHILIPPE.

Peux-tu le demander?

LOUISE.

Dites si je suis bonne !

J'y consens.

PHILIPPE.

On n'est grand que lorsque l'on pardonne.

LOUISE.

Dans la bouche d'un roi cet axiome est bon.

Il lui baise la main.

Vous m'aimez donc vraiment?

PHILIPPE.

Ah!

LOUISE, se mettant au jeu.

Combien en prend-on?

PHILIPPE.

Sept.

LOUISE.

Sept; sans en reprendre.

PHILIPPE.

Et le double six pose.

LOUISE.

Tant mieux, c'est moi qui l'ai.

PHILIPPE.

Je soupçonne une chose.

LOUISE.

Quoi?

PHILIPPE.

Que la boîte doit se dévisser.

LOUISE.

Mon roi,
Qui doit vous occuper, de la boîte ou de moi?
L'enjeu vous semble-t-il trop mesquin?

PHILIPPE, jouant à la hâte.

Six et quatre.

LOUISE.

Quatre et blanc.

PHILIPPE.

Blanc et cinq.

LOUISE.

Ah! vous allez me battre,
Je boude.

PHILIPPE.

Cinq et deux.

LOUISE.

Double deux.

PHILIPPE.

Bon! je crois
Que je n'ai pas de deux. — Non.

LOUISE.

Alors, deux et trois.

PHILIPPE.

Double trois.

LOUISE.

Trois et six, six partout; on peut dire
Que vous voilà fort mal dans vos affaires, Sire.
Vous n'avez plus de six, n'est-ce pas?

PHILIPPE.

Pas du tout.

SCÈNE QUATRIÈME.

LOUISE.

Vous ne pouvez jouer à l'un ni l'autre bout!

PHILIPPE.

Hélas! non.

LOUISE.

Garde à vous! Six et blanc.

PHILIPPE.

J'ai le double.

LOUISE.

Et moi, je n'en ai pas.

PHILIPPE.

Ah! votre jeu se trouble.
Vous n'en avez plus qu'un?

LOUISE.

Oui, plus qu'un seul.

PHILIPPE.

Oh! oh!
Eh bien donc, blanc et trois.

LOUISE.

Blanc et un, domino!
Ah! vous avez perdu, j'en suis toute joyeuse.

PHILIPPE.

Vous avez dans le gain l'âme peu généreuse.

LOUISE.

Lorsque l'on n'a risqué qu'un si petit enjeu,
Celui qui l'a gagné peut bien en rire un peu ;
Et je gagne deux fois, j'ai double droit de rire.
Bonne nuit, monseigneur... Ah! que voulais-je dire?
Prouvez avant demain que Melgar vous trahit
Et vous aurez gagné... Je vais me mettre au lit,

Tout en vous rappelant, sans que votre air m'effraye,
Qu'une dette de jeu le lendemain se paye.
Dormez bien, monseigneur; moi, je vais prier Dieu
De vous faire meilleur joueur ou meilleur jeu.

SCÈNE V

PHILIPPE, seul, regardant les dominos; puis LOUISE en dehors.

PHILIPPE.

Elle a parfaitement gagné sans tricherie.
Que faire maintenant?... Le mieux est que j'en rie.
J'ai joué, j'ai perdu; je n'ai plus qu'à payer.
Je changerai l'enjeu, voilà tout; le collier
Remplacera très bien messieurs du ministère.
Ah! traîtresse de boîte!

Il la jette, elle se brise.

Eh! eh! que vois-je à terre?
Un papier.

Lisant.

« Tout est prêt, chère sœur : la Prusse, l'Allemagne, l'Italie, sont prêtes à se liguer contre la France et l'Espagne. Philippe V est un enfant que nous ne pouvons laisser sur le trône. Continuez à conseiller à la jeune reine des dépenses comme celle du collier; faites-la s'occuper de bals et de fêtes, dépopularisez-les l'un et l'autre, et nous réussirons. Le lendemain de cette lettre, je serai à Madrid incognito et nous agirons. Jouez, et bonne chance! »

A merveille, et je tiens le complot.

A la porte en frappant.

Louise, revenez, vous vous couchez trop tôt.
Louise, chère amie, ouvrez-moi cette porte.

LOUISE, derrière la porte.

Qu'avez-vous?

SCÈNE CINQUIÈME.

PHILIPPE.

Ouvrez-moi...

LOUISE.

La ruse n'est pas forte.
Voulez-vous me payer déjà ce qui m'est dû ?

PHILIPPE.

Non, erreur n'est pas compte et vous avez perdu.
Ouvrez-moi.

LOUISE.

J'ai perdu ! la preuve ?

PHILIPPE.

Cette lettre,
Que je viens de trouver écrite par ce traître
De Melgar, votre ami. Mais il paira cela !
Dans trois jours, il sera pendu.

LOUISE.

Mais montrez-la,
Votre lettre.

PHILIPPE.

Venez la prendre.

LOUISE.

Non pas, Sire.
Passez-la par-dessous la porte.

PHILIPPE.

C'est me dire
Que vous vous méfiez de moi.

LOUISE.

Tout bonnement.

PHILIPPE.

Mais, quand vous aurez lu, vous faites le serment
De la rendre d'abord et de venir ensuite?

LOUISE.

Je le jure.

PHILIPPE, glissant la lettre.

Tenez!

Après un moment.

Eh bien?

LOUISE, entrant en camisole.

Elle est écrite
De la main de Melgar. Me voici, monseigneur.

SCÈNE VI

PHILIPPE, LOUISE.

LOUISE.

Je viens comme je suis!

PHILIPPE.

Et cela fait honneur
A votre probité. D'ailleurs, ma blonde tête,
On est toujours très bien quand on paye une dette.

Il l'embrasse.

LOUISE.

Sire, que faites-vous?

PHILIPPE.

Mais, comme vous voyez,
Je viens remettre encor mon amour à vos pieds,
Tout en vous rappelant, sans que je m'en effraye,
Qu'une dette de jeu le lendemain se paye.

LOUISE, passant son bras sous celui de Philippe.

Lorsque celui qui perd n'a pas l'enjeu sur lui;
Mais, moi, j'ai mon argent et je paye aujourd'hui.
D'ailleurs, entendez-vous? c'est une heure qui sonne,
Nous sommes à demain.

SCÈNE SIXIÈME.

PHILIPPE.

Bien fou celui qui donne
Son temps à d'autres soins que l'amour, n'est-ce pas?
Comme monsieur Melgar qui conspire là-bas,
Pour qu'on le pende ici. Le grand sot!

LOUISE.

Donc, vous êtes
Heureux, mon cher seigneur?

PHILIPPE.

Oui, certes!

LOUISE.

Eh bien, faites
Grâce à monsieur Melgar. Nous l'aurons sous la main,
Que craindrons-nous de lui?

PHILIPPE, embrassant Louise et entrant dans sa chambre avec elle.

Nous verrons ça demain.

FIN DU TOME PREMIER

TABLE

AU LECTEUR. 1
A propos de *la Dame aux camélias*. 9
LA DAME AUX CAMÉLIAS 53
Saint-Cloud. 193
DIANE DE LYS. 205
A Henri Lavoix. 389
LE BIJOU DE LA REINE. 397

ÉMILE COLIN. — IMPRIMERIE DE LAGNY.

www.ingramcontent.com/pod-product-compliance
Lightning Source LLC
Chambersburg PA
CBHW050915230426
43666CB00010B/2174